교문앞에서

칼빈주의 복음 전도자의 삶과 청교도 신앙의 설교자

디 엘 무디의
신학 사상과 설교

박세환 저

도서
출판 영문

The Theological Thought and Sermon of Dwight Lyman. Moody

by

SE WHAN, PARK, Th.M., D.P.M., Th. D. Cand.

Young Moon Publishing Co.,
Seoul, Korea. All rights reserved.
Printed in Korea.
2001

□ 추천의 글

통전적 접근의 탐구작업

21세기는 점에서 선으로의 대 변혁을 이루어 가는 시대다. 모든 관계가 거미줄처럼 연결되어 가는 문화 속에 우리는 서 있다. 이런 상황에서는 골짜기의 포로가 아닌 대평원의 자유자가 되어야 한다.

사물인식이나 역사통찰, 그리고 학문의 세계에서도 가시적인 시각으로 접근하지 않으면 스스로 골짜기의 작은 한 점에 머물고 마는 편협의 함정에 빠지고 만다.

아쉽게도 한국의 목회자나 신학자, 곧 이 시대의 지도자들은 어느 한 부분에 집착하는데는 매우 익숙해 있지만, 그 범주를 초출하는데는 스스로 무능한 것이 솔직한 고백이다.

마침 필자는 통전적 접근의 탐구작업을 진솔하게 펴나가고 있는 한 저작자를 만났다. 그가 박세환 목사이다.

그는 이미 90년대에 여러 권의 저서를 발간했다. 대부분의 그의 저서들은 개혁사상이 신앙의 현장에서 어떻게 신학화 되고 또 순화되었는가를 학문적으로 조명하는 작업이었다. 이 작업들은 공통점이 있는데 바로 인물 중심의 기초적이고 통전적인 인프라를 구축하고 있다는 점이다.

이번에 박세환 목사께서「디·엘·무디의 신학사상과 설교」라는 신간을 발간하게 되었다.

　이 저서 역시 역사적인 한 인물 무디를 조명함에 있어서 그의 생애와 사상을 모두 아우르고 있다는 점에서 통전적 시각의 탐험이라고 볼 수 있다.

　칼빈주의 복음전도자이며, 청교도 신앙의 설교자인 무디의 탐구작업을 그의 어린시절과 주일학교 활동에서 시작하여 교육자로서의 모습, 그리고 토레이와 생키와의 팀 사역을 먼저 다루고 있다.

　그 다음은 무디의 신학사상을, 그의 설교에 관한 분석과, 복음전도자의 사역과, 칼빈주의 사상의 정통성을 찾는데로 전개하고 있다.

　부록과 같은 의미로 무디의 설교문과 그의 설교해설을 통하여 오늘 우리에게 주어진 영적유산을 제시하고 있다.

　이와 같은 저자 박세환 목사의 진지한 학문탐구 자세와 청교도의 바른 신앙 소개를 위한 열정이 함께 어우러져 빚어낸 명작이 「디·엘·무디의 신학사상과 설교」이다. 내용은 현역 목회자들이나 신학을 연구하는 자들에게 모두 유익한 정보와 자료, 그리고 지침이 되도록 편집되었다. 좋은 저서임을 추천한다.

주후 2001년 10월 15일
월간목회 발행인 박 종 구

머리말

하나님의 은혜로, 저는 존 번연과 존 칼빈과 찰스 하던 스펄젼과 디 엘 무디의 신학 사상과 설교를 연구하면서 이들이 모두가 칼빈주의 사상이며 신학인 성경에서 기원되고 또한 일치되는 것을 그들의 설교자의 삶과 사상과 설교에서 확실히 배웠습니다. 그리고 그들은 그리스도를 중심으로 하는 은혜의 도리를 밝히 깨달아 그리스도의 십자가의 도를 전하는 그리스도의 사람이며 또 그리스도의 군병들이었습니다. 또한 그들은 최정상에 서서 하나님의 도를 전하는데, 그리스도처럼 고난과 시련을 모두 통과했습니다. 또 그들은 성령의 위로와 성령의 권능가운데 일생동안 변함없이 주를 사랑하고 사역했던 진정한 목양자이었습니다. 하나님은 지금도 한국교회와 우리 민족에 대한 사랑을 갖고 돕고 계십니다. 이제 21세기를 향하여 한국교회에도 세계적인 위대한 설교자들이 배출되어야 할 시점입니다. 저는 차세대의 설교자들이 이 글을 통해서 진심으로 배출되기를 바랍니다.

제 1부에서는 무디 생애와 신학사상을 무디의 자서전에서 살펴보았습니다. 그의 아들이 쓴 무디의 자서전을 참조했습니다(William R. Moody., The Life Dwight L. Moody, Westwood, New york: Fleming H. Revell Co., 1900)와 (Gamaliel. Braford., D. L. Moody(A Worker In Souls), USA.: The Curtis Publishing Company, 1927)를 참조하였습니다. 또한 (D. L. Moody., Pleasure and profit in Bible Study, Chicago: Moody Press, 1895.)를 참조하였습니다.

제 2부 무디의 설교에서는 (D. L. Moody., *Moody's Latest*

Sermons, Chicago: Fleming H. Revell Company, 1900), (D. L. Moody., *New Sermons, Adresses and Prayers*, St. Louise: N. D. Thompson, 1877), (D. L. Moody., *The Overcoming Life*, Chicago: Fleming H. Revell Company, 1896), (D. L. Moody., *Prevailing Prayer*, Chicago: Moody press, 1898)을 참조했습니다. 무디의 5편의 설교인 구원에 대한 설교인 '너와 네 온 집은 방주로 들어가라', 기도로는 '응답을 받는 기도', 부흥에 대한 설교로서 '신앙부흥', 천국에 대한 설교로서 '천국의 확실성', 성령의 설교로서 '능력의 임재'를 수록했습니다.

특히, 21세기를 맞이하여 무디의 설교를 통해서 예수 그리스도의 은혜 교리에 기초로 하는 본문 원고 없는 주제별 설교에 대한 모델을 제시해주었습니다. 2001년은 정말로 뜻깊은 해입니다. 한국교회에 초대 선교사인 언더우드 선교사와 마포삼열 선교사를 통해서 심겨진 칼빈주의의 청교도 장로교 신앙을 전해 주었던 선교사들이 바로 무디의 부흥운동과 선교 정신에 영향을 받아 한국 초대교회의 선교의 영향을 미쳤습니다. 이와 같은 복음전도와 부흥 정신을 계승한 총신대학교가 100주년을 맞이했고, 1907년 평양에 장대현 교회에서 일어났던 부흥이 100주년을 맞이하여 일어나기를 소원합니다. 디 엘 무디 선생의 출생 제 164주년을 맞이했습니다. 또한 무디가 소천한 지 12월 22일로 102주년을 맞이하여 이 책이 출간됨을 진심으로 하나님께 감사를 드립니다. 21세기를 맞이해 한국 장로교 교회가 칼빈주의 청교도 신앙을 되찾아 우리 민족과 세계를 선도하는 교회가 되기를 바랍니다.

이 글을 나오기까지 물심 양면으로 수고하시고, 한국 기독 출판계의 칼빈주의 청교도의 비전을 제시하기 위해서 칼빈주의의 청교도 설교자들을 연속 간행물로 한국교회와 성도들에게 헌신적으로 섬기는 영문 도서 출판 김수관 장로님과 출판사 직원들에게 감사드립니다. 이어서 출간될 「무디의 리더십」과 18세기 청교도 칼빈주의 복음전도자의 황제인 「조지 휘트필드의 신학사상과 설교」가 출간될 것입니다. 독자의 많은 기도를 부탁드립니다.

특별히, 저는 온 인류의 구원을 위하여 하나님의 인도를 받아, 무디처럼 복음 전도와 부흥의 비전을 힘입어 설교의 사역으로써 매진하는 분들에게와 저에게 은혜를 베풀어주신 은인에게 바칩니다. 이 글에 추천의 글을 써 주신 「월간 목회」 25주년을 축하드리오며 한국교회의 강단을 위해서 수고해오셨으며, 또한 한국에서 최초로 「무디 선생의 생애」라는 글을 노작(勞作)로 쓰신 박종구 목사님께 진심으로 감사를 드립니다. 「월간 목회」의 무궁한 발전을 기원합니다. 이 글이 나오기까지 교정에 힘써 주신 이범선 선생께 고마움을 전합니다. 이 책을 읽는 자마다 심령에 구령의 열정과 전도와 구제를 통한 칼빈주의적인 복음에 합당한 생활 비전을 내려주시기를 기도합니다. 마지막으로 무디가 사랑했던 성구들을 실었습니다.

"이는 내게 사는 것이 그리스도니 죽는 것도 유익함이니라"(빌1:21)
"네가 작은 일에 충성하였으매 내가 많은 것으로 네게 맡기리라."(마25:23).
"주의 도를 땅 위에, 주의 구원을 만방 중에 알리소서!"(시67:2).
"너는 내게 부르짖으라 내가 네게 응답하겠고 네가 알지 못하는 크고 비밀한 일을 네게 보이리라."(렘33:3).
"내 계명은 곧 내가 너희를 사랑한 것같이 너희도 서로 사랑하라 하는 이것이라"(요15:12).
"너는 말씀을 전파하라 때를 얻든지 못 얻든지 항상 힘쓰라 범사에 오래참음과 가르침으로 경책하며 경계하며 권하라."(딤후4:2).

- 진리 안에서 영광을(In Veritate Gloria)! -

주후 2001년 10월 15일
한국실천신학연구소 은암 박 세 환 조사

목 차

추천하는 글 ··3
머리말 ··5
드와이트 무디(Dwight L. Moody, 1837-1899) ··············11

제 1 부 무디의 생애와 신학사상 ························13
제 1 장 어린 시절과 영적인 변화와 성장 ·················15
  1. 어린 시절 ··15
  2. 어머니 벳시 홀톤 무디 ·······························21
  3. 엠마 레블 여사 ······································29
  4. 영적인 변화의 성장 ··································30
제 2 장 주일학교 대회와 YMCA 운동 ····················41
  1. 주일학교 교사로서 무디 ·····························41
  2. 무디와 주일학교 대회 ································46
  3. 무디의 YMCA 운동 ·································48
  4. 무디와 학교 ···55
  5. 교육자 무디 ···57
제 3 장 무디, 생키, 토레이, 몰간 팀 사역 ················61
  1. 생키와의 만남과 사역 ································61
  2. 토레이 박사와 사역 ··································64
  3. 몰간과 사역 ···66

제 4 장 설교자, 무디 ··68
　1. 설교자로서 무디 ··68
　2. 설교에 대한 문답 ··75
　3. 설교준비 ···81
　4. 야외 전도 설교자 ··82
　5. 성령의 설교자 ···83
　6. 설교자의 평가 ···86
제 5 장 복음전 도적인 사역자 생활 ························90
　1. 남북 전쟁과 군 선교 ······································91
　2. 개인 신앙문답 상담 모임 ······························95
　3. 개인 전도법 ··99
　4. 대도시 대중 전도집회 ··································103
　5. 해외 선교 전도집회 ······································112
　6. 언론 매체의 활용 ···126
제 6 장 무디의 정통 칼빈주의 신학사상 ················133
　1. 성경 연구관 ··134
　2. 성경관 ··140
　3. 타락성 ··145
　4. 구속론 ··147
　5. 회개관 ··152
　6. 구원관 ··156
　7. 신앙관 ··158
　8. 성령의 중생관 ···159
　9. 승리관 ··162
　10. 기도 신학 ··166
　11. 성령 신학 ··170
　12. 설교관 ··180

13. 종말관···183
　14. 전도 신학···190
　15. 부흥신학···195
　16. 평신도 신학··199
제 7 장 진리의 투사 안식·······························202
　1. 무디의 소천···202
　2. 장례 예배···206

제2부 무디의 설교·······································213
서론: 무디의 설교와 현대 이야기식 설교···············215
제 1 장 너와 네 온 집은 방주로 들어가라············227
제 2 장 응답을 받는 기도································246
제 3 장 신앙부흥··263
제 4 장 천국의 확실성···································276
제 5 장 능력의 임재······································293

제3부 결 론··317
무디의 영적 유산··319

부 록··323
1. 무디의 복음전도 집회·································325
2. 인용 및 참고도서······································327

드와이트 무디 Dwight L. Moody(1837-1899)

1837년	2월 5일 매사추세츠 주, 이스트 노드필드에서 출생
1841년	부친 사망
1850년	가사를 돌보기 위해서 학업 중단
1854년	고향을 떠나 보스턴에서 취직, YMCA 가입
1855년	시카고로 가서 구둣방 점원, 교사 킴볼을 통해 회심
1856년	마운트 버논 회중 교회를 출석, 시카고에서 플리머스 교회를 출석
1858년	노스 마캣 홀에서 어린이 주일학교 조직
1861년	사업을 포기하고 독립적인 도시 선교사가 전향, 남북 전쟁 시에 군 선교
1862년	YMCA 종신회원으로 선출됨, 8월 28일에 엠마 살럿 레블과 결혼
1863년	YMCA 선교사로 지명
1864년	시카고 애비뉴 교회, 무디 추모교회(1900)의 전신인 일리노이 스트리트 교회설립
1865년	시카고 YMCA의 회장선출, 새로 설립된 침례신학교에 등록
1870년	국제 YMCA 켄베이션에서 찬양 가수 생키와 팀 사역
1871년	시카고 대화 재로 YMCA, 무디의 집, 일리노이스 스트리트 교회소실
1873년	세 차례의 잉글랜드 및 스코틀랜드 첫 번째 전도여행
1879년	소녀들을 위한 노스필드 신학교 설립(5차 영국 방문)
1881년	소년들을 위한 헐몬 산 고등학교 설립

1886년	무디 성경학원을 바꿔었던 시카고 복음 전도회 설립, 학생자원운동 조직
1896년	국제 주일학교 협회 의장 선출
1896년	국제 주일학교 협회의 의장으로 선출
1899년	12월 22일 매사추세츠 주, 노드필드에서 소천

    무디는 1백만 마일 이상 전도여행을 하였고, 1억 이상의 사람들에게 설교했으며, 개인적으로는 75만 명과의 교제를 나누었습니다. 이 모든 일이 빠른 수송기관과 대중전달 수단이 없던 시대에 있었습니다. 그는 영어를 사용하는 세계 도처에 학교와 복음전도 회와 연맹을 설립하였습니다. 1865년에 YMCA의 회장이 되어 그는 목회와 사회활동에 깊이 관여했습니다. 그래서 그는 남북 전쟁이 끝나는 해이므로 이 협회를 통해서 상이군인들의 권익을 위해서 직업소개소를 설립했습니다.
    1870년 무디는 전문복음성가 가수인 생키에게 시카고로 와서 함께 일해 줄 것을 요청했습니다. 이로 인해서 바로 유명한 무디와 생키의 전도 팀이 탄생했습니다. 1873년에 그는 첫 번째 영국전도 여행을 떠나서 잉글랜드와 아일랜드와 스코틀랜드를 순회했습니다. 영국에서도 전도의 부흥운동이 성공적이었습니다. 그는 1879년에 소녀들을 위한 노스필드 신학교를 세웠고, 1881년에는 소년들을 위한 헐몬 산 고등학교를 세웠으며, 1886년에는 훗날 무디 성경학원으로 발전했던 복음전도 회를 창립하였습니다.

제 1 부

무디의 생애와 신학사상

제 1 장

어린 시절과 영적인 변화와 성장

1. 어린 시절

무디 집안의 역사는 1633년 존 무디(John Moody)가 신대륙에 도착함으로써 시작하였습니다. 그는 처음에 록스베리(Roxbery)에 머물다가 코네티컷 밸리(Conneticut Valley)로 이주했으며 하트포드(Hartford) 지역의 첫 식민지 지배자 중 한 사람이었습니다. 그리고 그는 다시 매사추세츠의 해들리(Hadley)로 옮겨갔습니다. 19세기 초 후손인 이사야 무디(Isaiah Moody)가 아들들과 함께 노스필드에 정착했습니다. 장남 에드윈(Edwin)이 후에 드와이트 무디(Dwight L. Moody)의 아버지가 되었습니다. 이곳에서 대대로 석공 일을 했습니다(18). 무디 선생은 모계로부터도 훌륭한 청교도 정신을 물려받았습니다. 홀튼(Hortons) 집안은 무디 집안 보다 미대륙에 3년 먼저 도착했습니다. 그들은 1630년에 상륙했으며 노스필드의 첫 정착민들로서 이곳에서 200년 이상 살아왔습니다. 1828년 1월 3일에 에드윈(Edwin Moody)은 벳시 홀톤(Besty Holton)

과 결혼했습니다. 그들은 결혼식 날 저녁에 오래된 홀톤 농장을 떠나 노스필드에다가 새 집을 마련했습니다. 1837년 2월 5일 드와이트 라이맨(Dwight Lyman)은 에드윈과 벳시 사이에 여섯 번째 자녀로 태어났습니다. 1814년 5월 28일에 보통 때처럼 일하러 나섰다가 왼쪽 옆구리가 너무 아파서 집에 돌아와 쉬다가 오후 1경에 너무 아파서 침대에서 내려와 그 곁에 무릎을 꿇고 기도하는 모습으로 소천하고 말았습니다(J. Stuart. LittleJohn., Moody's Child Stories, Chicago: Rodes & McClure Publishing Company, 1906, 238).

무디의 아버지는 마흔 한 살에 갑작스러운 죽음을 맞이하여 부인은 아무런 부양책도 없이 과부가 되었습니다. 유산가운데 미망인의 몫을 보장해 주는 관대한 법 조항이 없었기 때인지라 농장까지 저당잡힌 상황에서 홀어머니와 그녀의 자녀들은 길거리에 나앉을 정도가 되었습니다. 그런데 일곱 자녀를 거느린 벳시 여사는 외삼촌 한 분이 어려울 때 생필수품을 공급해 주곤 했습니다. 그는 철의 여인처럼 개척자의 정신으로 무장된 강한 힘과 불굴의 용기를 이어 받은 철의 여인이었습니다. 그러기에 그녀는 하나님에 대한 굳은 믿음을 가지고 가난과 맞서 싸워 나갈 수 있었습니다. 더욱이 염려된 것은 유복자인 쌍둥이 때문에 어머니로서 염려가 더욱 가중되었습니다(William R. Moody., The Life Dwight L. Moody, Westwood, New York: Fleming H. Revell Co., 1900, 21).

아버지가 돌아가신 후에 한 달 후 두 남매 동생들이 태어났습니다. 이웃 사람들은 아이들을 고아원에나 혹은 다른 사람 집에 보내기를 조언했으나 벳시 여사는 가난과 힘든 일과와 많은 자식들을 거느리면서 양육을 한 것처럼 청교도의 강한 정신과 견실한 믿음의 소유자이었기에 이 많은 시련과 난관을 극복했습니다. 이처럼 무디는 그의 어머니로부터 이 두 가지 선물을 받았던 것입니다. 그의 어머니는 이기적인 여인이 아니었고 헌신적인 여인이었습니다. "모든 일이 하나님이 함께 하시면 가능하다."는 사실임을 보여주었습니다 (J. Stuart. LittleJohn., 239).

　이런 가정의 어려운 형편에 삼위 일체를 부인하고 하나님만 신봉하는 유니테리안 교회(일신교)의 노인 목사인 에베레트(Everett)가 집안 일에 관심을 쏟았습니다. 그래서 온 가족이 세례를 받았습니다. 그는 어릴 때부터 형제 조지(George)는 마을 주일학교에 친구들을 데려오기 위하여 열성적인 동네 전도사 역을 감당했습니다. 무디는 이미 어릴 때 주일학교 사역을 참여하고 있었습니다. 홀어머니로서 신앙교육이 많은 자녀들의 양육과 고된 살림 속에서 철저하게 시킬 수가 없었습니다. 그렇지만 어머니는 하나님 나라와 그의 의를 구하는 내면적이고 진실한 신앙을 생활로써 보여주었습니다. 그는 어머니의 거짓 없는 경건한 신앙적인 분위기에서 순수하고 또 순전한 청년으로 자라났습니다. 그의 회심은 노스필드를 떠나서 청년 시절인 시카고에서 이루어졌습니다. 무디의 어머니는 항상 어릴 적부터 "하나님을 신뢰하라! 그리고 두려워하지 말라(Trust in God and fear nothing)"라고 가르쳤습니다(240).

　어느 늦은 가을밤에, 여덟 살인 드와이트와 열두 살인 형과 7km 떨어진 농장에 가서 함께 수수나무를 자르는 일을 했습니다. 두 형제들은 저녁 늦은 무렵에 코네티컷 강을 건너기 전에 이미 주위는 어두워졌습니다. 두 형제들은 손을 잡고 강 건너편에 있는 사공을 향하여 배를 타고서 건너오라고 소리쳤습니다. 잠시 후, 사람들의 소리가 들리더니 건너편 기슭에서 두 사람 쪽으로 비치는 불빛이 보였습니다. 한 동안 적막이 흐르더니 곧 배가 강기슭에 올라오는 소리가 들렸습니다. 마침내 사공이 두 형제들이 있는 곳에 도착했습니다. 배가 강으로 나아갈 때 사공 노인이 만취 상태라 자신들을 안전하게 건널 수 없음을 알자마자, 배는 급류에 빨려 건너편

불빛에서 멀어져 나갔습니다. 이때 불안과 위기감을 떨쳐 버릴 수가 없었습니다. 드와이트는 형의 손을 꽉 잡고 이렇게 격려했습니다. "하나님은 분명히 이 순간에도 우리들을 돌보고 지켜 주실 거야."((William R. Moody., 23).

우리말에는 '호랑이에게 물려가도 정신을 차리면 된다.' 는 말도 있습니다. 이 위기에서 사공 노인과 합력하여 위기를 벗어나게 되었습니다. 가난한 집안인데 걸인이 와서 동냥하면 도와주었습니다. 형제들이 초라한 식탁에 놓여 있는 음식물로 인해서 싸우기 쉽지만 빵을 자율로 먹도록 했습니다. 가정에서 절대적인 규범이 있는데 이웃이나 친구를 욕하고 비방하는 일을 절대로 용납하지 않았습니다. 결국 무디의 사역이 결실을 맺을 수 있었던 것은 바로 개인적으로 교단이나 교회나 신학적인 비판과 다툼과 비방에 개의치 않고 복음전파에 주력했던 그의 신실한 사명감을 이해하고 협력해 주었습니다. 뉴잉글랜드 사람의 특성인 다른 사람에 대한 자비심과 확고부동한 자립심이라는 심성(心性) 위에다가 그는 어린 시절 가난이라는 한계 상황 속에서 배운 '예리함과 창안(創案)'은 후일에 실행 능력으로 발전했습니다. 또한 많은 뉴잉글랜드 사람들이 그랬듯이 스파르타식의 단순한 식생활과 교육을 통해서 건강한 몸과 놀라운 지구력을 얻었습니다.

그는 어렸을 때 활달한 성격으로 인해서 마을에서 꼬마 대장 노릇을 했고 친구들을 데리고 엉뚱한 장난들은 추억으로 남았습니다. 한번은 학교의 '종업식' 이 어린이들 사이에 마을에서 가장 중요한 행사이었습니다. 그가 줄리어스 시저(Julius Caesar)에 대한 마크 안토니(Mark Antony)의 웅변을 암기하게 되었습니다. 극적인 효과를 거두기 위해서 영예롭게 죽은 시저의 관을 상징하는 작은 단을 설치했는데 교탁을 관대(棺臺)로 해서 그 위에 놓았습니다. 극중 연사가 엉뚱한 동작을 하면서 열변을 토하는 중에서 상자의 뚜

껑이 열리면서 늙은 수고양이 한 마리가 깜짝 놀라서 뛰쳐나왔습니다. 다음에 벌어진 광경은 바로 '마크 안토니'가 의도한 효과였습니다. 로마의 비석들이 일어서지도 않았는데 갑자기 방안에 있는 생기 발랄한 모든 꼬마들이 일어섰기 때문입니다. 이처럼 재치 있는 웃음을 모두에게 선사할 줄 아는 어린이였습니다(29).

그는 외부강사가 금주(禁酒) 집회를 한다고 마을 학교 정문에다가 공고문을 써서 붙였습니다. 공고된 저녁에 많은 마을 주민들이 야간을 밝히려고 등불도 준비했지만 강사가 나타나지 않았습니다. 이렇게 마을에서 골탕을 먹인 진범을 알 재주가 없었습니다. 그는 이런 장난을 치고 나면 선생님과 어머니로부터 두 차례 체벌을 받았습니다. 그래서 그는 장난 끼가 많았기에 "한 대 맞을 생각이 없는 사람은 장난칠 자격이 없습니다."고 말하곤 했습니다(30).

마을 학교에 새로운 선생님이 부임했는데 여선생님이었습니다. 이전과 달리 학교가 체계가 잡혀갔습니다. 그 여선생님은 조회를 시작하는데 기도로 시작했기에 소년들이 크게 감동을 받았습니다. 그 선생님은 오랫동안 계속된 체벌 방식인 회초리를 사용하지 않고 가르쳐 보겠다고 약속했습니다. 얼마 지나서 어린 무디가 학교 규율을 어기자 그 선생님은 "방과 후에 남으라."는 명령을 받았습니다. 그는 예전처럼 회초리를 맞을 것을 각오했습니다. 모든 친구들은 집으로 돌아가고 선생님과 나와 단 둘이 남았습니다. 상냥하게 내가 불순종하는 것이 선생님의 마음이 아프다는 소리가 제 마음을 더욱 아프게 했습니다. 그리고 그는 무디에게 이렇게 말했습니다. "사랑으로 아이들을 다스릴 수 없다면 학교를 나는 그만두겠다고 마음을 먹었단다. 나는 체벌을 하지 않겠다. 네가 선생님을 사랑한다면 학교의 규율을 지키며 선생님을 도와주었으면 좋겠구나!" 이로 인해서 그의 심정이 바뀌어졌습니다. "선생님, 저는 이제부터 말썽부리지 않겠습니다. 친구들 가운데 선생님을 걱정케 하는 친구들을 제가 잠재우겠습니다." 이 말에 선생님도 친구들도 놀라지 않을 수가 없었습니다(31). 무디는 이 후로 노스필드 시장 홀에서 주일학교를 운영할 때도 사랑의 방식을 택했던 것도 여 선생님의 교훈에서 배웠던 것입니다.

　　뉴잉글랜드 사람들은 '물물교환'을 무척 좋아했습니다. 무디도 소년시절에 흥정을 좋아했습니다. 동생들을 돌보고 농장 일을 끌고 가던 형 조지가 하루는 집을 비웠습니다. 때마침 한 무리의 집시들이 농장을 지나칠 때 여느 때처럼 많은 말들을 갖고 있었습니다. 드와이트는 열 살이었지만 장사에 눈이 떴기에, 너무 늙어서 일하지 못하는 집의 말을 교환하자고 제안했습니다. 그는 여위어 뼈가 앙상하게 드러나고 꼬리는 잘려서 뭉뚝한 말과 자신의 말과 바꿨습니다. 그 거래는 이득을 보는 거래였습니다. 하지만 가족들은 아무 것도 몰랐습니다. 그는 형과 함께 어린 시절에 노임으로 가정생활에 보탬이 되고자 일거리를 찾았고 일을 하면 눈물을 참으면서 뼈빠지게 일했습니다. 그러던 어느 날 형이 누군가를 가르치며 말했습니다.

　　"저기 있는 분은 일 센트를 주실 거야. 저 분은 마을에 새로 온 소년이면 누구든지 일 센트를 주신다." 그는 머리가 하얀 쇠약한 노인이었습니다. 그 노인이 날을 보지 못하고 지나칠 까봐 지나가는 길옆에 가까이 서 있었습니다. 그 노인은 형에게 와서 말을 걸더니 나를 쳐다보았습니다. '아이 구, 못 보던 아이로구나. 여기가 처음인가 보구나!' 그는 나에게 가족 사항을 묻더니 떨리는 손으로 내 머리에 얹고서 말했습니다. '육신의 아버지가 없어도 네 하늘의 아버지께서 너를 사랑하신다.' 그리고는 반짝이는 새 동전 하나를 주셨습니다. 그 돈을 어디에다가 사용했는지 잘 알 수 없지만 그 노인의 축복이 무디의 50년 간 생애에 뒤따랐습니다(32-3). 저는 노인이 저에게 베풀었던 많은 돈은 아닐지라도 그리스도의 이름으로 베풀었던 사랑의 행위를 영원히 잊을 수가 없습니다.

2. 어머니 벳시 홀톤 무디

무디의 어머니는 정말 상냥하고 사랑이 넘치면서도 한편으로는 엄격한 분이셨습니다. 어머니는 오래된 체벌 방법인 회초리를 사용했기에 자녀들은 명령과 규율을 어길 수가 없었습니다. 모든 일에 항상 앞장서서 장난치던 드와이트는 자주 벌을 받는 수가 많았습니다.

"어머니께서 회초리로 쓸려고 나뭇가지를 가져 오라 하시면 약한 나뭇가지를 가져오곤 했습니다. 그러면 어머니는 그것을 꺾어 버리시고 다른 것으로 가져오라고 했습니다. 어머니는 서두르는 법이 없습니다. 특히, 제에게 회초리를 들을 때는 말입니다. 한번은 제가 매질을 당하다가 하나도 아프지 않다고 말한 적이 있습니다. 그러자 어머니는 내가 아파할 때까지 때렸습니다. 물론 저는 이제 그런 말을 하지 않기로 했습니다."(24).

무디는 언제나 자녀 교육에 있어서 체벌을 가하는 것을 적극적으로 찬성하는 입장입니다. 그러나 그는 자신의 견해와 달리하는 자녀들을 체벌할 때는 회초리를 사용하지 않았습니다. 그는 가정을 법 대신에 은혜가 중심이었고 자녀가 부모의 심정을 알게 하는 호소력이 있는 자각적이고 또 자율적인 자녀교육에 노력했습니다.

청교도적인 어머니가 아이들에게 지키라고 가르친 원칙들 가운데는 절대적인 약속의 신성함이 배여 있었습니다. 무디는 어떻게 하든지 약속을 지키는 것을 싫어하는 성격이었는데, 어머니의 가르침으로 인해서 성격의 보완이 이루어졌습니다. 어머니는 자녀들이 할 일을 마땅히 하지 않을 때, "할 수 있느냐(Can You?)"가 아니라 "네가 말한 대로했느냐(Did you say you would?)"고 마땅히 행할 도리를 가르쳤습니다(24). 무디 어머니는 규율은 엄했지만, 세심하게 지혜를 갖고서 자상하게 돌보는 분이었습니다. 오늘 날 많은 부모가 너무 자상하여 자식들에게 괴롭게 부담을 주는 부모가 있는 경우가 많습니다. 어떤 경우에는 전혀 관심 없이 방치하는 경우도 있습니다. 그런데 그의 어머니는 대문에 나서면 얼마든지 위험이 도사리고 있으며 또한 자녀들이 풍족한 삶을 누리지 못하기에 즐거운 가정이 되도록 노력했습니다.

무디는 몇 년 후에 매사추세츠에 있는 클린턴(Clinton)에서 일자리를 찾다가 한 인쇄소에 취직했습니다. 우편 주소 목록을 보고서 지역신문을 싸는 띠 위에다가 직접 주소를 써넣는 것이었습니다. 그 시골 소년은 복잡한 거리나 다세대 주택에 대하여 전혀 알지 못했기에 어떤 주소 번지가 반 정도가 별 의미없는 숫자로 알고 하나 높은 번지 수로 써버렸습니다. 이로 인해서 여기저기 문제가 생기자 무디의 실수로 인해서 해고를 당했습니다. 그래서 그는 다시 고향에 되돌아 와서 인근 농가들을 찾아다니면서 일했습니다. 그렇지만 그는 더 큰 기회와 넓은 세상에 대한 꿈을 저버릴 수가 없었습니다. 1854년 이른 봄날 형 에드윈과 산기슭에서 통나무를 베어 나르다가 "이제 이 일도 질렸어! 더 이상 이렇게 주저앉을 수 없어. 형 나 도시로 가겠어!" 그가 도시에 가서 성공할 만한 특별한 자질을 갖추고 있다고 생각하는 사람은 아무도 없었습니다. 그렇지만 그는 보스톤에 가서 어떤 역경이라도 혼자 힘으로 직장을 구하겠다는 유일한 목표를 이미 결심한 상태였습니다(33).

무디는 세상 모든 사람에게 자리가 주어지는데 자신만이 주어지지 않는 것 같았습니다. 한 이틀동안 아무도 날 필요로 하지 않는다는 고독감에 빠졌습니다. 그 때 이후로 무디는 그런 고독감을 극복하였습니다. 그 때 그 괴로운 심정은 예수님이 이 세상에 오셔서 받았던 느낌이었을 것입니다. 인간들은 그 분을 원치 않았습니다. 그는 인간들을 구원하려고 왔지만 사람들은 구원을 받기를 원치 않았습니다. 이 세상에는 그분을 위한 자리가 없었습니다. 아직도 말입니다. 저는 제게 온 편지가 보고 싶어서 하루에도 두세 번씩 우체국에 들렀습니다. 노스필드에서 오는 편지는 하루에 한 통뿐이어서 제게 오는 편지가 없다는 것도 잘 알고 있었습니다. 일자리도 없었고 고향이 너무 그리웠기에 내게 온 편지가 어디 다른 칸에 들어갔을지도 모른다고 생각하면서 우체국을 꾸준히 갔습니다. 마침내 막내 여동생으로부터 온 편지 내용이 온통 보스톤에 소매치기가 많으니 조심하라는 내용뿐이었습니다. 이 때 저는 먼저 돈을 수중에 있어서 소매치기라도 당해보는 편이 더 나을 심정이었습니다(34-5).

외삼촌 사무엘 홀톤(Samuel Horton)은 그가 자기 가게에서 일하는 데 대하여 신중하면서 못마땅하게 여기는 점들과 조건들이 있었습니다. 삼촌은 무디가 일하면서 자기 뜻대로 가게를 운영할까 염려했습니다. 교회와 주일학교에 다녀야 하고 어머니가 걱정되는 곳이라면 어디든지 가지 않겠다는 약속을 요구했습니다. 그러자 그는 월요일까지 기다릴 필요도 없이 당장 약속을 하면서 삼촌 구두 가게에서 일하게 되었습니다. 그는 재치와 명석한 두뇌로 얼마 안 되어 최고 세일즈 맨 대열에 서게 되었습니다. 그는 예리한 판단과 지칠 줄 모르는 열정으로 직장에서 획기적으로 성공을 거두었습니다. 그는 단조로운 판매 방식을 넘어서서 가게 입구에서 상품 이름을 외쳤으며 길거리에도 나가서 행인들을 붙잡고 설득해서 물건을 사고 싶은 마음을 일으켜서 판매고를 올렸습니다(35-6).

무디는 보스톤에 있는 삼촌의 구둣가게에서 하는 것이 구태연한 직장 생활에 얽매이고 또 비전이 없는 사업에 매달리기보다는 더 넓은 도전과 기회가 그의 충동적인 행동력이 있는 젊은이에게는 적성에 맞지 않았습니다. 또한 자신이 시카고로 직장을 옮기는 것을 집안이 걱정할 줄 알고 또한 만류할 것으로 알았기에 1,600km 떨어진 서부 도시에서 어머니에게 보낸 것이 편지 한 통으로 근황을 알렸습니다. 그에게는 어머니가 그 사랑 자체였기에 언제든지 어머니가 계시던 노스필드 지역에 도착하면 안위함과 평안을 느낄 정도이었습니다. 그의 어머니는 무디가 태어나서 청년이 되어 외지 생활을 하면서 그녀가 살았던 구십 평생에 기도로서 자식의 길에 동행했던 분이었습니다. 그래서 겨울날 저녁마다 '미망인 벳시 무디'의 창가에 늦게까지 불이 켜져 있는 것을 보면, 이웃 사람들은 타향에 있는 자식들을 위한 기도하는 것으로 모두 알게 되었습니다(44).

그는 1856년에 미국 전역에 휩쓴 신앙부흥 운동의 은혜를 힘입고서 1857년 1월 6일자 편지를 이렇게 적어 보냈습니다.

"어머님, 이 도시에서 거대한 신앙부흥 운동이 일어나고 있습니다. 저는 매일 밤마다 집회에 참여합니다. 정말 집회에 참석하면 하나님께서 임재 하심을 인하여 저는 너무나 즐겁습니다. 어머님! 이곳을 위해서 기도해 주세요. 모든 무릎이 주 앞에 꿇기까지 말입니다. 저는 노스필드에도 부흥이 임하여 많은 사람들이 그리스도의 품안에 돌아오기를 바랍니다. 어머님, 가족식구들이 심령론자(Spiritualists)의 모임에 가지 못하게 조심시켜야 합니다. 그들이 그릇된 길로 갈까 염려됩니다. 성탄절과 새해에 어떻게 지내십니까? 어머님 생애에 가장 기쁜 한 해가 되시기를 기도 드립니다. 저에게도 올해는 정말 좋은 일이 많이 지속되었으면 좋겠습니다. 칼빈(Calvin) 삼촌이 성탄절과 새해에 제가 왔으면 했지만 제가 자리를 비울 수 없어서 죄송하다고 전해주세요. 어머님, 편지를 너무 짧게 써서 죄송합니다. 곧 답장을 주시길 바랍니다."(46).

19세기 말 노스필드 총회의 여름학교가 종강했을 때 매사추세츠 노스필드에서 무디는 거의 삼백 명이나 되는 젊은이들을 그의 어머니가 살고 있는 집으로 데리고 갔습니다. 그의 어머니는 그 당시 매우 연로하였고 발목을 삐어 침대에 누워 있었습니다. 평상시 같으면 일어나서 무디의 친구들을 접대하고 그의 학생들과 얘기를 나누었을 것입니다. 그의 어머니는 91세까지 살았고 그가 죽기 바로 5년 전에 세상을 떠났습니다. 그의 어머니의 조상은 미국의 역사만큼이나 거슬러 올라갑니다. 그녀는 청교도의 혈통을 갖고 있었으며, 그녀의 조상들은 메이플라워호가 상륙한 지 14년 후에 미국에 도착했습니다. 그녀는 농장에서 성장하였는데 그 농장은 인디언이 그녀의 선조에게 준 땅이었습니다. 벳시 홀톤 가족은 아이들이 열세 명이었고 그녀는 네 번째 자녀였습니다. 그녀의 정규 교육은 13세 때에 끝났고 나머지 교육은 가정에서 경험으로 배웠습니다. 23세 되던 해에 벳시는 농부이자 벽돌장이인 에드윈 무디(Edwin Moody)와 결혼하였습니다. 에드윈은 아내와 7명의 자녀 그리고 8개월 째 임신 중인 쌍둥이를 남겨둔 채 일찍 세상을 떠났기 때문에 그에 대해선 알려진 게 거의 없습니다. 에드윈은 많은 빚을 남기고 죽었습니다. 그가 죽은 후에, 빚쟁이들이 마치 독수리 떼같이 몰려들어 하다 못해 불쏘시개 장작까지 그의 가족이 소유하고 있던 모든 것들을 가져가 버렸습니다. 벳시 무디는 오늘날 혼자된 부모와 마찬가지로 모든 책임을 어깨에 짊어져야 하는 형편에 처했습니다.

그녀는 고생을 회고하면서 "하나님이 내게 이 아이들을 주셨으니 내가 어머니로서의 역할을 해 나가면 하나님이 애들의 아버지가 되어 주실 것이라는 것을 알고 있었다"라고 말했습니다. 그녀는 용감하게, 그리고 실망하지 않고 그녀는 자녀들이 스스로를 돌볼 수 있는 나이가 될 때까지 그들을 키워 나갔습니다. 무디는 벳시의 다섯 번째 자녀였습니다. 어머니에 대한 많은 추억들은 어머니 장례식에서 읽은 조사에 잘 반영되었습니다. 그는 자신의 어머니를 매우 활동적이고, 열심히 일하는 여인으로 기억하고 있습니다. 그녀의 젊은 나이의 경험은 청교도 정신의 유산과 결합되어 그녀를 평생 부지런하며, 절제하며 희생적인 삶의 습관에 젖게 했습니다. 벳시는 자녀들의 옷을 직접 짜서 만들어 입혔을 뿐 아니라 실을 천에서 직접 뽑기도 했습니다. 그녀의 자녀들이 집밖의 일을 거들 나이가 되자 그녀는 우유를 짜고 그 밖의 다른 농장의 일을 돌보았습니다.

벳시 무디는 인생의 마지막 순간까지 활동적이었습니다. 집안 일을 손수 맡아서 하고 또한 세상 형편을 알기 위해 여러 개의 신문을 정기적으로 읽었습니다. 그는 자신의 활동력을 어머니한테 얻은 듯 합니다. 벳시의 검소한 습관은 그럴 필요가 없어진 한참 후까지 지속되었습니다. 그는 가능한 어머니를 편안하게 해드리려고 끊임없이 마음을 기울였으나 벳시는 무디가 제공하는 그러한 편안함에 가끔 거부반응을 나타내곤 했습니다. 그가 한번은 어머니가 마멀레이드 단지에 엽차를 넣어 마시는 것을 보고 어머니를 위하여 찻잔 한 세트를 사드렸는데 어머니는 그 찻잔을 사용하는 것을 한사코 거부하였습니다. 벳시의 손자 바울(Paul)은 "완전히 청교도적인 할머니는 평생 그러한 습관이 깊이 몸에 배어 어떤 때는 오히려 불편한 것을 더 좋아하시는 것같이 보였고 그렇게 하는 것을 미덕이라고 보시는 것 같았다"라고 회고하고 있습니다. 검소한 만큼이나 벳시 무디는 또한 인정이 많은 사람이었습니다. 비록 겉모습이 무척 근엄하였지만 여린 마음을 갖고 있었습니다.

"어머니는 가난한자를 절대로 문전 박대한 적이 없습니다. 한번은 집에 먹을 빵이 한 덩어리도 채 남지 않은 적이 있었지요. 그 때 어느 굶주린 사람이 나타났는데 어머니는 말씀하시기를, '얘들아, 내가 빵을 조금 더 얇게 썰고 나머지를 저 사람한테 줄까?' 하고 물으셨어요. 우리는 모두 그렇게 하시라고 했지요. 바로 이런 식으로 어머니는 우리들을 가르쳤어요"라고 그는 회고하고 있습니다.

벳시 무디는 자녀들이 하나님과 이웃들에 대하여 의무감을 갖도록 키웠습니다. 그녀는 자녀들을 근처에 있는 삼위일체를 믿지 않고 유일신만을 믿는 유니테리안 교회에서 세례를 받게 하였으며 매일 아침 성경을 가족들에게 봉독해 주었습니다. 또한 자녀들을 주일학교와 교회에 보냈습니다. 그녀는 토요일 저녁부터 일요일 저녁까지 안식일을 철저히 지킬 것을 주장하였습니다. 비록 선조들은 칼빈 신학을 존중하면서 그들의 철저한 청교도적 윤리 기준을 포기하지 않았습니다. 어머니가 자녀들에게 술을 비롯하여 가족의 건강을 해치는 것은 철저히 금했습니다.

젊은 무디가 1855년 예수를 구세주로 영접하였을 때, 그의 어머니는 무디가 새롭게 발견한 열의에 대하여 의심을 품었습니다. 그의 믿음이 성장하고 그가 하나님 사역을 할 때도, 그의 어머니는 아직도 그의 설교에 대하여 거부 반응을 일으켰고 자신은 죽는 날까지 유니테리안으로 남아 있을 것을 선언하였습니다.

1875년, 영국에서 개최했던 전도 캠페인에서 돌아온 무디는 곧장 노스필드로 향하였습니다. 그곳 고향 땅에서 그는 연속적인 부흥집회를 가졌습니다. 물론 그의 가족들은 참석을 했으나 대개 무디의 체면을 봐서, 또한 그가 유명해진 것에 대한 자랑하심 때문에 참석하였습니다.

비록 그들이 참석했을지라도 그들이 원래 믿는 바를 바꾸려는 의도는 전혀 없었습니다. 그는 가족의 회심을 위해서 오랫동안 진심으로 기도했지만 별반 효과가 없는 듯했습니다. 그러다가, 거의 마지막 집회에서 그는 청중들에게 예수 그리스도를 하나님의 아들로 그리고 구세주로 믿을 결심을 한 사람들은 일어나라고 하였습니다. 놀랍게도 70세 된 그의 어머니가 일어섰습니다. 무디는 그 순간 너무나 감격하여 다른 사람에게 기도를 부탁하는 것도 잊어버릴 정도였습니다. 마지막 날 저녁에 그의 동생 사무엘도 일어서서 예수 그리스도를 믿기로 결심하였습니다. 어머니가 자신의 사역을 전폭적으로 지지하게 되자, 그는 노스필드에 대한 목표를 재 설정하였습니다. 한때는 냉정한 유니테리안의 중심지였던 노스필드를 매사추세츠 주에서 대부흥의 중심지가 되도록 했습니다. 그가 시카고에 있는 집으로 돌아온 뒤에 결국 그곳은 무디가 활동했던 노스필드 학교의 중심지가 되었을 뿐 아니라, 학생 자원운동의 주요 본거지가 되었습니다. 벳시의 회심은 그로 하여금 새로운 복음주의로의 원동력을 불어넣어 주었습니다. 어머니의 회심을 통하여 무디와 어머니의 관계는 더욱 깊어졌습니다. 이제는 강한 혈연 관계일 뿐 아니라 그보다 더욱 깊은 예수 안에서 유대를 나누게 되었습니다. 무디는 그의 어머니의 땅과 인접한 곳에 집을 한 채 지었습니다. 그는 노스필드에서 멀리 떨어져 있을 때는 어머니에게 매일 편지와 그의 복음 사역에 대한 신문 기사를 오려 보냄으로써 밀접한 관계를 유지했습니다. 그의 어머니는 진지한 기도로써 아들의 사역과정을 자세히 살폈습니다. 이에 대하여 무디는 이렇게 말합니다. "정말로 적절한 조언이 필요할 때마다 나는 어머니를 찾아뵈었습니다." 그리고 무디는 결혼하자, 그는 자신의 어머니를 건실한 가정이 반드시 따라야 할 본보기로 삼았습니다. 그는 어머니에 대하여 평하기를 "어떤 점에서 내 어머니는 솔로몬보다도 현명했습니다. 어머니는 자녀들을 어떻게 키워야 하는지를 알고 계셨습니다. 우리 모든 형제의 모든 식구를 사랑하였습니다. 어머니는 모든 형제들의 사랑을 사로잡았다"라고 하였습니다.

이 모든 이유 때문에, 그는 어머니 장례식에서 다음과 같이 말할 수 있었습니다.

"그런 좋은 어머니를 가졌다는 것에 대하여 우리는 매우 자랑스럽게 여깁니다. 우리는 정말 좋은 유산을 이어받았습니다."(조지 스위팅. 도날드 스위팅, 무디의 삶이 주는 교훈, 국백련 역, 서울: 생명의 말씀사, 2000).

그는 어려웠던 어린 시절을 회고하면서 희생과 신앙으로 거룩하게 살았던 용감한 어머니가 세상을 떠나갔을 때, 그의 자녀들과 모든 사람들을 앞에서 조의를 표하면서 '하나님의 축복을 입은 사람'이라고 일컬었습니다(27). 가정이 자녀들에게 있어서 가장 행복한 곳이 되게 함으로써 자식들이 사회에 기여하는 인물로 교육을 시켰던 어머니에 대하여 이렇게 회고했습니다.

"사역을 마치고 노스필드로 돌아올 때마다 한번도 행복하지 않은 적이 없었습니다. 거의 50여 년 동안 말입니다. 집이 80km 정도로 다가오게 되면 저는 열차 좌석에서 일어나 서성거리며 안절부절 하지 못합니다. 기차가 노스필드에 가지 않을 까봐 조바심이 생깁니다. 제가 밤늦게 도착할 때면 어머님의 방 창문에는 언제나 불이 켜져 있었습니다."(27).

무디는 일생 가정과 영적이고 또 정신적인 후원자이며 또 지탱자가 바로 어머니 벳시 무디 여사이었습니다. 좋은 가정은 좋은 부모로부터 이루어집니다. 좋은 부모는 좋은 신앙에서 비롯됩니다. 좋은 하나님의 사람은 좋은 하나님에서 비롯됩니다. 좋은 어머니를 만난 그는 좋으신 하나님을 만남으로 진정한 하나님의 좋은 일군이 되었습니다.

3. 엠마 레블 여사

젊은 시절 무디는 항상 지지와 존경만을 받았던 것이 아니었습니다. 그는 수많은 역경 가운데서 더욱 하나님의 영광스러운 기회와 계기를 삼는 전진하는 하나님의 일군으로서 성장했습니다. 그가 한 여인에게 마음이 사로잡혔는데, 그녀는 2년 후에 그의 배필이 되었습니다. 그녀는 그에게서 영웅적인 자질과 용기와 신앙과 헌신적인 사랑으로 충만한 인물인 줄 알았습니다. 그렇지만 그에게도 인간적인 큰 위로가 필요로 했습니다. 그리고 그에게도 다른 사람들의 충고보다 그녀의 지혜로운 조언에 더 주의를 기울였으며, 주위 사람들에게 늘 이런 말을 했습니다. "하나님이 한 남자에게 준 가장 좋은 아내입니다." 무디는 세속적인 야망을 포기한 채 친구들의 반대하는 충고에 불구하고, 주일학교 교사로 일하던 당시 17살 소녀와 생애의 동반자로 약속을 했습니다. 그런 후 2년 뒤에 1862년 8월 28일에 결혼식을 올렸습니다. 그녀는 그보다 더 많은 교육을 받았기에 무디의 사역에 있어서 여러 면에서 조력자가 되었습니다. 그는 아무리 혹독한 시련이 다가오고, 또 무거운 짐에 짓눌리고 있었지만, 그녀와 교제를 통해서 가장 따뜻한 동정심을 받음으로써, 그녀로부터 신뢰와 헌신을 얻었습니다. 그녀는 무디의 충동적인 정열적인 성품이 안정되도록 크게 도움이 되었습니다. 그는 아내의 판단에서 유익한 도움을 얻는다고 시인했습니다. 그래서 한 때 그는 먼저 아내와 상의하지 않고 처신했던 일을 후회한 적도 있었습니다(69-70).

이처럼 무디는 생애에 있어서 부부와 가정 안에서 이루어지는 안정과 평안 가운데서 젊은 시절 사역의 시련에서 극복하는 보이지 않는 버팀목이 되었습니다. 비록 그의 아내는 19살이고 무디는 25세이었지만 그들 사이에 서로 하나님의 사람과 인간됨을 인정함으로써 이루어진 인성과 영성을 구비되어지는 사역자의 부부로서 내실이 있는 부부가 됨으로써 사역과 삶으로서 유종의 미를 거두는 하나님 나라의 일군으로서 매진했습니다.

4. 영적인 변화의 성장

1. 무디의 회심(보스톤)

무디의 삼촌이 주면서 약속했던 대로 무디는 교회출석을 하기 위해서 에드워드 커크(Edward N. Kirk) 박사가 시무 하던 버논 산 (Mount Vernon) 회중 교회에 정기적으로 출석했습니다. 그는 에드워드 킴볼(Edward Kimball) 교사가 가르치는 청년 성경반에 들어갔습니다. 그는 성경공부 반에서 성경본문을 남들만큼 잘 알지 못했기에 처음에는 성경공부 시간에 활발하게 참여할 수가 없었습니다. 그러나 그는 종종 궁금증을 참지 못해서 질문을 던질 때에 보면 자신의 질문에 대한 명확한 이해를 갖고 있었습니다. 무디는 어린 시절 가정에서부터 신앙교육으로 인해서 신앙적인 사람이었지, 결코 그가 그리스도를 개인적으로 확실하게 영접하지 못했으므로, 성령의 거듭나는 중생을 하는 체험이 없었습니다. 그러던 중 무디는 그가 다니던 버논 산 주일학교 성경공부반 교사의 지속적인 도움에 힘입어 하나님의 구원 계획을 이해하기 시작했습니다. 무디가 영적인 고민과 구원에 대한 문제를 심각하게 생각하기에 이르자, 킴볼 선생은 그를 위해서 기도하면서 구원의 문제를 함께 대화하고자 기회를 찾았습니다. 킴볼 선생은 드와이트 무디의 회심에 대하여 이렇게 회고했습니다.

"나는 그에게 예수 그리스도와 그의 영혼에 대한 문제를 말해주고자, 홀톤 구둣방으로 찾아갔습니다. 나는 구둣방에 거의 다 와서는 근무시간에 그를 만나는데 망설였습니다. 혹시 내가 갑자기 찾아와서 그 소년을 부른다면 당황하지는 않을까 염려도 생겼습니다. 내가 그를 만나고 돌아갈 때 다른 점원들이 만난 그 사람이 누구이냐고 묻는다면 나를 선한 선생이라고 말하다가, 무디가 내 방문으로 인해서 비아냥거림을 당하지는 않을까 하는 생각이 들었습니다. 이런 저런 생각을 하다가 그 상점을 지나친 것을 알고서 당장 그 장소로 들어가겠다고 결심을 굳혔습니다. 무디는 건물 뒤쪽에서 신발을 포장하고 있었습니다. 저는 곧장 그에게 다가서 너무 미약한 말로 그리스도를 영접하라고 했지만 내가 무슨 말을 했는지 기억이 다 나지 않으니 아마 무디 군도 그럴 것입니다. 나는 이렇게 짧게 말했습니다. '그리스도께서 너를 사랑하시며 그 분도 너의 사랑을 받기 원하신다.' 그것이 전부였습니다. 하지만 내 말을 들은 이 젊은이는 이제 방금 나의 했던 말 가운데 자기에게 비춰진 구원의 빛을 이미 마음으로 받아들일 준비가 되었던 것 같았습니다. 바로 그 순간 보스톤의 그 가게 안쪽에서 그는 자신과 삶을 온전히 그리스도께 바쳤습니다."(39).

무디가 그리스도를 영접하는 순간부터 그의 삶은 수동적인 신앙에서 적극적인 그리스도인으로 바뀌어졌습니다. 그가 의무적으로 교회생활이 바뀌어져서 그 후로 15년 동안 그는 자신을 하나님께 예배드리는 삶이 가장 큰 행복이며 또한 기쁨이었습니다. 무디가 자주 사용했던 말이 있습니다. "제가 회심하기 전에는 십자가를 향해 가려고 애를 썼지만 회심한 후로는 십자가로부터 전진해 나가고 있습니다. 그때는 구원을 받으려고 매진했지만 이제는 구원을 받았기에 매진합니다."

이로부터 40년이 지난 어느 날 무디는 보스톤에서 설교 중에 청년 시절에 체험했던 회심의 사건을 회고하는 말을 했습니다.

"사십 년 전 제가 하나님을 만난 곳은 트레몬트 성전(Tremont Temple)에서 무척 가깝습니다. 젊은이들을 제가 만났던 동일한 하나님께로 인도하는 일이 있다면 그 무슨 일이든지 하고 싶습니다. 제가 주께 한 일을 생각해보면 주는 제게 백만 배 이상이나 잘 대해 주셨습니다. 제가 그리스도를 영접하고 난 후 첫날 아침, 방에서 나오던 일이 기억됩니다. 태양은 전보다 훨씬 눈부시게 빛났으며 마치 저를 향하여 미소를 보내는 것 같았습니다. 보스톤 콤먼(Boston Common)을 지나가며 나무에서 지저귀는 새들을 보았습니다. 나무에서 지저귀는 새들을 보았는데 저를 보고 노래한다고 생각이 들었습니다. 제가 이제 새들과 사랑에 빠져 버렸습니다. 이전에는 저는 새들 따위는 거들떠보지도 않았습니다. 마치 제가 모든 피조물들과 사랑에 빠지는 것 같았습니다. 어떤 사람도 하나도 싫어할 사람이 없고 모든 사람을 포용할 마음이 생겼습니다. 진정으로 마음에서부터 하나님의 사랑이 흐르지 않는 사람은 아직 거듭나지 않은 사람입니다. 누군가가 기도회 자리에서 일어나 아무 사람을 헐뜯기 시작한다면 당신은 그가 진정한 회심 자인지 의심할 것입니다. 그 사람은 거짓된 회심일 수도 있습니다. 아무래도 진정한 회심이라고 볼 수 없습니다. 회심한 사람은 사랑하고 싶은 충동을 느낍니다(40).

또한 회심한 청년 무디는 사업뿐만 아니라 하나님의 나라를 위해서도 동일한 열심과 야망을 품었습니다. 일부 교회 중진들은 그의 지칠 줄 모르는 열심에 대하여 의아한 눈초리로 쳐다보았습니다. 그러나 무디는 그리스도인이 된 첫 기쁨을 억제할 수 없어 하나님 나라를 위해서 헌신하고 매진할 일을 찾았습니다. 그렇지만 교회의 중진들 가운데 그가 영적인 진보와 성장을 도울 수 있는 길을 열어 주고 봉사할 일을 맡기는 일은 너무나 인색했습니다. 그러기에 교회 안에 신앙의 선배들이 그의 열심에 대하여 견제하는 입장에 섰던 것입니다. 청년 무디는 1855년 5월 버논 산 회중 교회의 입교 인이 되려고 지원했지만, 이 심사에서 무디는 정식 교인으로서 받아들이기에는 아직 그리스도교 교리를 충분히 배우지 못했다는 판단이 내려졌습니다. 당시에 입교 심사 기준으로 볼 때 회심한 만족스러운 증거가 하나도 없다고 보았습니다. 그래서 위원회에서 세 사람을 지명해서 책임지고 그에게 하나님의 도를 더 정확하게 설명해 주도록 위탁했습니다. 그러나 무디는 자신의 신앙과 신앙고백을 인정해주지 않는다고 비판하는 사람들도 있었지만 그는 교회 입교 심사위원회의 지시를 기꺼이 수용했습니다. 그럼으로써 그는 자신의 영적인 점검과 준비와 성장을 위해서 재확인할 줄 아는 영적인 지도자가 되었습니다.

결국, 1856년 3월 12일에 두 번째 심사에서 무디는 정식 교인으로서 추천을 받았습니다.

"무디 군은 자신이 이곳에 온 이래로, 적어도 성경 지식 면으로도 어느 정도 성장했으며 기도하고 성경을 읽는 습관도 익혔습니다. 예수 그리스도 안에 있는 진리대로 살기로 결심했습니다…그리스도에 대한 사랑도 흔들리지 않을 것입니다. 그는 하나님 앞에서 자신의 개인의지를 내놓고 사는 삶을 추구하기에 이르렀습니다." (41-2).

당시 시카고 버논 산 회중 교회에 시무 했던 커크(Kirk) 박사는 그의 입교 심사에 대한 기록을 살펴보기로 하겠습니다.

"첫 번째 심사에서는 그를 교회에 솔직히 추천할 수가 없었습니다. 그렇지만 그는 잠시 실망했지만 낙망하지는 않았으며 한 두 번 더 기다렸습니다. 마침내 그는 교회에 추천해도 되겠다는 확신을 가질 만한 몇 가지 회심의 작은 증거들이 나타났습니다."(43).

무디는 청교도 후예들이 세운 보스톤Boston)에 있는 버논 산 회중 교회의 정식 교인이 되었습니다. 그는 청교도 교회인 회중 교회에서 킴볼 선생을 통해서 그리스도인으로 되었습니다. 그는 이미 커크 목사를 통해서 청교도의 신앙과 삶과 교훈을 젊은 영적인 중요한 시기에 2년 동안이나 양육과 훈련을 받아 성장하고 있었습니다. 그가 그리스도를 영접한 후로 사업에도 괄목할 만한 실적이 3개월만에 동료들보다 뛰어난 사업 실적을 나타냈습니다. 그는 그리스도의 가르침이 성공적인 직업 생활에 서로 방해되는 일이기보다는 영적으로 더욱 거래에 있어서, 신뢰를 형성하여 더 많은 인기를 차지하면서 2년 간 보스톤에서 사업을 했습니다. 그는 더 좋은 기회들과 더 큰 세계가 자기를 기다리고 있다는 생각을 하기 시작했습니다. 그러자 그는 삼촌의 가게에서 자신의 위치를 보건대, 장래에 대한 소망이 없다고 생각했습니다. 그의 삼촌은 보수적인 규범에 매여있는 삶과 사업방식에 비하면 무디는 젊음에서 타오르는 열정과 비전이 있었기에, 그는 그 당시 동부에 사는 젊은이들이 서부 목초지에다가 세워지고 있는 새 도시 시카고(Chicago)에 대하여 관심을 가졌습니다. 그러기에 무디는 다른 사람들보다 더 큰 기회와 비전의 실현을 위해서 아무에게도 자신의 목적을 말하지 않은 채 새로운 서부 세계로 발을 딛기로 결심했습니다(44).

2. 시카고의 신앙생활

무디는 1856년 이른 가을에 시카고로 도착했습니다. 처음에는 일자리를 구하기가 무척 어려웠습니다. 그는 2년 전에 보스턴에 와서 부딪치는 곤란을 용기로 극복했던 때처럼 시험하는 것처럼 어려웠습니다. 그러다가 그가 이틀만에 이전보다 유망한 직종에서 일자리를 구했습니다. 첫날부터 그는 그칠 줄 모르는 열정과 사업에서 예리한 판단력으로 더 많은 책임과 함께 보수가 꾸준히 증가했습니다. 그러면서도 그는 시카고에서도 직장과 친구나 돈, 이성에 흔들리지 않고 보스턴에서부터 갖은 견실한 그리스도의 젊은이로서 변치 않은 신앙을 견지해 나갔습니다. 그가 1856년 9월 25일자로 어머니에게 보낸 편지의 일부를 통해서 그의 신앙에 대한 이해를 할 수 있습니다.

"저는 일주일 전 바로 이 밤에 유명한 서부 도시에 도착했습니다....어젯밤에는 기도회에 갔는데 제가 소개를 하자마자 많은 친구들이 생겨났습니다. 모임이 끝난 뒤, 그들이 제게로 다가와서 친형제처럼 대해 주었습니다. 하나님께서는 여기서나 보스턴에서나 언제나 동일하십니다. 저는 그 하나님 안에서 평안을 얻습니다."(45).

무디는 버논 산 교회에서 써 준 편지를 받아 가지고 제 로이(J. E. Roy) 박사가 목회하는 프리머스(Plymouth) 교회에서 교회봉사를 찾아보기 시작했습니다. 어린 시절 노스필드에서 주일학교에 다닐 때 회원 모집하는데 특별한 재능이 있었던 것처럼 그는 즉시 긴 임대 좌석을 4개나 주일마다 청년들을 쫓아다니면서 어찌하든지 참석시켰습니다. 1856년에 미국 전역에 휩쓴 거대한 신앙부흥의 물결이 시카고에도 밀려왔을 때, 무디는 청년기에 이 신앙부흥의 열기와 은혜를 맛보는 놀라운 계기를 맞이했습니다(45). 그는 위즈웰(Wiswell) 구둣방에 들어간 지 얼마 되지 않아서 주식 매매하는 일도 시작했습니다. 이로 인해서 그는 자신의 능력을 십분 발휘할 수 있었습니다.

당시 그는 오늘 날 100만장자인 것처럼 10만 달러를 모으는 것이 그의 사업의 꿈이었습니다. 그는 어린 시절부터 배워 온 교육 덕분에 역경에 단련되었고 아주 근검 절약하는 삶을 배운 터라 빠른 시일 안에 사업의 터전을 마련하기에 이르렀습니다. 무디는 가장 큰 주일학교의 책임을 맡고서도 고용주의 이익에 반하지 않고서 그의 역할을 잘 감당해왔습니다. 그런데 그가 사업을 포기하고 사역에 전념하는데 가장 큰 고통을 겪었다고 고백했습니다. 그는 1858년 헨더슨(C. N. Henderson) 씨의 구두 도매점으로부터 위탁을 받아 일하면서도 사역을 위한 일정한 시간을 내어 자유롭게 봉사할 수 있음을 내심으로 고맙게 여겼습니다. 1859년 1월 2일 무디의 모친에게 보낸 편지에서 그의 심정을 알 수 있습니다.

"지난 주 교회에서 들어와 보니 제 모든 소망이 사라져 버린 것을 알았습니다. 제가 지금까지 충고의 말과 상담을 의뢰해 오던, 그래서 제게는 친구 이상인 사람이 죽었습니다. 저의 사장님인 헨더슨 씨입니다. 저는 그를 결코 잊을 수 없습니다. 제가 출가한 뒤로 만난 친구들 중 가장 진실한 친구였습니다. 그는 마치 친아들처럼 저를 돌보아주었습니다."

이런 무디의 마음은 일년 뒤 핸더슨 여사가 무디가 남편의 사업을 처분해달라고 요청했을 때 약 십 오만 달러의 재산을 두려운 의무감에 눌려서 어머니에게 기도를 부탁하는 편지를 보냈습니다 (58).

그 후에 그는 노스 사이드(North Side) 지역에 위치한 회중 교회와 친밀한 관계를 맺고 있었습니다. 무디가 보기에 집회들은 너무나 지루했습니다. 그래서 신실한 한 형제가 다가가서 다음 집회 때는 먼저 일어나 설교해 주지 않겠다고 부탁했습니다. 그 형제는 약속을 했습니다. 그러자 무디는 다른 형제들에게도 가서 두 번째 설교자로 세 명을, 그리고 세 번째 설교자로 또 다른 세 사람을 준비해두었습니다. 첫 번째 형제가 일어나서 간단히 설교를 마치고 나면 서너 명이 연속적으로 메시지를 간단하게 전했습니다. 이같은 이례적인 집회광경에 힘입어 부흥에의 열정으로 고취되었고 실제 그 교회에서는 이 사건을 계기로 영적인 관심이 크게 일어나기 시작했습니다(59).

그는 부(富)에 대한 야망을 포기하고 자신의 삶의 계획을 하나님 앞에 내려놓기까지 3개월동안 진통했습니다. 무디의 심정을 한 번 살펴보고자 합니다.

"저는 보스톤의 가게에서 주님을 영접한 후로부터 한번도 예수 그리스도에게서 눈을 돌린 적이 없습니다. 저는 솔직히 말해서, 하나님을 위해서 전적으로 일할 사람이라고 수년 동안 생각하지 않았습니다. 아무도 제게 어떤 주의 일이든지 해달라고 요청하지 않았습니다. 저는 시카고에 도착해서 교회의 네 개 의자를 임대하여 거리에 나가서 젊은이들을 채워다가 놓았습니다. 그러나 그들에게 그들 자신의 영혼에 대해서 말해 본 적이 없었습니다. 그런 일은 장로들이 하는 일로만 여겼습니다. 그러다가 그런 식으로 봉사하다가 선교 주일학교를 시작했습니다. 저에게는 숫자가 전부였고 숫자를 위해서 일했습니다. 아이들의 출석 인원이 1,000명이 밑돌면 제 마음이 무거웠지만, 1,200명 내지 1,500명이 모이면 제 마음은 뿌듯했습니다. 하지만 회심한 사람은 한 명도 없었습니다. 추수한 것이 전혀 없었습니다. 그 때 하나님께서 제 눈을 열어 주셨습니다. 그 주일학교 성경공부 반은 가장 경박한 여자아이들로 구성되었습니다. 사실 놀랄만한 일도 아니지만 말입니다. 어느 주일인가 담임 교사가 아파서 제가 대신 수업을 맡았습니다. 아이들은 제 면전에서 시끄럽게 웃어대면서 까불었습니다. 제 생각 같아서는 문을 열고 나가 다시는 돌아오지 말라고 소리치고 싶었습니다. 그 주간에 그 담임 교사가 제가 일하는 상점에서 오셨습니다. 그 얼굴이 너무나 창백하게 보였기에 제가 '어딘가 편찮으세요?' 하고 물었습니다. '폐출혈입니다. 의사 선생이 저에게 미시간 호수근처에 살지 말라고 하시기에 뉴욕으로 돌아갈 생각입니다. 아무래도 얼마 못 있어 죽을 것 같습니다.'

그런데도 그 고통스런 병고에도 불구하고 더 근심스러워 하는 표정을 보였습니다. 무슨 이유로 그렇게 큰 고민이 있는가를 물었습니다. 그러자 그 선생은 이렇게 대답했습니다. '사실은, 저는 저의 반 학생들 중 단 한 사람도 그리스도께로 인도하지 못했습니다. 정말, 저는 소녀들에게 도움이 되기는커녕 해를 준 것 같습니다.' 저는 그때까지 그렇게 말하는 선생을 만나본 적이 없었기 때문입니다. 그래서 저도 잠시 생각을 가다듬고 말했습니다. '그들에게 가서 선생님이 느낀 심정을 말해 보시면 어떻겠습니까? 선생님이 원하신다면 함께 동반하여 마차를 타고 선생님반 소녀들을 찾아보겠습니다.' 그는 저의 의견에 동감을 표하자, 우리는 함께 마차를 타고 학생들을 찾아 심방 했습니다. 그 여행이 내 인생에 있어서 가장 잊을 수 없는 최고의 여행이었습니다. 담임 선생은 소녀들 가운데 자기 반 여학생의 영혼 문제에 대하여 진지하게 말했습니다. 소란한 웃음소리는 들을 수 없었습니다. 선생의 말을 듣고 있던 소녀는 이내 눈물을 흘렸습니다. 그는 자기반 여학생에게 영생의 길을 설명했고 함께 기도하겠느냐고 물었습니다. 그리고서 저에게 기도를 부탁했습니다. 솔직히 말해서 지금까지 살아오면서 그런 회심을 위한 기도를 해본 적이 없었습니다. 그러나 우리의 기도는 응답을 받아 그 소녀는 회심했습니다. 우리는 다른 소녀들도 심방했습니다. 그는 층계를 오르면서 숨차 헐떡였지만 자기반 소녀들을 만나서 자기가 온 이유를 설명하자, 그들은 곧 눈물을 흘리며 구원받기를 원했습니다. 그가 완전히 녹초가 되었을 때 저는 그의 숙소까지 바래다주었습니다.

이튿날 우리는 다시 만났습니다. 열흘 뒤 그는 환한 얼굴로 저에게 이렇게 감격스럽게 말했습니다. '무디 선생, 우리 반에서 마지막 한 명의 불신자가 드디어 예수 그리스도를 영접했습니다.' 그 선생님이 다음 날 저녁에 떠나기로 되었기에 저는 그날 밤 그 반 아이들을 불러 함께 기도회를 열었습니다. 거기서 하나님께서 제 영혼에 영원히 꺼지지 않을 불을 지피셨습니다. 제 꿈은 훌륭한 사업가가 되는 것만큼, 그 모임이 제게서 그런 야망을 미리 빼앗아갈 줄 미리 알았다면 아마 저는 그 모임에 가지 않았을 것입니다. 그러나 저는 모임에 참석해 주신 하나님께 자주 감사를 드립니다! 죽음을 앞에 둔 그 선생님과 반 아이들은 함께 이야기를 하다가 요한 복음 14장을 읽었습니다. 우리는 '주를 믿는 형제들(Blest be the tie that binds)' (한글 찬송가 525장)를 부른 다음에 한 여학생이 죽어가는 선생님을 위해서 무릎을 꿇고서 기도했습니다. 다른 여학생이 이어서 기도를 하다가보니 모든 반 학생들이 기도하고서야 나는 일어났습니다.

나는 기도회를 마치고 나오면서 스스로 이렇게 말했습니다. "오 하나님, 제가 오늘밤에 받았던 축복을 잃기보다는 차라리 죽음을 택하겠습니다." 다음 날 저녁 저는 그 선생님과 작별 인사를 하려고 기차역으로 나갔습니다. 기차가 떠날 즈음에 그의 반 여학생들이 모두 약속이라도 한 듯이 모두 몰려왔습니다. 이 얼마나 놀라운 만남입니까! 우리는 찬송을 부르려 하다가 그만 울음을 터트리고 말았습니다. 그 선생님은 떠나는 기차 맨 뒤칸 난간에 서서 손가락으로 하늘을 가리키며 반 아이들에게 천국에서 만나자고 말했습니다. 이것이 마지막 만남이었습니다(60-2).

무디는 사업을 하면서 돈을 저축해 두었다가 그것으로 여생을 살 생각이었습니다. 주께서 노동의 수고에 대한 대가를 주는 것이 올바른 과정으로 받아 들였기에 삶을 위한 수단으로써 돈과 재산의 효용성을 믿고 활용하고자 했습니다. 그는 가능한 모든 방법을 동원해서라도 절약하기로 시작했습니다. 그래서 그는 절친한 친구들과 지내던 안락한 하숙집을 떠나 YMCA(Young Men's Christian Association) 건물 기도실에서 잠을 잤고, 싸구려 식당에서 끼니를 때웠습니다. 보통 체력을 가진 사람이라면 그런 방식으로 살았다면 벌써 허약해져서 죽었을 것입니다. 무디는 그 당시를 이렇게 회고했습니다. "저는 아직 삼십도 안 되는 나이에 이전 어느 때보다 비교가 안 될 만큼 쇠약해졌습니다. 저는 어리석게 건강관리를 해오지 않았지만 사실은 가장 소중한 것입니다."(62).

제 2 장
주일학교 대회와 YMCA운동

1. 주일학교 교사로서 무디

그는 시카고에 온 지 얼마 되지 않아서 노스 웰즈(North Wells) 가에 있는 작은 선교단 주일학교가 있는 것을 발견하고 성경 공부 한 반을 맡겠다고 지원했습니다. 당시에는 학생 수보다는 교사가 훨씬 많았습니다. 그래서 성경반 교사들은 무디에게, 아이들은 열두 명인데 교사는 열 여섯 명인지라 넉넉하지만 따로 성경공부 반을 개설하여 교사를 맡는 것은 환영했습니다. 이 제안은 무디의 취향에 딱 맞는 제의였습니다. 다음 주일에 그가 모은 열 여덟명의 '부랑아들'을 줄줄이 이끌고 주일학교로 데리고 왔습니다. 무디는 사역 초기로부터 자신이 받은 특별한 소명을 느끼게 되었습니다. 그리고 그는 다른 교사들이 가르치도록 새 아이들을 계속해서 데리고 왔습니다. 당시 그는 가르치는 일에는 그리 큰 재능이 있다고 여기지 않았습니다(51).

이같이 무디의 지속적인 헌신으로 웰즈가(街)의 주일학교는 예전보다 규모가 커지고 성장하더니 마침내 수용시설이 세금을 낼 정도로 조직과 행정이 체계화되면서 무디는 좋은 사역의 체험현장이 되었습니다. 이 시기에 엠마 레블(Emma C. Revell)을 만났으며 4년 후에 그의 아내가 되었는데, 당시에 열 다섯 살 소녀로서 주일학교 교사이었습니다. 1858년 가을에, 무디는 웰즈가에서 사역이 열매를 거두자 그 도시의 다른 지역에서도 더 확대된 사역을 결심했습니다. 그래서 그는 노스 시장(North Market) 회관을 확보하여 친구들과 연합해서 주일학교 사역을 시작했습니다. 이 주일학교가 후에 일리노이 시내(Illinois Street) 교회로 발전했으며, 그 후로는 무디 자신이 만년에 교인으로 섬겼던 토레이(Torrey) 목사가 시무했던 시카고 애비뉴(Chicago Avenue Church) 교회로 발전했습니다(52).

초기에 주일학교 교사로 섬기던 존 데일(John T. Dale) 씨의 설명을 참고하고자 합니다.

"외견상 육중하고 우중충한 오래된 벽돌 건물이었고, 내부의 커다란 홀은 시커먼 벽과 천장 때문에 음산한 분위기였습니다. 한마디로 기분이 좋은 환경은 아니었습니다. 그렇지만 그 홀에는 많은 소년 소녀들이 입구까지 가득히 찼습니다. 그들은 대부분이 버릇없고 조금도 가만히 앉아 있지 못하는 호기심이 많은 거리의 부랑아들이었습니다. 그들이 입고 있는 옷들은 낡고 끊임없이 장난치고 돌아다니기 때문에 교사의 인내심을 시험하는 장소와 같았습니다. 그러나 찬양할 때만큼은 그들의 영혼이 열렸습니다. 그 때 아이들이 부르던 찬양은 너무나 감동스러웠습니다. 아이들은 오륙 백 명의 학생들이었는데 그 시끄러운 아이들을 한데 모아 놓고서 지도한다는 것이 결코 쉬운 일이 아니었습니다. 그렇지만 교사들은 흥미진진하게 수업을 진행했으며, 배우는 학생들의 열의도 대단했으며 함께 예배를 열심히 드렸습니다. 주일학교가 끝나면 무디 선생은 문 앞에 서서 소년 소녀들과 일일이 악수하며 웃음과 함께 격려를 했습니다. 마치 그가 모든 아이를 개별적으로 다 아는 것처럼 말입니다. 그때면 아이들은 환호성을 치면서 그를 몇 번이나 에워싸면서 매달렸기에 무디의 팔은 꽤나 힘이 들었을 것입니다. 그 당시에 무디가 어린 영혼들에게 어떤 영향을 끼치고 있는 지를 분명히 느낄 수 있었으며 왜 어린이들이 주일마다 이곳에 오는 이유도 잘 알 수가 있었습니다. 그 회관은 실질적인 어린이 센터가 되었습니다."(52-3).

무디는 보편적인 명칭이 된 "노스 시장 홀 학교(North Market Hall School)"에서 무디 선생은 수위에서 교장 역할까지 다양한 일들을 했습니다. 그는 수위로부터 청소부로 해서 교장 역할까지 주중에는 시 외곽을 돌아다니면서 부츠와 구두를 파는 외판원으로 일했지만 토요일 저녁에는 항상 시내로 돌아와서 홀을 밤늦게까지 몸이 녹초가 될 때까지 청소를 했습니다. 그는 주일학교 교장을 할 생각이 추호도 없었습니다. 그래서 그가 현명하게 생각하여 시카고에서 가장 큰 포목상을 하던 존 파웰(John V. Farewell)과 은행장이었던 이삭 버취(Isaac H. Burch) 및 여러 인사들과 교분을 갖고 있었습니다. 이들이 무디를 도왔으며 교장직을 윤번제로 돌아가면서 맡음으로써 무디를 일생 동안 성공할 수 있도록 도와주었습니다. 무디는 전통적인 방법을 사용하려고 노력했지만 현대적이나 창조적인 방법의 효과보다 더 적다고 판단이 되면 언제든지 효과적인 방안과 방법을 취했습니다. 그래서 그는 자주 옛 스코틀랜드 속담을 즐겨 썼습니다. "개가 짖을지라도 기차는 지나간다." 이 같은 생각이 미리 '체계적인 훈련"이 아닌 준비 없는 프로그램으로 진행시키는 예배 순서에서 분명하게 드러났습니다. 무디나 다른 교사들은 성경 일기, 찬송 부르기, 동화 등 무엇이든지 어린이들에게 유익이 되는 것이라면 무엇이든지 활용했습니다(54).

성공적이지 못한 교사들을 탈락시키는 방안은 너무나 효과적이며 또 획기적이었습니다. 학생들이 반을 옮기고 싶으면 언제든지 교장에게 말하기만 하면 됐습니다. 학교 규칙이 학생 중심이었습니다. 결국 학생들에게 선택의 자유를 줌으로써 교사들의 적자 생존의 현상이 일어났습니다. 학교의 규모가 커져 가면서 1,500명이나 되면서 많은 신임 교사가 세워지고 체계화되어 갔습니다. 당시는 통합교재(International Lesson)가 나오기 전에는 성경뿐이었고 또 교파 분열 같은 것은 전혀 없었습니다(54).

무디가 고안해 낸 학교 운영 방법은 눈에 띄게 성공을 거뒀습니다. 그는 '노스 시장 주일학교 협회'의 증권을 발행했습니다. 자본금 만 달러를 확보하기 위해서 25센트 짜리 주식 4만 장을 만들었습니다. 이 주식으로 인해서 '새로운 건물 건축의 지분'을 확보했습니다.

링컨 대통령이 첫 번째 재직 기간을 시작하기 위해 워싱턴(Washington)으로 가던 중에 이 학교를 잠시 들렸으며 시카고 시민들부터 열렬한 환영을 받았습니다. 드디어 어느 주일 오후에, 링컨 대통령이 노스 시장 홀 주일학교에 들어서자, 우뢰 같은 박수소리에 장내가 떠나갈 듯했습니다. 대통령은 소개하는 자리에서 무디는 자신이 주일학교를 방문한 동기를 말했습니다.

"일전에 대통령 각하는 이 자리에서 연설을 하지 않기로 나와 약속한 바 있습니다. 그러나 만약 대통령께서 우리들의 열광적인 환영에 몇 말씀을 해주신다면 우리는 무한한 영광으로 여기겠습니다."

링컨은 그 자리에 참석한 15,000여 소년소녀들과 교사들과 시민들의 표정을 보고서 몇 마디 말을 했습니다. 그는 짧은 연설을 통해서 자신의 어린 시절의 경험담을 들려주고 선생님들의 말씀을 잘 듣고 배운 대로 실천을 하면 언젠가는 자기처럼 대통령이 될지도 모른다고 하자 아이들은 환성을 치면서 화답했습니다(박종구 편,

폭발적인 전도자 무디, 서울: 신망애출판사, 1997, 123).

그리고 몇 달 뒤 남북 전쟁이 발발하자 군인을 소집한다는 대통령의 긴급조치로 노스 시장 홀 주일학교 학생이 오십 명이나 자원입대 했습니다. 이처럼 이 주일학교와 헌신된 지도자의 영향력은 시간과 장벽을 넘어서는 좋은 영향력을 미칩니다. 이제 그는 주일학교 사역을 전보다 체계적으로 관리하면서 시간이 생기면서 학생들의 가정도 방문하였습니다. 로마교회(Roman Church)에 다니는 일부 가정에서 그를 달갑게 여기지 않았습니다. 그래서 주일 학교 사역이 다소 모험을 거는 활동이었습니다. 그렇지만 겁내지 않고 이 일을 계속 지속하면서 처음에는 노스 시장 홀이나 선교단 실로 초청하면 욕설을 퍼붓던 가족들도 이제는 많이 돌아섰습니다. 무디는 예전에 사업을 하던 때처럼 그리스도인의 사역에 있어서도 실제적인 판단에서 보건대 아무런 유용성과 효과를 가져올 수 없는 협소한 전통적인 관례라고 한다면 전혀 중요하게 사용하지 않았습니다. 그가 취한 새로운 방식으로 사역을 하는 일에 대하여 정상적인 방법이 아니라고 고려치 않을지라도 자신이 볼 때에 그 방법이 합당하다고 확신하면 그 방법을 사용하는데 주저하지 않았습니다(62).

에취 메이비(H. C. Mabie) 박사는 이렇게 이야기를 했습니다. 1863년 가을에 저는 시카고에서 무디 선생을 처음 만났습니다. 저는 유서깊은 시카고 대학에 입학하려고 일리노이스를 떠나 왔습니다. 복음 사역에 커다란 승리를 거두어도 무디는 여전히 변함이 없었습니다. 그는 다른 사람에게서 찾아볼 수 없는 엄청난 자성(磁性)을 갖고서 끊임없이 자기 주위에 사람들을 끌어 모아 수많은 동역 단체들과 동역자들을 만들어서 이전보다 팽창했으며, 확장 배가시켰습니다. 그는 다른 사람들이 사역할 수 있도록 만드는데 제가 알기로 그 누구보다도 뛰어난 탁월한 능력을 갖고 있었기에 자기와 같은 사람들을 계속 만들어 냈습니다. 십 사년 뒤 보스톤에서 젊은 나이로 담임 목사가 된 저는 1874년에 열린 무디의 성막 교회 대 성회에서 다시 재회하고서 그의 능력에 다시 사로잡혔습니다. 저는 그의 집회와 신앙문답 집회에서 그에게서 배우는 제자의 한 사람이었습니다. 그의 실천력은 저명한 영국의 사역자들과 교류하면서 크게 확장시키어 영혼구원이라는 고귀한 목적에 결정적인 역할을 했습니다. 더욱이 그는 자기와 함께 사역하는 자들에게 어떤 한 일이라도 해낼 수 있다는 확신을 불어넣어 주었습니다. 그래서 우리가 맡은 무슨 일이든지 그가 우리를 보낸 이상 결코 실패하지 않으리라는 확신을 갔었습니다."(74).

2. 무디와 주일학교 대회

무디는 1865년 남북 전쟁이 끝나고 시카고로 복귀해서 다시 주일학교 사역에 전념했습니다. 무디가 시카고에 세운 선교학교는 새로운 사역의 출발점이었습니다. 그는 그리스도인 위원회에서 동역을 했던 윌리엄 레이놀즈(William Reynolds) 씨가 선교학교를 운영하고 있었으며, 게일즈버그(Galesburg)에서는 엠 해저드(M. C. Hazard) 씨는 다른 학교를 관리했으며 이외에도 많은 학교들이 있었습니다. 그가 시도했던 선교 학교는 처음으로 대규모로 시도했습니다. 무디는 아이들을 모아오는 방법들이 새롭고도 독특했습니다. 그는 학생들을 모집하려 나갈 때 언제나 귤, 사탕, 사탕수수 등 맛있는 것을 주머니에 가득 넣고 다녔습니다. 또한 한번은 친구를 많이 일정동안 전도해 온 아이에게는 다람쥐를 통에 넣어준 적도 있었습니다. 무디는 일리노이스 주 주일학교 협회를 조직하면서 그는 더 큰 기회를 맞이했습니다. 이로 인해서 일리노이 주는 주일학교 사역이 열정으로 달아오르기 시작했습니다(89). 주일학교 대회에는 매번 마다 수천 명이 몰려들었습니다. 이 대회는 1859년 3월에 열렸지만 갑자기 남북 전쟁으로 인해서 두 번째 집회는 1864년에야 비로소 열렸습니다.

　　같은 해 가을 시카고 주일학교 연합은 조직을 활성화하기 위해서 감독직에 있던 존 빈센트(John H. Vincent) 목사를 모셔와 연합회 회장으로 임명하였습니다. 또 1865년 1월 1일부터는「시카고 주일학교 교사(The Chicago Sunday School Teacher)」라는 소식지도 발간하기 시작했습니다. 1866년에는 무디 선생이 본 연합회의 부회장이 되었습니다. 무디 선생은 주일학교 협회 실행위원회 소속으로 활동할 당시 군(郡)에서 개최되는 대회들을 종종 기도회나 부흥집회로 바꿔 버리곤 했습니다. 주일학교 대회 가운데 가장 감동적인 연출된 곳은 1870년 퀸시(Quncy)에서입니다. 당시 필립 질레트(Philip C. Gillette) 씨가 대회장으로 선출되었는데 일부 회원은 불만이 있었지만 그는 잘 수행하여 나갔습니다. 다른 주들에서도 미시간(Michigan), 위스콘신(Wisconsin), 미네소타(Minnesota), 아이오와(Iowa) 주에서 개최된 군 대회와 주 대회에 참석했습니다.

　　무디가 처음으로 메리 리(Mary V. Lee) 양과 사라 티마너스(Sara J. Timanus) 양을 만난 곳은 위노나(Winona)에서 열린 미네소타 주일학교 대회였습니다. 이 여성들은 둘 다 미네소타 주 교원 양성소에서 교사로 일하고 있었습니다. 무디는 이들이 강연하고 가르치는 것을 듣고는 동역자들과 상의하고서 그들을 일리노이스에 데려가서 군 대회에도 참여시켰습니다. 이후에 얼마 안되어 현재는 더블유 크래프츠(W. F. Crafts) 부인이 된 티마너스 양이 무디와 제콥스의 제안을 받아들여 주일학교 초등부 수업들을 관장했습니다. 이후로부터 그녀는 1년 동안 국제초등 연합(International Primary Union)의 회장직을 지냈습니다(94-5). 무디는 언제나 선교 사역을 헌신한 후로도 여전히 주일학교 사역자들을 대상으로 하는 대회들을 자주 참석했습니다. 1876년, 그는 결국 일리노이스 주 주일학교 연합의 회장으로 임명되었습니다. 또한 그는 1880년에 열린 일리노이스 주 게일즈버그 대회에서도 주도적으로 참여했습니다. 1896년 보스톤에서 개최된 국제대회(The International Convention)에는 고정 연사로 참석했습니다. 무디는 보스톤 대회에서 예전과 다름없이 열정을 품은 채 참석한 모든 대표자들에게, 하나님께서 그들에게 가르치라고 맡겨 주신 어린 영혼들을 구원하는 일에 각 사람이 갖고 있는 책임을 일깨우고자 노력했습니다(95-6).

무디는 YMCA 운동을 통해서 도시 선교나 민족복음화의 기틀을 마련했으며 또한 주일학교 교사 대회를 통해서 내실이 있는 영적인 교육에 주력함으로써 그는 믿음과 행함이라는 신행 일치를 가져다주는 내실이 있는 그리스도의 사역에 전적으로 헌신했습니다.

3. 무디의 YMCA 운동

1854년 4월 19일 무디는 고향을 떠나 보스톤으로 가면서 형에게 편지를 보냈습니다.

"나는 내일 밤 YMCA에 가입할 생각이야. 그러면 내가 어디로 가든지 머물 곳이 생기며 또 매년마다 일 달러만 내면 원하는 책을 마음껏 읽기 때문이지. YMCA 건물에는 큰 방도 있지. 보스톤에 학식이 있는 분들이 무료로 강의도 해주시고 무슨 질문이든지 성실히 답변해주지."(75).

무디는 이미 YMCA에 대한 가치와 매력을 알고 있었습니다. 그는 증언했습니다. "기독청년회(YMCA)를 충심으로 신뢰했습니다. 하나님 아래서(Under God), 어느 다른 단체보다도 그리스도인 사역을 위해서 큰 발전을 도모했습니다." 그의 이 증언은 무디가 YMCA에 대한 가치와 영향력을 크게 비중을 두었는데, 사실 그는 이 사역에 동참하면서 수많은 친구들과 후원자들을 얻었습니다. 그는 자기 사업을 그만두고 그리스도의 사업에 헌신하면서 그는 시카고에서 YMCA활동을 열정적으로 활약했습니다. 그는 당시에 세워진 그리스도인 위원회 사업과 YMCA 활동을 통해서 하나님의 사업에 대한 영향력과 가치를 깊이 체험했습니다. 그는 서기로서와 여러 해 동안 회장으로서 YMCA의 모든 분야를 활성화시키는데 주력했습니다. 이를 위해서 그는 영적인 사역의 필요를 절감했습니다. YMCA에서 매일 정오 기도회를 개최했던 일이 큰 부흥의 지속적인 결과를 낳았으며 또 전심전력을 다 기울여서 이 사역에 매진했습니다. 그가 젊은 나이였지만 얼마가지 않아 그 협회의 지도자가 되었고, 자신의 전도 선교 사역과 병행해서 YMCA의 끊임없는 확장을 위해서 힘을 다했습니다. 그의 지도력 아래서 기독청년회가 크게 활성화가 되면서 곧 수용할 시설이 더 확장될 필요가 생겼습니다. 이사 진들이 YMCA 건물을 위해서 기도해왔지만 거의 아무런 성과도 없을 뿐만 아니라 전혀 진척이 보이지 않았습니다.

결국 근간에 일리노이스 스트리트(Illinois Street) 교회를 성공적으로 설립했던 무디를 회장으로 선출하고 존 파웰(John V. Farewell)을 부회장으로 선출하자는 안건이 나왔습니다. 무디를 너무 급진적인 추진력이 있는 인물로 보고 회장과 부회장 이름을 서로 바꾸어 선출하고자 했습니다. 선거가 진행되고 있는 동안 선거 공약을 말하고자 앞으로 걸어나왔습니다. 그는 전날 밤에 좌석이 3,000명이 앉을 수 있으며 소모임 실과 사무실이 겸비한 회관 하나를 세우겠다고 약속했기 때문입니다. 그가 항상 그랬듯이 기도의 능력을 믿기에, 비 제콥스(B. F. Jacobs)와 제 딘(J. W. Dean)을 찾아가서 그런 건물을 개점(開店)하기 위해서 함께 기도하자고 했습니다. 그런데 그의 확실한 예상하는 비전과 함께 믿음의 기도는 응답을 받았으니, 주 정부로부터 YMCA의 부동산은 면세 대상이라는 허가서를 받아왔습니다. 그리고 주식회사를 세웠고 마땅한 건물을 지을 대지를 찾아보니 시카고 시의 급수시설과 급수탑이 있기에 건설하는데 적합한 위치와 규모의 땅을 결정했습니다. 당시 시카고 시는 급성장하는 도시이기에 준비하는 땅이 수도설비를 하는데 부적합한 곳이 되었기에, 그 땅을 파웰씨에게 소유를 건넸습니다. 그 대신에 파웰씨는 젊은이들을 위한 사역에 4만 달러의 기부금에 상당한 그 부지를 기부했습니다. 최초로 현금으로 일만 달러를 기부했던 첫 인물이 사이러스 맥코믹(Cyrus H. Mccormick) 씨였습니다. 그 외에도 많은 사람들이 기꺼이 기독청년회관을 건립하는데 후원을 해주었습니다.

마침내 미국에 처음으로 1867년 9월 29일에 YMCA 회관 건물 개관식에 많은 인파들이 모여서 함께 하나님께 영광과 기쁨을 드렸습니다. 이 자리에 모든 교파의 목회자들이 참석함으로써 초교파적인 기관임을 입증했습니다. 기독청년회 운동의 시절에 불과했지만 이 모임이 교회의 경쟁사가 될까봐 경제하고 질시하는 사람들도 있었습니다. 후에 무디는 YMCA의 사역을 도와주신 하나님의 은혜라고 회고하면서 그가 설교하면서 그리스도인들이 너무 오랫동안 소극적인 자세에만 머물러 있었지만 이제는 죄의 성벽을 부수러 담대히 나아가자고 부르짖었습니다. 그리고 이 회관 건립에 공이 가장 많은 인물인 무디의 이름으로 회관을 명명하자고 제안들이 들어왔지만 무디는 자신 대신에 이 협회의 회장이며 건물 부지를 대토해주신 파웰씨에게 감사하다는 뜻으로 이 건물을 파웰 홀(Farewell Hall)로 이름을 정했습니다(105-7).

1867년에 잘 공사하여 지어놓은 건물이 1871년 시카고 대 화재 사건으로 불탔을 때 다시 재건하여 두 번째 파웰 회관이 그 후년에 완성되어 개관이 되었습니다. 세 번째 파웰 회관은 무디가 영국에 가 있었던 1872-75년 사이에 지어졌습니다. 이 때도 무디는 1877년 시카고에서 부흥 사역을 마치고 회관 건축하는데 빚을 청산하는데 필요로 하는 잔여 건축비를 대주었습니다(108). 리챠드 모스(Richard Morse)는 기부금을 확보하면서 YMCA를 위해서 헌신했던 무디의 활약상을 이렇게 말했습니다.

"대서양 양쪽 어디서나 무디 선생이 사역하고 있는 도시라면 그 사역의 설득에 힘입어 YMCA는 헌신된 평신도들뿐만 아니라 재정적인 후원을 받을 수 있었습니다. 이 같은 인적, 물적 자원들은 곳곳에서 젊은이들을 위한 우리의 사역을 확장시키고 유익하게 만드는데 도움이 되었습니다. 거의 모든 도시에는 무디의 사역에 힘입어 YMCA의 영적인 측면들이 성장했을 뿐만 아니라 사역을 위해 필요한 보다 나은 시설과 장비들, 특히 대부분의 YMCA 건물을 세웠던 것입니다. 그때는 무디 선생이 영국과 북아일랜드에서 성공적으로 순회 해외 전도집회를 끝마친 후이였기에, 저도 미국 전역에 있는 모든 도시들을 방문을 했을 때, 크게 환대를 받았습니다. 제가 YMCA 국제 위원회의 서기관직을 맡고 있어서 보다는 무디 선생의 친구이자 어느 정도 그의 동역자라는 사실에 기인한다는 것을 알게 되었습니다. 무디가 YMCA 운동에 크게 기여한 바는 영적인 삶을 향상시켰습니다. 그리고 그는 평신도 지도자들을 세운 점입니다. 이 같은 무디의 공헌을 살펴보자면 그가 개최했던 집회에서 직간접적으로 헌금으로 후원했던 것으로도 충분히 증명할 수 있습니다. 무디는 뉴욕 23번 가와 4번 대로에 맞닿는 곳에 위치한 YMCA건물이 15만 달러가 저당이 잡혀 있었을 때도 1876년에 무디 집회를 통해서 빚을 청산했습니다(109). 그는 1867년 피츠버그에서 대규모 YMCA 대회가 열려서 영적 각성이 크게 일어났습니다.

당시 조직된 지 얼마 되지 않은 피츠버그 YMCA에서 회장직을 맡고 있었던 올리버 맥클린톡(Oliver McClintock)은 이렇게 말했습니다.

"무디 선생이 이 대회에 참석해서 감동을 받은 주요 여성 인사들에게 모임을 결성하도록 촉구했습니다. 결국 이 모임이 결성되어서 YWCA(기독 여성청년회)가 창설되었으니 이 단체는 막강하고 유력한 조직체가 되었으며 상당한 자산을 소유하여 몇몇 대규모 자선 기관들도 이 운동으로부터 시작되었습니다. 이처럼 그는 놀라운 열정과 선견지명과 실제적인 실효를 가져오는 능력을 발휘해서 이루어진 사업이며 기관이었습니다."

무디는 YMCA에서 활동하면서 구제와 선행을 하면서 가난한 자에게 복음을 전했으며, 그가 YMCA에서 활동하면서 초기에 직접 복음을 전파하는 가장 적극적인 방법인 '야외 설교'를 하였습니다. 무디의 야외설교에 대하여 1861년 제임스 채드윅(James S. Chadwick) 목사는 시카고에 있는 감리교파 성공회 교회의 도시 선교사이었는데 그의 사무실은 YMCA가 파웰 홀을 설립하기 전이라 같은 건물에서 근무하면서 무디의 행적을 유심히 보고 그의 야외설교에 대한 증거를 했습니다.

"여름마다 무디 선생은 날씨만 좋다면 언제든지 저녁에 법원 광장에 나왔습니다. 그리고 무디는 법원 건물 앞 계단이 그의 강단이었습니다. 그와 함께 한 여섯 명이 남녀 젊은이들이 성가대였습니다. 지나가던 행인들이 전부 회중이었습니다. 또한 법원 안에 있는 길다란 복도 여기저기에 죄수들이 유치장에 갇혀 있었는데 죄수들로 그의 설교를 들을 수 있는 자리에서 집회장소로 삼았기에 창살에 다닥다닥 붙어서 그의 설교를 경청하는 자들이 중요한 회중들이었습니다. 확신이 없는 사람들에게 복음을 전하기 위해서 그러한 방법을 사용하는 것이 무의미해 보였습니다. 그래서 무디의 전도나 설교에 대하여 이런저런 모양으로 대적하고 핍박하는 자들도 많았습니다. 또한 무디는 교도소에도 자주 방문했으며 시카고에서는 일명 '감화원(Bridewell)'이라는 곳에 가서 재소자들과 얘기도 하고 책을 읽어주고 기도도 해주었으며 진정한 죄인들의 친구이었습니다. 그는 주께서 말씀하신 것처럼 작은 일에 충성한 신실한 주의 종이었습니다. "네가 작은 일에 충성하였으매 내가 많은 것으로 네게 맡기리라."(마25:23).

1879년 볼티모어(Baltimore)에게 개최된 YMCA 국제 대회에서 열렬한 지지가운데 회장으로 선출되었습니다. 이 때 무디는 회장에 재직하면서 몇 가지 중요한 질문을 답변했습니다. 먼저는 총무직에 대한 것이었습니다. "어떤 사람도 복음 전도자와 총무직을 겸직하여 사역할 수 없습니다. 총무는 젊은이들을 위해서 성공적으로 헌신하기 위해서 한 가지 일로 족합니다. 이런 이유로 복음 전도자로서 사역을 감당하기 위해서 총무직을 포기하겠습니다. 여러분도 두 직책을 한꺼번에 감당할 수 없을 것입니다." 그는 회심하지 않은 불신자를 위원회 위원으로 임명하는 것에 대한 제안에 대하여 단호하게 그의 입장을 밝혔습니다. "글쎄요. 시신(屍身)을 지고 다니고 생각이 계시다면 그렇게도 할 수 있습니다. 누구든지 시신은 지고 다녀야 하거든요. 저는 심령에 그리스도를 모신 위원이 주가 없는 불신자 수 천명보다 더 가치 있는 자로 봅니다."(115-6).

무디는 시카고에서 YMCA의 서기로 재직 당시에 누구든지 찾아와서 어떤 취미활동을 협회 안에서 해보겠다고 끈질기게 졸라대면 그 취미활동 그 자체가 건전하다고 판단이 되면 이렇게 말하곤 했습니다. "예, 그 일은 좋은 일입니다. 저는 그 분과 위원장으로 당신을 임명하겠습니다. 당신이 여러 사람들을 세워서 그들과 함께 이 활동을 추진하시기를 바랍니다."

무디는 YMCA 사역을 하면서 많은 사람들과 교분을 맺었는데 평생 그 관계가 지속되면서 그의 교육 사역과 복음 사역에 큰 힘이 되었습니다. 그는 보래틀보로(Brattleboro) 출신의 에스티(J. J. Estey) 장군은 1867년 9월 버몬트 주 벌링턴(Burlington)에서 개최된 YMCA 대회에서 무디 선생을 처음으로 사귀었습니다. 에스티 장군은 회고했습니다.

"대회가 개최되었을 때 교회에 들어오시는 무디 선생 모습을 잊을 수 없습니다. 그가 대회장에 참석한 그 자체가 참석한 모든 사람들에게 하나된 영감과 동감을 갖게 함으로써 대회가 끝마치는 말까지 정말로 놀라운 집회가 되었습니다. 저는 이 대회를 마치고 6주 후에 시카고에 가서 무디 선생을 만나 뵙게 되었을 때, 그는 내 이름과 얼굴까지 알아보는 독특한 은사를 갖고 있었습니다. 그 후로도 무디 선생이 1872년 6월에 첫 유럽 전도여행에 돌아온 그 해 여름에 노스필드(Northfield)집회를 열었습니다. 그때 우리는 수십 명의 봉사자들을 동반하여 참석해서 우리들은 큰 은혜도 받았으며, 집회 마지막 시간인 신앙문답실에서 협력했습니다. 무디가 세운 학교들이 시작될 때부터 저에게 이사 중 한 사람이 되어달라고 부탁했을 때, 저는 승낙했으며 지금도 학교의 이사로서 협력하고 있습니다. 그 학교 초창기에 무디 선생이 해외집회에 나가 있었을 때, 거의 매주 학교에 가서 학교문제들을 도왔습니다. 항상 소년들이 모이면 문제들이 생기는 것이 많지 않습니까! 그 당시에는 농가 두 채뿐이었는데 각 집마다 남학생 12명, 그리고 선생님 한 분, 사감 선생님이 한 분에 고용인이 한 사람이었습니다. 무디와 저는 그 시절 이후로 줄곧 절친한 사이로 지내왔습니다. 제가 그와 친한 관계를 맺은 것은 제 인생에 있어서 가장 큰 영예로 여겨집니다(117-8). 이처럼 무디는 YMCA활동을 통해서 좋은 교분가운데서 좋은 평생 동역자를 얻었습니다.

4. 무디와 학교

무디가 시작한 매사추세츠주 노스필드와 일리노이주 시카고의 학교들이 100년이 지난 오늘날에도 번영하고 있는 점에 대해서는 그의 공헌이 크다고 말할 수 있습니다. 창립자가 세상을 떠난 지 이미 오래되었지만 지금까지 지속되고 있는 이 두 학교에 대하여 생각해보는 것도 중요할 것입니다. 오늘날은 노스필드의 남학교와 여학교가 한 이사 진으로 합쳐져서 현재는 노스필드 헐몬 산 학교라고 부르고 있습니다. 이 학교는 사립학교로써 남녀 공학 기숙제 고등학교인데 중고등 학제인 9학년에서 12학년까지 있습니다. 현재 1,100명 이상의 학생이 등록되어 있습니다. 이 학교는 미국에서 가장 높은 수준의 대학 예비학교라는 점에서도 중요하지만, 무디의 생애와 19세기의 미국 교회역사와 역사적인 연관을 맺고 있다는 점에서도 중요합니다.

노스필드는 매우 아름다운 지방입니다. 방문객들은 뉴잉글랜드의 아름다운 전원 풍경에 감탄합니다. 일단 캠퍼스로 들어가면 무디의 존재를 부각시켜 주는 여러 가지 사적들이 있습니다. 그의 생가, 무덤, 그의 일생에 관한 역사적 박물관, 그리고 그가 10살 때까지 성장한 농촌 집이 보존되었습니다. 무디 성경학교의 넓은 산하에는 각종의 헌신적인 기독교 선교사역 활동 분야들이 구성되어 있습니다. 이 사업의 중심은 학교입니다. 현재 35,000명 이상의 학생들이 무디 성경학원「MBI(Moody Bible Institute)」의 5개 교육 프로그램에 등록되어 있습니다. 이 학원은 학부, 대학원, 부속학교 (6개 주에 22개의 야간학교), 독립 교육(통신학교), 그리고 플로리다주의 크리스챤 주간 학교와 컨퍼런스 선교가 있습니다. 그밖에도 무디 성경학원은 테네시주(Tennessee)에 항공학교가 있어서 파일럿 선교사들을 훈련시키고 있습니다. 전 세계에서 봉사하고 있는 파일럿 선교사들의 약 절반은 이 곳에서 비행훈련을 받았습니다.

다른 분야로는, 무디 출판사(Moody Press)가 있는데 어느 때 이건 800여권의 책들이 출판되어 나와 있습니다. 그 출판사에서 매년마다 60권의 새 책들이 출판됩니다. 「월간 무디(Moody Monthly)」는 발행 부수가 200,000권 이상입니다. 시카고에 있는 영화 제작소인 무디 과학연구소는 일반영화는 물론 하나님과 과학에 대한 교육 영화를 제작합니다. 무디 방송국은 미국에 12개의 방송국을 소유하고 있으며 전 세계에 430개 이상의 방송국에 녹음된 방송 프로그램을 보내고 있습니다. 이 시카고 캠퍼스는 노스필드 캠퍼스와 마찬가지로 매우 분주한 활동의 본거지입니다. 무디가 이룩한 이 두 학교의 공통된 비전이 있습니다.

1. 노스필드 학교는 처음에 교양 과목 중심으로 시작했는데 지금까지도 마찬가지입니다. 반면에 MBI는 특수한 크리스천 사역에 중점을 두고있습니다. 처음부터 MBI는 무디의 "중간을 메우는 사람"의 비전에 중심을 두었고, 현재까지도 주로 직업 학교로 남아있습니다.

2. 노스필드 학교는 미국의 유수 대학 출신들 그리고 특히 뉴잉글랜드 대학과 대학 예비학교의 풍조에 영향을 받은 지도자들이 이끌어온 반면에 MBI는 새로운 개척지에 위치해 있었습니다. 오늘날 노스필드 헐몬 산 학교는 뉴잉글랜드의 대학 예비학교로 잘 알려져 있습니다. 그러한 학교로는 미국에서 최고로 꼽히고 있으며 이 학교는 고등학생들을 위한 우수한 학문적 수준과 골고루 균형을 이룬 4년의 교육 과정으로 유명합니다. 그 학교의 시설은 광대하며 우선 캠퍼스가 4,000에이커(1에이커는 약 4,046)의 부지를 차지하고 있으며 164개의 건물이 들어서 있습니다(127-30).

학생들에게 제공되는 다양한 프로그램들은, 비록 무디는 그런 학교를 다닐 기회가 없었지만 무디의 관심과 성격의 폭을 잘 반영해 주는 듯 합니다. 무디도 우리가 생각하는 것처럼 모든 것들을 붙들어 주는 구심점이 있다고 믿었습니다. 그 구심점은 바로 예수 그리스도입니다. 예수는 개인의 생애와 공동 조직의 단단한 기반입니다.

5. 교육자 무디

초등학교 5학년 수준밖에 안 되는 교육을 받은 사람이 위대한 교육자가 되는 경우는 거의 없습니다. 바로 무디가 그 예외입니다. 그의 아들 윌은, "아버지는 그의 세대에서 가장 뛰어난 복음 전도자로 알려졌습니다. 그러나 장래에는 교육자로서 더욱 잘 알려지게 될 것이다"라고 말했습니다. 무디가 생애를 마칠 때쯤 되어서 그가 이룩한 대부분의 교육 사업들이 막 번창하기 시작하였습니다. 과연 그의 아들의 예측이 정확하였다는 것은 그 후 시간이 입증하였습니다. 무디는 여러 면에서 교육자였습니다. 우리가 이미 보여준 그의 초창기 교육적 노력은 주일학교에서부터 시작하였습니다. 소년이 었을 때, 유니테리안 교인으로서 어린 무디는 주일학교 심방을 도와주었습니다. 회심한 후 시카고로 옮긴 무디는 플리머스 교회에서도 좀더 적극적으로 교사로 봉사했습니다. 그 교회에서 그는 교회의 좌석을 매주 일요일마다 임대하였습니다. 나중에, 그는 자신의 주일학교를 시작하였습니다.

1858년에는 무디는 이미 자신의 선교학교를 조직하여 급성장을 하였습니다. 1864년이 되어서는 그 선교 학교가 새 일리노이 스트리트 교회의 주춧돌이 되었고 그가 사망한 후에는 무디 추모교회(Moody Memorial Church)라고 명명되었습니다. 무디 주일학교의 결실은 아직도 이 중요한 시카고 교회에서 지속되고 있습니다.

그의 두 번째 교육 사업은 노스필드 여자학교로써 1879년 그가 세운 최초 공식 학교였습니다. 무디는 "가난하지만 높은 이상"을 품고, 또 그리스도교 교육을 받기 원하는 여학생들이 들어오기를 원했습니다.

1881년, 무디는 헐몬 산 남자 학교를 설립하였는데 똑같은 취지의 남자 학교였습니다. 설립당시에, 이 학교는 16세 이하의 남학생들을 위한 것이었습니다. 1885년에는 16세 이상의 학생들을 교육시키는 학교로 재조직되었습니다. 노스필드 신학교와 헐몬 산 학교는 둘 다 아직도 운영되고 있습니다. 코네티컷(Connecticut) 계곡 근처 아름다운 매사추세츠주 북쪽에 자리잡은 이 학교들은 합쳐서 노스필드 헐몬 산 학교(Northfield Mount Hermon School)라고 불리었습니다. 이 학교는 비록 이제는 더 이상 기독교 중심의 교육을 하고 있지 않지만 미국의 일류 대학 예비 고등학교 가운데 하나로 인정받고 있습니다. 무디가 보스톤에서 1854년에 가입한 YMCA는 그가 아끼던 또 하나의 사업이었습니다. 시카고에서 무디는 YMCA를 많이 도왔습니다. 이 연합회를 위하여 많은 돈을 모금했을 뿐 아니라 1879년에는 국제 총회장을 역임하기도 했습니다.

그의 다섯 번째 교육 사업은 노스필드 여름 수양회(Northfield Summer Conference)로서 1880년에 개최하였습니다. 이 수양회는 대학생들과 일반 크리스찬을 위한 여름 그리스도교 수양회로 설계되었습니다. 무디는 당시의 많은 훌륭한 복음주의 설교자들과 교사들을 강사로 초빙하였습니다. 이 노스필드 여름수양회는 학생자원운동(Student Volunteer Movement)을 발족하는 데 일익을 담당했습니다. 시카고 복음협회(Chicago Evangelistic Society)는 현재는 무디 성경학교로 알려졌으며 1887년에 창설되었습니다. 이 학교는 그리스도교 교육의 학사 과정의 대학으로 뿐만 아니라 새로운 전도사역을 통해서 더욱 확장되었습니다. 그 예로는, 출판사

(1895년), 잡지(1900), 통신 성경학교(1901), 야간대학(1903), 라디오 방송(1926), 영화사(1945), 선교항공학교(1946), 방송국(1981), 그리고 대학원(1985)이 있습니다. 1895년에 무디는 신앙서적 행상 협회(Colporteur Association)를 창설하였는데 이 곳에서는 저렴한 가격의 신앙 서적들을 만들어 외판원 혹은 행상인망을 통해서 팔았습니다. 현재는 무디 출판사(Moody Press)라고 불리는 이 단체는 신앙 서적을 출판하여 전 세계로 보급하고 있습니다. 무디는 또한 스코틀랜드의 글래스고에 있는 훈련원(Glasgow Training Institute)의 설립 당시에 주요 역할을 담당하였는데, 이 훈련원은 오늘날까지도 크리스찬 봉사자들을 배출하고 있습니다. 쉴 새 없는 무디의 이러한 활동에 비추어 볼 때, 과연 무엇이 동기가 되어 무디로 하여금 이토록 교육에 자신의 생애를 헌신하게 했습니까? 그 이유 중의 하나로 무디 자신이 정규 교육을 받지 못했다는 사실을 들 수 있겠습니다. 1880년 무디는 "교육의 부족은 나를 항상 불리하게 했습니다. 나는 살고 있는 동안 이것으로 인하여 평생 고통을 당할 것이다"라고 말했습니다. 무디는 그가 부족했던 것을 다른 사람들이 갖추기를 원했습니다. 그는 누구나 적당한 비용으로 기독교 교육을 받을 수 있기를 원했습니다.

또한, 무디는 크리스찬 봉사자들을 훈련시켜야겠다는 사명감을 갖고 있었습니다. 복음 캠페인을 하는 동안 무디는 많은 봉사자들이 상담 지도를 할 수 있는 자격을 갖추지 않았다는 것을 발견하게 되었습니다. 또한, 평신도와 목사직 중간의 사명을 맡아야 하는 목사 보조원들, 도시 선교사, 복음전도자 등이 필요하였습니다. 무디는 새로 창설한 학교에서 성경의 기초와 그리스도인의 삶에 대한 기본을 그들에게 가르치기 원했습니다.

무디는 영국 여행에서도 자극을 받았습니다. 그곳에서 무디는 조지 뮬러(George Müller)와 찰스 스펄전(C. H. Spurgeon)의 사역들을 둘러보게 되었습니다. 영국에서 돌아올 때 무디는 미국에서 그가 할 여러 가지 사역의 아이디어를 머리에 가득 넣어 가지고 왔습니다. 그 밖의 사회적 그리고 경제적 동기가 있었습니다. 신속한 공업화와 도시화는 미국의 도시들에 혼란을 가져왔으며, 무디는 자신의 학교의 졸업생들이 도시의 빈민들에게 복음과 그리스도교 교육을 일으킴으로써 시카고와 같은 미국의 주요 도시에 평화와 질서감을 구축할 수 있다고 믿었습니다. 무디는 사역을 검토해 볼 때, 교육에 대한 관심은 그의 일생을 걸쳐 지속되었다는 것을 쉽게 알 수 있습니다. 우리는 무디의 초기 주일학교 운동과 YMCA 활동을 이미 알고 있습니다.

노스필드 신학교의 교육 목표들 중에는 크리스챤 정신 밑에서 일반교육 과정을 성경교육 과정과 통합시키는 것이었습니다. 초기의 노스필드 신학교 요람에는, "성경은 다만 명목상으로 존재하는 것이 아니라 실제적인 것이므로 교과 중에서 가장 우선적인 역할을 한다"고 명시했습니다. 강의 내용은 모든 복음주의 교회들에게 공통적으로 응용되는 범위 안에서 실행되었습니다(51-55).

무디에게는 교육 그 자체가 목적이 되지 않았다는 점입니다. 무디의 교육 목적은 개인을 그리스도에게 직접 인도하고 그들로 하여금 그리스도의 사역에 필요한 일군이 되는 것을 의미합니다. 무디에게는 그러한 영역에서 그리스도인으로서의 신앙고백과 성경에서 가르치는 하나님의 사랑으로 결정이 되었습니다. 그는 교육자로서 그의 모든 사업의 중심과 강렬한 동기가 바로 사랑이 되었습니다.

제 3 장

무디, 생키, 토레이, 몰간 팀 사역

1. 생키와의 만남과 사역

당시 생키는 펜실베니아(Pennsylvania)주의 뉴캐슬(New Castle)에서 행정 관리가 되어 내국세 세무 업무를 담당했습니다. 그의 나이는 서른이었는데 영국인 아버지와 스코틀랜드 계의 아일랜드인 어머니의 혈통을 받아 1840년 8월 28일 펜실베니아주의 로렌스 군(郡) 에든버러에서 태어났습니다. 그는 감리교인이었으나, 여가 시간만을 이용해서 신앙생활을 했지만 어린 시절부터 노래하는 법을 배웠습니다(A. P. 피트, 무디의 생애, 서종대 역, 서울: 생명의 말씀사, 1987, 106).

무디는 1865-1871년 사이에 시카고 YMCA 지부에서 견인차 역할을 했습니다. 그는 주 대회와 국제 대회에서도 영향력을 끼쳤습니다. 그는 1868년 알바니(Albany), 1869년 볼티모어(Baltimore), 1870년 인디아나 폴리스(Indianapolis)에서 열린 국제 대회에 참석했습니다. 무디는 인디아나 폴리스 대회에서 생키

(Ira. D. Sankey)라는 펜실베니아 뉴캐슬(Newcastle) 출신으로 상봉했습니다. 무디가 인도하는 새벽 집회에 참석했던 생키는 집회 찬양을 시작하기가 어렵게 되자, 생키의 친구의 강권함으로 인해서 생키가 '샘물과 같은 보혈(There is a fountain filled with blood): 한글 찬송가 190장'을 선창하자, 모든 회중이 따라서 함께 찬양했습니다. 집회가 마치고 생키의 친구는 회중 앞에서 생키를 소개하자, 그는 찬양을 인도했던 그를 알았습니다. 복음 전도자인 무디는 그 자리에서 생키 씨에게 가족관계와 직업에 대하여 몇 가지 묻더니, "이제부터 그 모든 것을 포기하셔야 되겠습니다! 당신은 제가 찾던 그 사람입니다. 시카고에 오셔서 저의 사역을 도와주시기를 바랍니다."고 단호하게 말했습니다. 생키는 갑작스런 그의 제안으로 인해서 적잖게 놀랐지만 무디 선생에게 자신의 직장을 갑자기 그만둘 수 없지만 점심 초대에 응하겠으며 앞으로 사역의 특성을 살펴볼 수 있는 기회를 갖겠다고 확답을 주었습니다. 생키 씨는 기도해보겠다고 했지만 무디와의 첫 만남에서 아무런 결정도 내리지 못했었습니다. 그 날 오후 생키 씨는 무디 선생으로부터 온 엽서에는 저녁 야외집회에 와서 도와달라는 내용이었습니다. 생키 씨는 편지 뒷면에 "거기서 뵐 것입니다(I'll be there.)"라고 답신을 보냈습니다.

　무디 선생은 지체 없이 한 가게에서 큰 빈 상자를 빌려다가 길가 한쪽에다가 강단을 삼고 생키에게 「십자가 군병 되어서(Am I a soldier of the Cross): 한글 찬송가 391장」을 불러달라고 부탁했습니다. 찬송 한두 곡을 부른 뒤 무디 선생은 설교했습니다. 공장에서 퇴근하던 많은 노동자들이 갑자기 모여들더니 큰 무리를 이루었습니다. 그 날 저녁 설교는 좀처럼 들을 수 없는 가장 힘이 있는 설교이었기에 그의 설교에 수많은 사람들이 빨려 들었고 설교자의 진정한 얼굴을 쳐다보고 경청하는 자들 가운데 많은 이들의 눈에는 눈물이 흘러내렸습니다. 무디는 20분 정도로 설교를 마친 후 짧게 기도를 하고 광고하기를 음악 학교에서 계속 집회를 갖겠다고 하면서 모인 청중들에게 자기를 따라오라고 하더니 함께 널리 알려진 찬송이었던(Shall We gather at the river)'를 부르면서 거리를 따라 힘차게 걸어갔습니다. 이번 설교도 전에 길가에서 설교했던 것처럼 너무나 감동적이었습니다. YMCA 대표자들이 저녁 모임에 도착하기 시작하자 무디는 설교를 중단하고서 집회를 마치는 기도를 드린 후에, 모인 청중들에게 집에 가서 식사하시라고 하면서 그들을 돌려보냈습니다(113-4).

이 두 번째 집회에서 큰 감동을 받은 생키는 YMCA대회를 마치고 뉴캐슬로 돌아가서 가족들에게 무디가 시카고로 초대했다는 말을 했습니다. 무디는 일주일이라도 함께 사역한 후에라도 결정하도록 초대함으로 인해서 몇 달이 지난 뒤에 그의 부탁을 따랐습니다. 생키 씨가 이른 아침에 시카고에 있는 무디의 자택에 도착하니 가족 아침 기도회를 하려고 모여 앉았습니다. 무디는 그를 만나자마자 오르간에 앉아 찬송 한 곡을 인도해 달라고 해서 찬양을 인도했습니다. 첫날부터 생키는 무디와 함께 성도들 가운데 병약한 자를 심방할 때마다 생키가 먼저 찬양을 부르고 나면 무디는 하나님의 말씀을 전하고 치유되기를 위해서 기도했습니다. 그 주간에 맞이한 주일에는 파웰 홀(Farewell Hall)에서 큰 집회가 열렸습니다. 예배가 끝날 무렵에 많은 사람들이 주님을 영접하려는 기도에 동참하려고 일어섰으며 '신앙문답 결단 상담'을 마칠 즈음되어서 무디는 생키에게 이렇게 말했습니다. "내일 고향에 가시지만, 제가 이 사역에 오셔서 도와달라는 요청이 옳다고 인정하신다면 가능한 빨리 마음을 전하시고 저에게 오셔서 도와주시길 바랍니다." 이 바램은 이루어졌으니, 생키 씨는 자기 직장을 그만두고 시카고에 와서 무디 씨가 사역하던 일리노이스 스트리트(Illinois Street Church)

교회에 함께 합류했으며 기독청년회(YMCA: Young Men's Christian Association)의 활동에 동참했습니다(115).

2. 토레이 박사와 사역

"당신은 내 입에다가 필요로 하는 물을 마시게 할 수 있습니다!" 디 엘 무디는 회중 교회 목사였던 이 윌리엄(E. M. Williams)에게 미네아폴리스(Minneapolis)에서 토레이(Torrey) 신앙 운동과 적극적인 전도사역에 활약하고 있었던 그에 대한 평가이었습니다. 무디의 사촌이었던 프레밍 레블(Fleming H. Revell)은 거대한 국제 그리스도교 사역자 협회(International Christian Workers Conventions)에서 토레이의 뛰어난 활약상을 무디에게 귀뜸해주었습니다. 이 당시에 무디는 시카고에 있는 성경학교(Bible Institute)를 체계화하며 지도할 수 있는 책임자를 물색 중이었습니다. 무디는 이 교육 사업이 자신이 해왔던 어떤 사역보다 가장 큰 사업이었으며 자신이 이룰 수 있었던 일보다 더 많은 성취를 가져올 수 있는 중차대한 일이었습니다. 그는 유능한 지도자가 필요로 하는 것은 뉴 헤븐(New Haven)과 클레브랜드(Cleveland)에서 전도사역과 신앙 상담을 겸비한 인물이 필요로 했습니다. 이로 인해서 무디는 토레이의 의사를 확인하기 위해서 대학교와 신학교 동료에게 편지를 보내서 확인하게 되었습니다. 존 콜린스(John Collins) 박사는 국제 그리스도교 사역자 협회(International Christian Workers Conventions) 비서로 근무했습니다. 후에 두 사람을 만난 후에 콜린스는 "이번 여름에 시간을 낼 수 있는가?"를 물었지만 토레이는 "그럴 수 없다."고 말했습니다. 그리고 토레이는 "나는 그들이 제안하는 초청하는 뜻에 대하여 생각해보았으며 무디의 사역에 대하여 많이 들었지만 아직 의사를 밝힐 수 없다."는 유보적인 입장이었습니다. 그렇지만 즉시로 토레이는 무디로부터 성경 학원 설립을 위해서 9월에 준비 위원회에 참여해 줄 것을 기다린다는 서신을 접했습니다. 토레이는 사역이 분주한지라 그 준비위원회에 참석하는 날 자를 잘못 알고서 하루 일찍 당도했습니다. 그는 직접 무디에게 가서 무디 둘레에서 일하는 동역자들에게서 자리를 비우고 "단독으로 만나자."고 했습니다. 두 사람이 조용한 방에 들어서 무디의 학교 설립에 대한 추진 발전 안들을 들었습니다. 그는 모든 준비상황을 설명하더니 대뜸 "나는 이 일을 당신이 맡아주시기를 바랍니다. 그러시지 않겠습니까?(I want you to take charge of this thing. Will you do it?)"고 요청하자 토레이는 깜짝 놀랬습니다. 토레이는 무디의 제안에 즉석으로 대답하지 않았습니다. 무디는 이렇게 토레이에게 말했습니다. "당신이 원치 않는 줄 알고 있습니다. 그렇지만 기도를 해보시고 곧바로 분명한 입장을 저에게 전해주시길 바랍니다."

    토레이는 3일 동안 미네아폴리스에서 해왔던 사역을 정리하는 일이 쉽지 않았지만 주께서 시카고에서 이루어지는 사역을 돕도록 강권하셨습니다. 토레이는 자신의 결단을 무디 선생에게 알리고, "가능한 빨리 집에 가서 이 문제를 매듭을 짓고 더욱 시급히 필요로 하는 곳으로 가겠다."는 입장을 전했습니다. 그는 토레이가 학교 설립을 위해서 중요한 회의 시간인 화요일 오전 9시까지 가능한 맞춰서 가려고 무진 애를 썼습니다. 다음 날 미네아폴리스에 도착하자, 토레이는 자기 부인에게 모든 짐을 싸고 월요일 저녁 6시까지 시카고에 갈 준비를 해달라고 했습니다. 그는 신속하게 일을 처리하고서 월요일 저녁에 시카고에 도착하기 위해서 최대한 시간을 단축시켜가면서 떠나갔습니다. 화요일 아침에 그는 시카고에 도착하여 성경학교 건물로 직행했습니다. 토레이가 현관에 들어설 때에, 무디가 있었는데 그가 마침 눈을 들어볼 때에 서로 마주쳤습니다. "어디에서 오십니까?" "미네아폴리스에서 옵니다." "어떻게 이렇게 빨리 올 수가 있습니까?" "제가 이곳에 올 시간에 대하여 말하지 않았습니까?" "물론 화요일 아침 아홉 시에 오신다고 하셨지요." "시간을 보십시오." 그 때가 정확히 9시를 가르치고 있었습니다. 그는 무디가 사역하다가 소천할 때까지 무디의 변함없는 신뢰를 10년 이상 얻었습니다. 토레이가 시카고에 방문했던 1890년대는 급성장하며 커 가는 도시었습니다(Roger, Martin., R. A. Torrey (Apostle of Certainty), murfreesboro, TN.: Sword of the Lord Publishers, 1976, 85-6).

3. 몰간과 사역

영국에 위대한 성경 해설자이며 또한 강해 설교자였던 조지 몰간(George Campbell Morgan:1863-1945)는 미국의 전도자인 무디에 의해서 발굴했던 위대한 사역자이었습니다. 그의 부친은 형제단 경향이 있는 독립 침례교 복사였고 신앙으로 용기를 불어넣는 설교자이었습니다. 1886년에 몰간은 홀(Hull)에서 열린 집시 시미스(Gipsy Smith)의 집회로부터 하나님의 소명을 느꼈습니다. 그는 1860년 9월 22일에 목사 안수를 받았습니다. 그리고 그 유명한 웨스트민스터 교회에서 12년간 사역한 것을 제외하고 몰간의 사역은 단기 순회 사역으로 점철된 연속적인 짧은 목회기간이 많았습니다. 몰간은 스스로 성경 연구를 위한 모든 기초 작업이 러글리(Rugeley)에서 지냈던 2년 동안 겨울을 보내면서 서재에 갇혀 지냈기에 집중적인 성경 연구로 놀라운 설교 사역을 예비했습니다. 몰간의 사역의 확장은 무디와의 만남이었습니다. 무디는 영국에 있는 몰간의 설교를 들어 본 적이 없었지만, 무디는 1896년 그를 노스필드와 시카고의 무디 성경학교 성경 강사로 모셨습니다. 그는 전 생애에 대서양을 배로 54번이나 건넜습니다. 그는 1897년과 무디가 운명한 1899년에 세 차례나 노스필드에서 함께 사역을 했습니다. 무디는 몰간이 노스필드에 온 가장 주목받는 성령의 충만한 인물로 보았습니다. 그래서 무디가 세상을 떠나자 무디의 아들인 윌 무디(Will Moody)는 아버지의 동역자인 몰간을 무디 성경학교의 교사로서 1903년 11월까지 강의를 함께 하였습니다. 그러다가 1904년 9월부터 1917년까지 영국 웨스트민스트 교회 사역에 이르렀습니다. 그는 1938년에 다시 미국에서 런던의 웨스트민스터 교회로 돌아가서 제1차 세계 대전 이후로 두 번째인 제2차 세계대전 중에 같은 교회에서 두 번째로 사역했습니다. 그는 1938년부터 마틴 존스(D. Martyn Lloyd Jones)와 함께 사역하다가 모건이 1943년 8월에 교회 사임을 했을 때, 로이드 존스가 후임자로 목사가 되었습니다. 그는 1945년 5월 16일에 파란만장한 생애를 마감했습니다.

제 4 장
설교자 무디

1. 설교자로서 무디

헨리 드럼먼드(Henry Drummond)는 무디의 친구로서 인간적인 면에서 무디 설교의 뛰어난 점들을 한 마디로 말하기 어렵다고 보았습니다. 그는 무디의 설교가 뛰어난 점은 첫째, 놀라울만한 넘치는 확신을 갖고 설교를 했다는 점입니다. 둘째, 무디의 설교는 설교의 목적과 정향성이 너무나 확연했습니다. 그의 설교는 청중들에게 정확하게 전달되어 영향을 끼치는 설교이었습니다. 그의 설교에 대한 설교 법이나 수사나 신학에 대하여 비평받기도 했지만, 그의 설교는 비상적인 감동을 청중들에게 주는 놀라운 설교의 능력을 보여주었습니다. 그의 설교는 균형 잡힌 설교 문은 아니고 또한 점증적인 설교 방법을 취한 것이 아니지만 그가 했던 설교가 주었던 영향은 단연 최고이었습니다. 셋째, 어떤 설교자와 필적할 수 없는 뛰어난 설득력과 설복력 있는 설교자이었습니다. 넷째, 열정적인 설교는 호소력이 있는 부드러운 설교이면서도 듣는 이로 인해서 숭고한 복종심과 경외 심을 일으키는 능력 있는 설교자이었습니다 (William R. Moody., 375).

　　수년 간 주일학교 어린이들에게 5-10분 정도만 설교를 해왔던 무디는 자신이 많은 대중들에게 설교하는 것을 전혀 기대치 않았습니다. 그런데 그는 성경공부에 도움이 된「주제 본문책(Topical Text Book)」사본을 준비해서 설교를 준비하여 성경으로 설교를 하기 시작했습니다. 이 책은 무디로 하여금 성경 주제별로 설교를 하는 사경회(Bible-Reading)가 시작되었습니다. 그의 설교 방법은 단순했습니다. 성도들에게 필요에 대하여 성경적인 제시를 해주는 설교이었습니다. 그는 설교할 때, 설교할 본문을 참석한 성도들에게 읽게 했습니다. 그 성경 본문에 대한 자신의 생각을 집중시켜서 몇 가지로 말씀을 증거하던가 아니면 성경본문을 이해하기 쉬운 일화를 덧붙여서 증거했습니다. 그리고 그 본문에 대하여 주해하고 난 후, 이어서 다른 성경본문을 읽게 한 다음에 몇 가지 언급하면서 이런 방식으로 사경적인 주해 원고 없는 즉석 설교를 해나갔습니다. 그는 청중들이 크게 불어난 후로부터 자신이 설교할 본문을 먼저 읽고서 전에 주해 원고 없는 즉석 설교를 줄이고 더 많은 설교를 위해 준비했습니다.

　　무디가 행한 사경회 설교는 브루클린(Brocklin)에 사는 그의 친구 디 맥위리엄(D. W. McWilliams) 자택의 집회에서 이루어졌습니다. 당시 무디가 라파예트 애비뉴 장로교회(Lafayette Avenue Presbyterian Church)의 컴버랜드 스트리트 예배당에서 복음 전도 집회를 계속 인도하던 중 한 여인이 찾아와서 성경의 중요한 교리들을 더 잘 이해할 수 있도록 도움을 청했습니다. 이런 목적으로 무디는 아주 절친한 몇몇 친구들과 비공식적으로 사경회를 갖기 시작했습니다. 맥위리엄 씨의 거실은 모임 장소가 되었습니다. 성경 연구하는 사경회는 참석하는 모든 이들이나 인도자인 무디도 생소한 성경연구의 모임이었습니다. 성경 공부하는데 한 주제를 정하거나 혹은 한 가지 성경에 나오는 단어에 대하여 집중적으로 연구를 했습니다. 이런 주제들 가운데는 은혜, 소망, 양자(養子)됨, 확신, 사랑 등입니다. 성경은 성구 대사전을 통해서 찾았으며, 그 주제에 관련된 모든 관련 성경구절들은 「주제 본문책(Topical Text Book)」을 참고했습니다. 이렇게 성경은 하나님 말씀을 강조하면서도 그 말씀의 내용들을 연구하여 설명했습니다. 무디는 그 성경공부에서 성경을 성경으로 해석하는 놀라운 방법에 크게 감동을 받았습니다. 이런 성경연구 방법이 무디에게 새로운 성경연구나 설교에 새 방향을 제시해주었습니다. 쿠이러(Cuyler) 박사는 그 당시를 회고했습니다.

"1872년 2월경에는 무디가 부르클린에 크게 알려지지 않았습니다. 당시 날씨는 너무 추웠기 때문에 회중들도 많이 모이지 않았습니다. 그런데 제 아내와 딸은 무디의 살아있는 메시지를 통해서 영적인 양식을 얻는다는 소식을 접했습니다. 저도 어느 저녁 사경회에 참석했었는데 그 때 모인 수는 30-40명 정도에 불과했었습니다. 나는 사경회가 끝난 다음에 무디에게 이렇게 말을 했습니다.

'무디 선생, 이 사역이 아직도 성장하지 못하는 것 같습니다.' 그는 나의 말에 대하여 매우 현명하게 답변했습니다. '그렇지요, 하지만 불을 피울 때를 생각해 보십시오. 먼저는 한 줌의 솔잎에다가 불을 당기고서 불이 활활 타오를 때까지 계속 입으로 바람을 불지 않습니까! 그런 후에 불길이 세어질 때, 장작더미를 올려놓는 것과 같습니다. 여기서 하는 저의 사역도 그렇습니다. 소수의 성도들이 저와 함께 그리스도의 사랑으로 인해서 뜨거워지기를 진력하고 있습니다. 우리들이 이제 사랑으로 뜨거워질 때 부흥은 일어나고 죄인들이 회개하고 나올 것입니다.' 무디가 말이 옳았습니다. 부흥이 찾아왔습니다. 이로 인해서 부흥의 불길이 라파예트 애비뉴의 교회들 사이에 확산되면서 많은 새신 자들이 성만찬 식에서 공적으로 신앙고백을 하였습니다. "이 작은 교회에서 일어난 행복한 사건의 체험들이 여러 교계 신문들을 통해서 전파되었으며 많은 목회자들에게 성령의 기운으로 부흥의 불이 붙었다는 교훈을 주었습니다"(378-9).

무디는 설교자이기 전에 먼저 지칠 줄 모르는 성경 연구자였습니다. 그는 새벽에 일어나서 하나님의 말씀을 상고했습니다. 그리고 그는 성경 연구와 설교 준비를 위해서 많은 배움을 보강하기 위해서도 그의 서재에는 바닥부터 천장까지 잘 정리된 책들로 가득차 있었습니다. 그는 성경을 알고 설교하는데 도움이 되는 좋은 생각을 얻을 수 있다면 어디든지 가겠다고 자주 말해왔습니다. 그는 다른 설교자들이 설교하는 것을 듣다가 설교의 좋은 자료나 생각이나 예화가 있으면 언제든지 주머니에 두었던 수첩을 꺼내서 기쁜 마음으로 기록했습니다. 그러기에 그는 다른 설교자들에게 책을 읽거나 혹은 유익한 설교 내용을 적어두어 참고하라고 종용했습니다. 그의 설교 방법은 크게 변한 적이 별로 없습니다. 그는 먼저 성경의 어떤 구절이나 혹은 어떤 주제로 설교할 것인가를 결정한 후, 커다란 봉투의 뒷면에다가 '천국' '시편 23편' '배교자' '악인을 돌이키라' '질의자를 다루는 법' 등과 같이 제목이나 참고 사한을 적었습니다. 많은 사람들이 그의 설교하는 비법을 배우고 싶어했습니다. 무디는 젊은이들에게 늘 이렇게 말했습니다.

"나는 아무런 설교준비 비법이란 없습니다. 나는 성경을 구절별로 연구하기보다는 주제별로 연구합니다. 성경을 읽다가 내가 연구하고 있는 주제와 관련이 있는 좋은 구절을 접하게 되면 나는 그 주제의 봉투를 꺼내어 그 안에 발견한 내용을 보관합니다. 나는 늘 설교 수첩을 갖고 다닙니다. 다른 설교자의 설교를 듣다가 내가 설교 주제와 관련해서 도움이 되는 내용이 있으면 모두 수첩에다가 적어놓았다가 주제별 봉투에다가 넣어둡니다. 이같은 노력을 일 년 내지 그 이상을 하는 것 같습니다. 새로운 설교가 필요할 때면 지금까지 모아 온 자료들을 모두 꺼냅니다. 모아 놓은 자료들과 내가 스스로 연구한 내용을 합치면 충분히 설교 자료로 활용할 수 있습니다. 그리고 나는 항상 예전에 이미 증거했던 설교들을 다시 읽어보면서 여기서 조금 빼고 저기서 조금 붙이고 설교를 항상 새롭게 보강합니다. 나는 반복적으로 설교하는 것을 부끄러워하지 않습니다. 그렇지만 대부분 설교자들은 반복해서 설교하는 것을 꺼려합니다. 어떤 설교자이든지 정말 좋은 설교를 가졌더라면 그 내용을 널리 알리십시오.

이처럼 그는 설교에 대하여 배우려는 모방과 자기의 설교로 만드는 작업으로 새로운 설교를 모든 사람이 물론, 설교자들까지 공유하는 설교로 오는 다양한 은혜의 풍성함을 나누는데 적극적이었습니다. 근간에 한국교회 설교자들의 설교에 대한 지적인 저작 침해에 대한 우려가 없지 않지만, 무디는 설교자들의 설교에 대한 교제와 공유를 하는데 적극적이었음을 한번 재고할 필요가 있습니다. 그는 설교자는 성경 연구를 해야 하는데 먼저 주제별 성경 연구를 추천했습니다. 그리고 한 주제에 대하여 충분한 자료를 갖게 되면 설교자는 주어진 시간 안에 전할 수 있는 만큼 전하기만 한다는 입장입니다. 그는 어떤 주제에 대한 설교를 8일이나 10일이라도 내내 설교할 수 있다는 입장이며 그가 처음에는 주일학교 어린이들에게 설교하는 시간 5분에서부터 시작해서 장년들에게 15분간 설교하는데 주력하게 되었던 것입니다. 이처럼 무디는 성경적인 주제별 주해 설교를 지향했습니다.

그는 성경적인 원고 없는 주해 설교자이었습니다. 그러면서도 그의 고백대로 성경 인물전기 설교에 대하여서도 깊은 관심을 갖고 설교했습니다. "나는 성경 인물에 대해 깊이 연구하기를 좋아합니다. 하나님의 말씀에 짤막하게 언급된 인물에 대해서 읽고 나면 나는 그에 대한 여러가지 질문을 가져 봅니다. 성경의 인물들이 평생을 바쳐서 찾아낸 답변들을 얻을 수 있다는 것이 제게는 너무나 큰 영적인 특권으로 여겼습니다."(148).

그의 서재에는 설교를 준비하려고 사용한 설교 봉투들이 수백 개도 더 쌓여 있습니다. 그 중에는 자주 사용한 흔적이 있는 것들이 많은데, 아직 미완성적인 봉투들이 더 많습니다. 그는 어떤 주제에 관련된 설교를 하고 싶을 때면 무디는 봉투 안에 있는 수많은 쪽지들을 쭉 읽어보고는 그때마다 필요로 하는 설교 내용과 예화들을 가려서 뽑았습니다. 또 그는 골라 낸 내용들을 정리해서 개요를 만들고 핵심이 되는 단어들을 적어둔 뒤 설교 안을 고무줄로 묶어서 성경 속에 끼워 두었습니다. 무디는 이런 방식으로 설교 준비하는데 많은 유익을 얻었습니다. 그는 자신이 설교문을 만들어 놓은 설교문을 읽었다면 작성된 설교 문에 꽉 얽매이게 되지만 이와 같이 설교를 준비하면 원고 없이 즉석 설교를 얼마든지 할 수 있는 여지가 많아지기 때문이었습니다. 그가 설교한 말들 가운데 유익하게 널리 인용되는 말들 중 상당수가 원고 없이 즉석으로 행한 설교에서 나온 말들이었습니다.

그가 주장했던 말 가운데 교회에서는 '집회에 참석했던 그 사람들이 생각하고 수용할 수 있어야 한다.'고 역설했습니다. 그러기에 설교자는 하나님의 말씀과 청중 사이에 적절한 매개자로서 적실한 설교에 대한 이해를 갖고 있었습니다. 앞서 말한 것처럼 무디는 같은 주제로 반복 설교를 오히려 권장을 했습니다. 그래서 그는 자신이 수백 번이나 반복한 설교들이 있었지만 청중들은 그의 설교를 늘 새롭게 느꼈다고 말합니다. 그 만큼 그는 청중에 대한 바른 이해와 판단을 가지고 복음을 바로 증거했기 때문입니다. 이와 같은 설교 비결로서는 그가 다룬 설교 주제의 특성 때문이기도 했던 이유는 청중이 적실한 주제를 다룬 설교이었기 때문입니다. 그리고 그의 설교 전달 방법이 신선했기 때문입니다(383).

국내에서 개최한 첫 연속 집회에서 무디 선생이 설교한 내용들이 도시마다 한 권씩 출간되었습니다. 뉴욕, 필라델피아, 보스톤, 시카고 등의 주요 도시에서 집회가 열렸을 때는 한두 군데 이상의 신문사에서 모든 설교 내용을 빠짐없이 보도했고, 일련의 집회들이 끝날 때마다 보도되었던 기사들이 한 권의 책으로 엮어져 나왔으며, 무디 선생은 책을 편찬하는 일에 전혀 참여하지 않았으며 점차적으로 많은 분량이 팔린 이 책의 실적을 통해서 자신이나 자신의 사역에 이득을 본 일도 없었습니다. 설교집 출판을 꺼려하던 무디의 의견을 처음으로 극복한 것이 「12정선(精選) 설교집(Twelve Select Sermons)」이라는 이름의 책이었으며 편찬들이 겸허한 자세로 이 책을 만들었습니다. 이 책은 영국과 미국에서 선을 보였으며 그는 이 책을 처음으로 출판한 이래 사오 년 동안 더 이상의 설교집 편찬을 반대했습니다. 마침내 무디는 출판을 통해 수많은 사람들과 접촉할 수 있다는 점을 확신하게 되었고 또 한편으로는 다른 설교집들이 단편적인 성경을 가지고 있는 것에 불만도 있고 해서 소책자들을 부정기적으로 출간했습니다. 여러 권의 일회 설교집을 제외하고도 총 25권의 설교집이 출간(出刊)되었습니다(369-70).

그의 설교집 중에는 초기에 출판된 「천국(Heaven)」이라는 책이 있었습니다. 하루는 무디 선생이 열차를 탔는데 신문 판매원이 책 한 뭉치를 옆구리에 끼고는 "지옥에 간 잉거솔(Ingersoll on Hell)있습니다."라고 외쳤습니다. 그는 소년을 세워서 자기가 갖고 있던 책 한 권을 건네주며 이렇게 말했습니다. "얘야, 여기 책이 또 한 권이 있다. 이 책도 함께 주거라." 그러자 소년은 이렇게 외치며 열차를 돌아다녔습니다. "지옥에 간 잉거솔, 무디는 천국에!", "잉거솔이 지옥에, 무디는 천국에!"(370). 무디의 설교집은 복음의 전파와 증거와 변증에 유익한 영향을 미쳤습니다.

2. 설교에 대한 문답

무디는 설교자와의 문답 시간에서 '설교자가 긴장감을 극복하려면 어떻게 해야 합니까?'라는 질문에 이렇게 답변했습니다. "너무 실제적인 질문을 주셨습니다. 귀하께서도 처음 설교하려고 강단에 섰을 때 무릎이 얼마나 부들부들 떨렸었는지 기억이 나시지 않습니까? 저도 마찬가지이었습니다. 저는 설교자가 설교의 긴장감을 극복하는 길은 바로 설교자 자신을 망각할 정도로 설교에 몰입하는 것입니다. 설교의 주제에 몰두하면 아무런 문제가 전혀 없습니다. 그러면 설교하는 문제를 말하겠습니다. 이 자리에서 말하지만 저는 '설교한다'고 말하기보다는 '이야기한다'는 말을 좋아합니다. 그 이유는 제가 청중들에게 지금 설교를 하고 있는 것이 아니라, 그들과 이야기를 나누고 있다는 생각을 심어 줄 수 있다면 청중들의 주의를 끌기가 훨씬 수월해지기 때문입니다. 그가 설교했던 집회에 참석했다가 돌아가면서 하는 두 청중의 이야기를 들었던 내용을 예증으로 말하면서 무디 자신은 '설교'에 매이기보다는 '이야기'이라는 소리를 듣는 것을 더욱 기뻐했던 것입니다. 한 사람이 동료에게 "무디를 어떻게 생각하니?" 그러자 이에 대하여 한 동료가 이렇게 말했습니다. "글쎄, 우리는 그가 썩 마음에 들지 않아. 그는 아무런 예배 의식을 차리지도 않고 예복을 입지도 않아. 또 그의 설교를 들어보면 그건 설교가 아녀! 그저 얘기일 뿐이지!"

무디는 종종 설교자가 사람들에게 설교를 고집하기 때문에 청중들을 영적으로 살리지 못하고 죽인다는 입장이었습니다. 그는 설교라는 것이 설교에 대하여 설교하는 것처럼 청중에게 설교하여 그들의 영적인 문제와 필요를 제공하지 않고 설교로 끝나기에 청중들의 심령에 와 닿지 않는 설교로 마감된다는 것입니다. 그래서 그는 설교자의 진솔한 자세를 강조했습니다. 신앙 문제를 설교자나 성직자가 대할 때, 거룩한 척 목소리를 꾸미는 사람이나, 과장된 느낌이 들 정도로 멋있게 말하는 부류의 사람들을 혐오했습니다. 설교자는 자연스럽게 청중들에게 하나님의 말씀을 이야기하라는 것입니다. 또한 그는 일상적인 주제를 다룰 때처럼 설교자의 자연스러운 어조로 설교하기를 권했습니다(395-6).

무디는 젊은 설교자로부터 청중의 관심을 집중시키는 설교에 대한 질문을 이렇게 답변했습니다. "먼저, 청중의 관심을 붙잡으시오. 거스리 박사의 설교를 보면, 명백하게 본문과 동떨어진 얘기로 설교를 시작하기 때문에 도대체 어떻게 본문 주제로 돌아갈 것인지 궁금해지게 됩니다. 그는 이렇게 회중들의 관심을 환기를 시킨 다음에, 어김없이 성경본문으로 돌아와서 설교를 시작합니다. 그가 그런 식으로 설교하는 것을 여러분도 잘 아실 것입니다. 또 한 가지는 좋은 얘기 거리가 있으면 설교를 시작하는 서론에서 꺼내 놓으십시오. 틀에 박힌 말을 하지 말고 자기만의 길을 개척하십시오! 더욱이 여러분은 '첫째', '둘째', '셋째', '마지막으로' '결론적으로' '끝으로' 라는 상투적인 어구를 설교 중에 사용하지 맙시다. 총체적인 진리인 성경본문 전체를 그대로 전하고 그 내용을 청중에게 철저하게 인식시켜야 합니다. 로마시대 위대한 웅변가 키케로(Cicero)가 연설을 하면 로마 시민들은 모두 그 웅변을 듣고서 "정말 기가 막힌 연설이군! 최고의 웅변가야!"라고 칭찬했다고 합니다. 그런데 그리스의 웅변가인 데모스데네스(Demosthenes)가 연설을 마치면 그리스인들은 이렇게 말했답니다. "나가서 빌립보와 싸우러 나가자!" 데모스데네스의 웅변은 시민들에게 대의(大義)를 심어주었습니다. 우리가 원하는 설교는 청중들로 하여금 설교자로부터 눈을 돌려 설교하는 주제 자체에 관심을 갖는 일입니다(396).

무디에게 설교시간은 어느 정도가 적당한가에 질문에 이렇게 답했습니다. "설교를 길게 한다는 소문이 나는 것보다 짧게 한다는 평판을 얻는 것이 훨씬 낫습니다. 가능한 한 간략한 말로 설교를 하십시오. 그리고 설교를 할 말을 끝나면 끝내십시오. 어떤 설교자들은 계속설교만 하면서 어디서 결말을 지어야 할 지 헤매는 경향이 있습니다. 저라면 차라리 끝내 버리겠습니다. 결코 시간을 낭비하지 마십시오. 우리는 농축(濃縮) 시대에 살고 있음을 유의하시오. 사람들은 예전보다 더 빠르게 사고합니다. 이전에는 누군가가 보스턴에서 작은 사업을 시작하려고 하면 큰 양면 괘지 여섯장을 작성하여 편지로 부쳤습니다. 그러나 지금은 전보로 열 자만 치면 됩니다. 우리의 설교에서 필요로 하는 것은 응집력입니다. 설교가 짧다는 평판을 얻으십시오. 그러면 사람들은 당신의 설교를 듣고자 다시 올 것입니다(397).

청중에게서 관심을 얻은 후에 어떻게 해야 합니까? 에 대한 무디의 입장은 이렇습니다.

"먼저 설교자는 청중의 마음에 초점을 맞추시오. 사람의 마음을 계속 두드리면 그 사람의 마음을 얻게 됩니다. 그 다음에 그 사람의 결심대로 머리와 다리인 행동까지 옮기게 하면 그 사람 자체를 전부 사로잡을 수 있습니다. 탕자의 이야기는 모든 사람의 마음을 녹일 것입니다. 선한 사마리아인의 이야기도 그렇습니다. 또한 예수님의 행하신 신유의 역사를 증거하시오. 그리스도께서 어떻게 시각장애자와 중풍병자에게서 오셔서 긍휼과 자비를 베푸셨는지를 보여줍니다. 우리는 예수님의 마음을 보여 준 후에, 그 분의 주위로 청중들을 이끌어야 합니다. 단, 예수 그리스도의 복음만큼 사람들의 마음을 뜨겁게 하는 것이 없음을 기억해야 합니다."(398).

무디는 목사가 웅변술을 공부하는 것이 좋은 일인가? 에 대한 질문에 답변을 했습니다. "좋을 수도 있으며 나쁠 수도 있습니다. 유창하게 말하는 법을 배우는 것은 좋은 일입니다. 그러나 요즘 웅변술은 지나치게 연설의 기교나 제스처에 너무 치중하는 감이 많습니다. 이같은 웅변술은 저에게는 넌더리나는 일입니다! 연습한 제스처를 가지고 강단에 서서 설교를 하는 자를 보면 마치 풍차가 돌아가는 모습으로 보입니다. 모세가 애굽에서 웅변술로 바로 왕을 설득하려고 했다면 가능했습니까? 저는 사람을 감동시키는 웅변을 좋아합니다. 하지만 자신을 돋보이게 하려는 웅변술은 차마 지켜볼 수 없습니다."(392).

설교하기로 예정된 집회가 악천후로 인해서 사람들이 별로 참석하지 않았다면 그때는 기도회로 집회를 대체하는 것이 낫지 않습니까? 이에 대하여 무디는 강력하게 부인했습니다. "결코 그래서는 안됩니다. 오천 명이 올 것이라고 예상했던 집회에 단지 다섯 명이라도 왔다면 제가 할 수 있는 최상의 것은 오직 설교하는 일입니다. 많이 오지 않은 사람들로 인해서 참석했던 사람들을 홀대해서는 안됩니다. 비바람이 몰아치는 악천후에도 불구하고 하나님의 은혜와 축복을 사모하여 나온 분들에게 그만한 희생을 치렀기에 하나님은 그들에게 큰 은혜를 입혀주십니다. 제가 보스톤 집회에 참석했을 때 89년만에 최고의 폭설로 인해서 집회의 차질을 빚었습니다. 그러나 저는 그 집회를 강행했습니다. 삼천 명이나 참석할 자리에 백 명도 안 되는 소수가 모였습니다. 저는 이 청중들을 향하여 이토록 열심히 설교를 한 적이 없을 정도로 전했습니다. 하나님은 패배를 승리로 바꾸어 주시고 또 전화위복(轉禍爲福)게 하십니다(393-4).

무디의 설교는 성경적인 주제별 강해 원고 없는 설교이었습니다. 그러면서도 그는 인물 전기 설교를 했으며, 또한 예증적인 삶의 설교를 했습니다. 또한 그는 예증적인 삶의 설교를 하는 가운데 이야 기식 설교를 설교의 전달 방식에도 취했습니다. 그는 설교작성의 방법에 있어서 신뢰할 수 있는 점은 그의 설교구성에 지속적인 변화를 줄 수 있는 설교의 윤곽에 대한 융통성을 허용하였으며, 또 설교의 요점들과 예화들을 잘 배열할 줄 알았습니다. 무디는 모든 그리스도인들에게 세 가지 책을 갖도록 권했습니다. 활자가 크고 선명한 성경책이고, 또 쿠루던(Cruden)의 「성경대사전(Concordance)」와 「주제 본문(Topical Text Book)」책입니다. 그는 개인 서재에 언제나 이 책들을 구비해놓고 항상 활용했습니다. 그가 회심한 지 5년 후에 「성경대사전」이 있는 것을 알고 성경연구에 활용하기 시작했습니다. 그는 늘 사용했던 성경책이 20권이 훨씬 더 되었습니다. 그의 서재에 다 낡아서 헤어질 듯한 성경이 여러 권들이 있습니다. 성경 겉장이 너덜너덜해졌고 모서리도 닳았지만 주변 여백과 빈 공간에다가 쓰여진 풀이와 적용들로 인해서 매우 소중한 가보(家寶)가 되었습니다. 그에게는 '백지(白紙)로 되어 있는' 성경들, 즉 풀이와 해석들을 써넣는 한 쪽이 백지로 된 성경이 12권이나 되었습니다. 휘트필드(Whitefield)나 웨슬리(Wesley)나 웨일즈(Welsh) 옥외 설교자들은 설교할 때, 수많은 군중이 소란을 피울지라도 군중들을 사로잡을 수 있는 대중들을 움직일 수 있는 '설교하는 최정상 설교법'을 알고서 증거했습니다.

그러나 그는 모여든 청중들과 자신과 일치되는 신뢰(rapport)가 구축되기까지 설교하려고 나서지 않았습니다. 이 점이 위대한 설교자들과 무디와 독특한 구별점입니다(428).

그래서 무디는 청중과 일치되게 하는 신뢰를 얻는 방법이 있었는데 누구에게나 그 방식을 사용한다고 해서 성취될 것이라는 보장은 없습니다. 간략하게 그가 사용한 방법을 소개하겠습니다. 그는 집회 예배를 드리기 전에 놀라울 만큼 강력하고도 영적인 찬양과 기도하는 가운데서 간혹 가다가 짧으면서도 강력하고도 인상적인 말을 통해서 마음의 문을 열게 합니다. 그리고 그는 설교를 하기 전에 이미 무엇인가 깊은 관심을 갖는 중요한 일에 대하여 흠뻑 젖어있는 노력을 통해서 청중과 일치하는 호흡과 같은 신뢰를 갖게 됩니다. 그의 집회는 대규모 성가대, 4중창, 2중창, 독창이나 회중 전체 찬양하는 시간이 기도하는 시간을 제외하고서는 전부 차지했습니다. 만일 그가 청중을 즐겁게 만드는 것이 그의 의도라면 이는 오해에 불과합니다. 무디가 하나님을 찬양하고 기도하는 그 모습에서 이미 영혼에 대한 엄청난 진지함과 심오한 깊은 관심은 우러나 보여집니다.

설교자로서 무디(D. L. Moody)는 학문적인 설교학 관점에서 보면 많은 비평을 받았습니다. 그러기에 설교학을 아는 자 가운데 그를 옹호할 사람은 한 사람도 없습니다. 그러나 그의 설교 사역 35년을 통해서 영어권 문화와 적극적인 실천 사고를 가진 중심 설교자로서 진력했다는 점을 고려해 보건대, 자기 스스로 배워서 설교자로서 현대 어느 설교자들이 모일 수 없는 많은 대중들에게 성경적인 주제의 메시지를 전했다는 점을 설교학 교수들이 그로부터 설교학에 공헌할 점을 배워서 발전시켜야 합니다. 그의 설교 방법은 신비한 점이 없습니다. 그는 성경에서 설교 내용을 도입해서 형식적인 서론도 완전히 생략한 채로, 즉시로 본론에서 설교의 주제를 다룹니다. 그는 영국의 영어에 속하는 많은 어휘들을 알고 있었기에 단문(短文)이나 경구(警句)가 갖는 의미의 전달에 대한 가치를 이해했습니다.

이외에도 그는 청중 앞에서 철저하게 무의식적으로 설교를 했습니다. 그는 설교를 대하는 태도가 너무나 놀라울 만큼 진지했고, 절대적으로 신실했으며, 전혀 미사여구를 사용할 줄도 몰랐습니다. 그는 설교할 때 성령에 붙잡힌 바가 되어 숭고한 감화감동이 강력한 지혜와 함께 연합되어 증거되었기에, 익살이나 과장된 웅변술이나, 몸짓이나 교묘한 솜씨로부터 오는 유혹을 방위하는 수단이 되었습니다. 그는 타고난 웅변가들처럼 예화를 사용하여 크게 설교의 효과를 가져왔습니다. 그가 사용했던 예화들은 순전히 청중의 이해를 돕고자 했습니다. 그가 사용했던 예화들은 일상생활에서 일어난 이야기나 혹은 성경이야기나 성경에서 나오는 사건들이었는데 이 예화를 통해서 하나님의 말씀을 분명하게 밝혀주려는데 사용했습니다. 무디는 설교자로서 타고난 재능들도 있습니다. 그는 언제나 세련된 유모를 사용할 줄 알았으며, 또 열정과 자신의 상상력(Imagnation)을 기초로 하는 구사력이 뛰어 났습니다. 청중 앞에서 성경의 사건을 전체로 잘 소개할 수 있는 능력을 가진 자는 이보다 뛰어난 자는 없을 정도입니다. 그리고 그는 설교하는데 간결함의 독보적인 은혜를 받은 사람이었습니다. 그는 설교를 마칠 때에 이르러서 다시 요약해서 재정리하는 설교를 하지 않음으로써 자신의 설교의 힘을 위축시키지 않았습니다(429).

3. 설교 준비

무디의 설교는 서론과 결론이 없는 설교이었습니다. 또한 그의 설교는 대지나 소지로 나누는 것도 없고 주제별로나 본문의 흐름에 따라 주제적이고 본문적인 전체적인 연합적인 일치와 하나를 쫒는 설교구성에 특성을 갖었습니다. 또한 그는 상상력이 있는 설교로서 이야 기식 설교도 언제든지 활용했던 독특한 설교자이었습니다. 그러면서도 그는 예화 설교뿐만 아니라 주제별 혹은 본문 설교나 성경 교리적인 설교와 사경회식 연속 주제별 강해 원고없는 설교도 했습니다. 그는 매카트니처럼 예화 설교에서는 삶으로부터 설교도 활용했습니다. 그의 설교는 복음전도 설교 일뿐만 아니라 성경 사경회식 강해 설교의 범주 안에서 이루어졌습니다. 그러나 그의 설교에 대한 다양성은 청중에 원하는 필요를 채워줄 수 있는 적극적이고 또 실천적인 사고와 성경적인 신앙과 복음의 열정과 영혼을 사랑하는 그의 설교철학과 신학에 얻을 수 있는 설교의 비결은 성경연구와 그 성경대로 실천과 성령의 능력에 힘입는 말씀의 사역은 하나님께서 당대 비록 설교학을 전혀 배우지 않았을지라도 무디의 개인적인 특성과 개성과 함께 도시 대중을 향하여 대중 집회의 설교자로서 하나님께서 적합한 그릇으로 택하여 사용했던 것입니다.

4. 야외 전도 설교자

무디는 YMCA에서 활동하면서 구제와 선행을 하면서 가난한 자에게 복음을 전했으며, 그가 YMCA에서 활동하면서 초기에 직접 복음을 전파하는 가장 적극적인 방법인 '야외 설교'를 하였습니다. 그의 야외설교에 대하여 1861년 제임스 채드윅(James S. Chadwick) 목사는 시카고에 있는 감리교파 성공회 교회의 도시 선교사이었는데 그의 사무실은 YMCA가 파웰 홀을 설립하기 전이라 같은 건물에서 근무하면서 그의 행적을 유심히 보고 무디의 야외 설교에 대한 증거를 했습니다. 어느 해엔가 한 자유 사상가(free-think)가 무디의 야외 집회를 열 때마다 몇 달 동안이나 계속 쫓아다니면서 전도 집회를 방해하고 다녔습니다. 또한 그는 모임이 끝나고 헤어지는 회중을 붙잡아 놓고 복음 증거를 했던 내용에 대하여 배척했습니다. 그래서 그는 끝까지 신앙 상담을 통해서 모여 있는 무리들이 무디 선생과 동역자들을 따라 작은 협회 회관에서 정기적으로 여는 예배에 참석하러 가면 그곳까지 따라와서 훼방했습니다. 이따금 그는 술에서 아직 깨지 않은 취객들이 야외 예배에 모인 회중을 해산시키려는 경우도 있었습니다. 어느 날 저녁에는 누군가가 법원 건물에서 창문 밖으로 항아리를 던져서 그 항아리가 무디 발 밑에서 떨어져 산산조각이 났습니다.

5. 성령의 설교자

1871년부터 무디의 성령 관에서 사역적인 성령의 역사에 대한 인식이 분명해졌습니다. 시카고에서 집회를 개최할 때마다 가끔 자유 감리교도 여성도 두 명이 그에게 찾아와서 이렇게 말하곤 했습니다. "우리는 성령을 덧입게 되기를 기도하고 있습니다." 이 말은 무디를 화나게 만들었습니다. 그는 그 여성도들이 자신보다 다른 죄인들을 위해서 기도해야 한다고 믿었습니다. 그렇지만 그 여인들은 무디가 "성령의 능력을 덧입도록" 끈질기게 기도했습니다. 그는 그 여성도들이 말했던 내용도 잘 몰랐습니다. 끝내 여성도들의 간곡한 호소에 따라서 그들이 주장하는 성령세례에 대한 진리를 성경에서 지적해 보라고 요구했습니다. 그리고 그는 그들과 함께 합심합력 하는 성령의 권능을 입기 위해서 기도했습니다. 그는 그들과 함께 몇 개월 동안 함께 기도하던 중에 자신의 심령 상태를 깨달았습니다. "나는 너무 자원적이고 또 자력적인 것처럼 의욕적이었습니다. 내가 그리스도를 위하여 설교하기보다는 나의 열심을 위해서 설교했습니다. 내 심령이 들어 있어야 하지 못할 것들이 자리를 잡고 있었습니다. 4개월 동안 나 자신과의 씨름이 계속되었습니다. 나는 정말로 비참한 인간이었습니다(D. L. Moody, Talks to Christians, Chicago: Moody, 1958, 91).

그가 기도했던 성령의 기름부음은 드디어 시카고 대 화재를 위한 모금을 위하여 뉴욕에 월(Wall) 시내를 걷고 있던 어느 날, 무디는 하나님의 사랑에 완전히 압도되어 혼자 가까이 있는 친구의 집에 가서 기도하지 않으면 안되었습니다. 그는 하나님의 임재가 강하게 느껴지자 그 자리에서 숨이 넘어갈 것 같아 그는 주님의 손길을 치워달라고 간구했습니다. 이 체험은 무디의 생애와 사역에 큰 전환점을 이루었다고 나중에 회고했습니다. 그 순간 이후로는 설교를 하면 청중의 반응은 더욱 강력해졌습니다. 그는 이 체험을 가르쳐서 "사역을 위한 성령의 선물", "충만함", "기름부음", "감격", "사역의 능력주심", "성령세례" 등으로 불렀습니다. 많은 그리스도인의 사역이 성령의 능력이 없이 이루어지고 있다고 확신했습니다. 그래서 그는 "힘"과 "영향력" 그리고 "능력"을 구별했습니다. 무디에 의하면 골리앗은 힘을 가진 반면에 다윗은 능력을 가졌다고 보았습니다. 그는 회심의 순간에 임하는 성령의 임재와 그 후에 능력으로 충만하는 것과 차이를 알게 되었습니다. 그래서 그는 "그리스도의 피로 깨끗함을 입은 하나님의 자녀 안에 성령이 거하기는 하지만 반드시 그가 능력의 충만을 갖고 있는 것이 아니다"는 사실을 확인했습니다(76).

더욱이 예수께서도 공적인 사역을 위하여 특별한 능력, 즉, 기름부음을 받아야 했었다는 것을 무디는 깨달았습니다. 그래서 그는 요한 복음 20장에서 예수께서 제자들에게 숨을 내쉬면서 명령하심을 지적했습니다. "성령을 받으라!" 그는 많은 그리스도인들이 하나님이 10년 전에 주신 과거에는 은혜로 살았다고 생각했습니다. 그렇지만 그는 신선한 만나가 없었습니다. 너무나 많은 설교가 하나님의 능력에 의지하는 것이 아니라 언어의 우아함과 지적 능력에 의지하고 있었습니다. 무디는 즐겨 말했던 말 가운데 "샘을 파는 데 두 가지 방법이 있습니다. 물을 찾을 때까지 땅을 파서 펌프로 물을 끌어올리는 방법이 있고, 다른 한 가지 방법은 낮은 지층으로 가서 수맥(水脈)을 때려 물이 저절로 솟아오도록 하는 방법입니다. 나중

것이 바로 분수 우물입니다. "우리가 원하는 그리스도인들은 바로 분수 우물과 같은 사람들입니다." 그는 이러한 능력을 받는 것을 "성령의 세례"라고 부르는데 주저하지 않았습니다. 그래서 그는 노스필드 총회에서 무디는 루벤 토레이(Reuben A. Torrey) 목사에게 이 주제로 설교와 강연을 해줄 것을 자주 요청했습니다. 노스필드의 교사들과 목사들은 무디가 "성령의 세례"에 대하여 말을 끄집어내면 불쾌하게 여기곤 했습니다. 그들은 일단 회심하고 난 후에는 그밖에 특별한 세례가 있을 수 없다고 생각했습니다. 그는 토레이 목사를 통해서 성령세례 문제를 교사들과 목사들에게 함께 연구하자고 하면 "왜 사소한 것들을 가지고 시비를 한다고 불만을 털어놓으면, 그는 또 토레이 목사에게 이렇게 말했습니다. "이것이 그들에게 필요한 것이라는 사실을 왜 보지 못했을까?" 하면서 안타깝게 여겼습니다(55).

　　무디는 여성도들의 간곡한 권면과 함께 합심 합력 기도를 한 후 성령의 새로운 체험이 설교가 성령의 능력에 의지하는 것이지 인간의 열심과 의욕과 자원으로만 되지 않고 언어의 우아함과 지적 능력에 의지하는 것을 벗어나게 되었습니다. 그는 성령의 권능에 힘입어 사역에 전념하기에 이르렀습니다. 그는 성령의 능력과 복음 증거하는 설교와 전도와의 관계를 살펴보고자 합니다.

　　성령의 설교는 성령의 권능을 받아서 성령의 생각에 따라 그리스도를 증거를 하는 것입니다. 성령의 설교는 첫째로, 성령의 증거를 받는 설교입니다. 성령이 임하면 이적과 함께 말씀을 확증합니다. 복음은 하나님의 것이며 또 하나님에게 기원을 둡니다. 그러기에 베드로에게 임한 성령의 역사처럼 성령께서 친히 증거자가 되었고 베드로를 그의 도구로 사용하는 신실한 증인이었습니다(D. L. Moody, 무디의 능력의 비결, 84). 둘째, 성령의 설교는 성령이 모든 진리가운데로 인도하는 설교입니다(85). 셋째, 성령의 설교는 죽어 가는 영혼을 살리는 소리입니다(87). 넷째, 성령의 설교는 하나님의 진리와 말씀을 성령께서 밝혀 깨닫게 하는 설교입니다(89). 다섯째, 성령의 설교는 예수의 가르침을 생각나게 하며 또 기억나게 함으로 위로를 줍니다(94). 여섯째, 성령의 설교는 영적인 세계에 소망을 두게 하는 설교입니다(97). 일곱째, 성령의 설교는 죄를 깨닫게 함으로써 죄의 길에서 떠나가게 하는 설교입니다(100-101).

6. 설교자의 평가

그리고 무디와 함께 한 찬양 사역자인 생키(Ira D. Sankey)는 무디의 설교에 대하여 이렇게 평가했습니다.
"그의 설교에 있어서 가장 위대한 성취가운데 하나는 가장 뛰어난 지성인부터 집회에 참석한 어린이까지도 진지하게 경청할 수 있었습니다. 어느 누구든지 이해할 수 있는 설교를 했습니다. 그가 전했던 설교의 전달하는 의미를 모든 어린이에게도 명확하게 전달되었습니다. 그의 설교는 노인에게도 명확하게 전달되었습니다. 만일 무디의 이같은 설교를 설교 기법이라고 한다면 노인으로부터 어린이까지 동시에 이해할 수 있는데 능숙했습니다. 그가 설교하는데 사용되는 단순한 언어는 너무나 놀랐습니다. 그 설교자의 입에서 나오는 강한 개성이 그의 설교에 진하게 묻혀져 나왔습니다. 그의 힘있는 설교의 아름다움은 그의 설교하는 언어가운데서 빛나고 있었습니다... 그는 어린아이 같은 신앙을 가졌습니다. 그는 하나님의 말씀에 대하여 전혀 의심하지 않았습니다. 그래서 그에게는 하나님의 말씀은 진리이었고, 전체적인 진리 자체로 믿었습니다. 그럼으로 그는 정교한 언어 구사나 혹은 수사학적인 미사여구를 전혀 사용하려고 하지 않았습니다(438). 그는 자신이 주님처럼 비유를 잘 알고 설교할 수 있기를 바라는 염원을 품고 자신을 남보다 낮게 여기지 않은 겸손한 설교자이었습니다. 그는 브루크린에서 초기 사역을 마칠 때쯤 일반 신문사와 인터뷰를 한 적이 있었습니다. 기자로부터 복음 사역을 위해서 어떤 훈련을 받았느냐에 대하여 자신의 생각을 솔직하게 드러냈습니다.

"이 나라에서 가장 과대 평가를 받고 있는 사람이 있다면 바로 저입니다. 무슨 연유인지 사람들은 저를 대단한 인물로 여기고 있지만 저는 미숙한 설교자인데다가 배운 것도 짧습니다. 여러 신문사들에서 저의 설교를 게재한다면 제가 갖고 있는 설교내용이 동이 나서 저는 똑같은 설교만 실어야 할 정도입니다. 브루클린 시민들은 매주일 저보다 뛰어난 수십 분 목사님들의 설교를 듣고 계십니다. 저는 매주 이곳에서 설교를 하시는 스토르스(Storrs), 버팅던(Budington), 쿠일러(Cuyler), 탤미지(Talmage) 박사들을 비롯한 많은 다른 설교자들만큼 훌륭한 설교를 준비할 수가 없는 사람입니다."(432).

그는 자신이 위대한 설교자라고 생각해 본적이 없었습니다. 오히려 자신보다 더 훌륭하고 더 위대한 설교자와 목회자들이 얼마든지 많다는 것을 알았습니다. 무디는 아첨하는 것을 싫어했습니다. 그래서 그는 자기 집회에 참석했던 유명인사들과 인사를 나누지 않으려고 특별히 주의를 했습니다. 한번은 워싱턴에서 무디 선생이 강단에 앉아 있었습니다. 그의 뒷자석에 대단한 명성을 지닌 한 사람이 앉은 적이 있었습니다. 예배를 마치고서도 그와 마주치지 않으려고 자리를 피했었던 이유를 설명했습니다. "그 주위에 있던 많은 사람들이 그분에게 정중하게 인사를 하더군요. 저는 그렇게 존경받을 만한 인물이 아니기 때문입니다."(432).

그런데도 하나님께서 교회의 사역자들은 저명한 목회자나 설교자를 일반 대중에 가까이 접하여 복음을 전하는데 성직자의 권위를 겸손하게 주님께 내놓는데 인식함으로 미국 교회가 점차로 침체하고 있다고 예리하게 판단했던 것입니다. 그래서 무디는 하나님 앞에서뿐만 아니라 대중 앞에서 자신을 낮추고 오직 하나님의 영광을 위해서 한 영혼과 미국과 세계의 많은 심령을 살리는 구원을 위한 전도자이면서도 설교자로서 자신의 삶을 전적으로 하나님과 교회와 미국과 온 세계를 위해서 설교와 전도와 교육과 선교와 봉사의 제물이 되었습니다. 그는 교회 중심의 전도자이었습니다.

그는 1864년에 무디가 개척한 교회가 1871년 12월 24일 그 자신이 사역했던 1천 명 이상의 어린이들과 그 부모들과 함께 교회를 헌당하였습니다. 처음 이 일리노이스 트리니티 독립교회에서 시무했던 목사는 J. H. 하우드(1866-1869), 1869-1871년까지는 담임 목사가 공석이었습니다. 화재가 일어난 후 새로 건축한 교회는 노스 사이드(North Side Tabernacle)교회라고 불리웠습니다. 그리고 1876년에는 시카고의 라살레 거리로 옮겨 시카고 애버뉴(Chicago Avenue)로 이름을 바뀌었습니다. 그 교회에서 시무했던 목사들로서, 윌리엄 어드만(William J. Eerdman)이 1876-1878년과, 찰스 모튼(Charles M. Morton)이 1878-1879년, 조지 니드햄(George C. Needham)이 1879-1881년, 찰스 고스(Charles F. Goses)가 1891-1893년, 루우벤 토레이(Reuben Archer Torrey)이 1894-1906년에 목사로 시무했습니다. 무디가 사후에 토레이 목사는 교회의 명칭을 무디 교회로 개명했습니다. 그의 후임으로 에딕슨(A. C. Dixon)목사가 1906-1911년 사이에 시무했습니다.

미국의 위대한 설교자인 폴 라이더(Paul Radier)는 무디 교회의 목사로 시무하면서 라살레 거리에서 부쪽으로 2km에 떨어진 곳인 노스에버뉴로 옮겨 5천석의 예배당을 건립했습니다. 그는 매일 밤마다 수 천명의 청중에게 복음을 증거함으로써 수많은 사람들이 주님을 영접했습니다. 1921-1929년에는 피 필포트(P. W.

Philpott)목사가 시무하면서 무디 교회의 헌 건물을 헐고 1925년에 무디 기념교회라는 현재 예배당을 헌당했습니다. 1930-1948년 부흥기간 중에 에취 아이언사이드(H. A. Ironside)목사가 시무했습니다. 그의 후임으로 1949-1965년에는 에스 로그스딘(S. Franklin Logsden)이 영국 출신의 알렌 레드파드(Allen Redpath)박사에 힘입어 성공적인 목회를 하였습니다. 그후 1966-1971년 사이에 조지 스위팅(George Sweeting) 박사가 목회를 하였습니다. 그리고 1971-77년까지 워렌 위어스비(Warren W. Wiersbe)가 사역했으며, 1978년 이후로 무디 기념 교회의 목사는 무디 성경학교 성경교사였던 어빈 루쳐 박사가 시무했습니다(워렌 위어스비, 위대한 꿈을 꾸라, 강형찬 역, 서울: 도서출판 청우, 2000, 100).

　이처럼 무디는 교회 중심으로 하는 진정한 전도자로서 삶을 살았던 명백한 증거가 바로 후임 목사의 계보를 이룬 것을 잘 보여주고 있습니다.

제 5 장
복음 전도적인 사역자 생활

그런데도 하나님께서 교회의 사역자들은 저명한 목회자나 설교자를 일반 대중에 가까이 접하여 복음을 전하는데 성직자의 권위를 겸손하게 주님께 내놓는데 인식함으로 미국 교회가 점차로 침체하고 있다고 예리하게 판단했던 것입니다. 그래서 무디는 하나님 앞에서뿐만 아니라 대중 앞에서 자신을 낮추고 오직 하나님의 영광을 위해서 한 영혼과 미국과 세계의 많은 심령을 살리는 구원을 위한 전도자로서 자신의 삶을 전적으로 하나님과 교회와 미국과 온 세계를 위해서 설교와 전도와 교육과 선교와 봉사의 제물이 되었습니다. 그는 교회와 세상 사이에 불신자들을 직접 찾아가서 복음을 전하는 전도자로서 목사들이 교회의 강단 범주에서 벗어나지 않으려는 한계를 깨뜨리고 먼저 선두주자로서 대중 복음전도의 전령으로서 대중 대도시 전도집회를 개최했던 것입니다. 이같은 사역 빌리 그래햄(Billy Graham)목사가 무디 이후로 한국 집회뿐만 아니라 미국과 온 세계의 대도시 대중집회를 수행하여 크게 전도대회로써 많은 회심과 구원의 역사를 이루었습니다.

1. 남북 전쟁과 군 선교

무디는 제 파웰(J. V. Farwell), 비 제이콥스(B. F. Jacobs)와 무디는 YMCA의 육 해군 조직 위원회를 창설했습니다. 그리고 이 위원회는 그리스도인 위원회(Christian Commission) 북서 지부에 합류하면서 시카고를 경유하는 병사들에게 예배를 드릴 작은 임시 예배당과 예배 사역을 지원해 주었습니다. 남군이 시카고 샘터(Sumter) 요새를 공격하면서부터 시카고에도 더글라스(Duglas) 기지가 시카고 남방 한계선 부근에 자리잡고 입영 소집을 내렸습니다. 뉴잉글랜드에서 받은 교육과 고향에서 배웠던 전통과 성경의 확신대로 그는 열렬한 노예제도 폐지론자였습니다. 이 때에 노스 시장 홀 학생들과 YMCA에 참여했던 인물들과 무디의 친구들과 옛 사업 동료들이 부대를 형성하여 '형제들의 무리(Bands of Brothers)' 모임으로서 '그리스도의 깃발(the Banner of Christ)'를 세우고 그리스도를 대장으로 삼고 72연대로 구성되었습니다. 무디는 예배와 기도회, 찬양집회, 성경책, 일반도서들, 소책자들을 배포하거나 개인적인 초대를 통해서 그리스도께로 인도하려고 선교했습니다. 그는 군선교 사역을 통해서 쌓은 경험과 연단을 통해서 대도시 전도집회와 사역의 준비 과정과 연단이 되었습니다. 당시 그가 사역할 때는 남북전쟁의 위급한 시기였기에 청중들에게 그 자리에서 구원을 받아들이라고 강권하는 설교의 특징이었습니다. 그는 생사 기로에 서 있는 부상병들과 잠시 쉬다가 다음날 전장으로 향하는 군인들에게 전도할 때, '지금이 아니면 기회가 없다'는 절박한 상황에서 복음을 전했습니다.

그는 피츠버그 랜딩(Pittsburg Landing)전투, 실로(Shiloh), 머프리스보로(Mufreeboro)전투의 부상병을 위한 위문 사역을 했습니다. 챠타누가(Chattanooga)에 주둔하던 병사들과 리치몬드

(Richmond)에 최초로 진군했던 병사들에게도 군선교를 했습니다. 그의 형제 중 한 사람인 워렌(Warren)이 입영하자, 무디는 이로 인해서 더욱 군선교에 관심을 두었습니다. 1862년 9월 13일에 어머니에게 보낸 편지에서 무디는 워렌의 동향에 관한 정확한 소식을 부탁했는데 그는 회신과 함께 동생 워렌에게 몇 권의 신앙서적을 보내주었습니다.

"저는 군인들과 매일 밤 부대에서 신앙집회를 갖습니다. 그리고 군인들이 악한 길로 빠져듭니다. 노스필드에 있는 두 형제인 조지와 에디를 위해서도 어머님, 계속적으로 기도해주시길 바랍니다. 하나님은 이 민족이 하나님께 부르짖도록 기다리고 계십니다…워렌에게 어머님께서 매일 기도를 하시는 점과 하나님께 응답하심을 전해주시고 카드놀이에 빠지지 않도록 주의를 주시기를 바랍니다." (박세환, 링컨과 성경 그리고 정치, 서울: 개혁주의신행협회, 1998, 151).

또한 링컨은 군선교를 위해서 종군 목사제도를 강화했습니다. 종군 목사제도는 남북 전쟁 때에 더욱 강화된 것은 링컨의 신앙성장과 성경의 말씀인 설교를 통한 하나님의 약속과 위로 가운데 국가의 환난과 위기를 하나님의 의와 은혜로 승리케 하는데 두었습니다. 1849년까지는 20인 종군 목사가 육군에서 임명되었습니다. 1861년에는 연대 소속의 종군 목사가 인정되었으니 북군의 연합의 종군 목사는 350명 이상 되었고, 1862년 9월 18일에는 육군 종군 목사 가운데 랍비 출신의 야콥 프랭크린도 최초로 타 종파로서 종군 성직자로 국방장관 스탤톤의 반대에 불구하고 종군 성직자로 임명했습니다. 남부 연합에는 86명의 종군 목사가 있었는데 그 중에 36명은 감리교 목사였습니다. 특히 남북 전쟁 시에는 종군 목사에게 계급, 봉급, 제복, 관리제도로 통제되었으며 그들은 통상 장교처럼 자기의 말과 장구를 공급을 받았습니다. 종군 목사들은 군대의 필요에 전념했으며 전쟁터에서 전쟁에 참전하기보다는 병으로나 부상자들을 향한 방문과 진중 예배를 인도했습니다. 오히려 군에 있었던 목사 대부분이 남북 양지역에서 목회하고 있었기에 군 내부에서 서로 지역 감정을 부추기고 있었습니다. 대통령 링컨의 말과 행동에는 민족의 비극에 관한 깊은 성경적인 통찰력이 있는 지도력을 가지고 대통령직을 수행했습니다. 그랜트 장군과 셔어먼 장군이 준패퇴한 남군에 대한 항복조건도 오히려 예외적으로 관대한 조치를 취했던 것이다. 링컨은 남북이 하나가 되고 화해와 화합하는 성경적인 가르침 안에서 국가 통치의 공의를 구현하고자 노력했다(147-8).

무디에게 있어서 남북 전쟁 전부터 신앙의 교제를 나누었던 그의 친구이자 도시 선교 사역에서 가장 절친한 동료였던 디 휘틀(D. W. Whittle) 소령이 그를 처음 만났을 당시 상황을 부분적으로 소개하겠습니다.

"1859년 봄이었습니다. 제가 시카고에서 클라크(Clark) 거리를 걷고 있는데 도로 변에 서 있는 사람이 '저기 미친 무디가 지나간다.'고 하는 소리를 들었습니다...그는 조랑말을 타고 있었는데 바지 차림에 장화를 신었고 머리에는 모자를 썼습니다...단지 저는 1857년과 1858년에 열렸던 부흥 집회들에 관심이 약간 있었습니다. 그가 어떻게 가정 방문을 하며 또 선교 학교를 세운 일과 거리에서 어떻게 사람들에게 다가서 말을 거는지에 대한 여러 소문들을 듣고 있던 중이었습니다. 그에 대한 우스갯소리가 신문마다 넘쳐났으며 기자들은 그를 '무디 형제'라고 비아냥거렸습니다. 대다수 사람들이 그랬듯이 저도 그를 미쳤다고 생각했습니다. 그러나 그의 놀라운 사역이 내 인생에게 영향을 줄 것이라고 생각지도 못했습니다."(69).

그러나 그와 함께 사역하게 된 것은 무디에 대한 편견과 오해로 인한 사실을 깨닫게 되었습니다. 그는 일리노이스 72부대이며 일명 YMCA 부대의 소위로 재직했던 소령 휘틀(Whittle)은 전형적인 군인 상으로서 인식했습니다. 이 젊은 장교는 1863년 빅스버그(Vicksburg) 전투에서 중상을 입은 후 잠시 고향에 들렸습니다. 그가 시민으로부터 얼마나 인기가 있었는지 시카고에 많은 인파로 붐비었습니다. 그는 많은 저명 인사들 가운데 스물 한 살 밖에 안 되는 자신이 중상을 입은 몸으로 홀 중앙에 있는 연단에 서서 연설을 하려고 하자 망설이게 되었습니다. 그런데 강단 앞에서 단단해 보이는 젊은이가 벌떡 일어나더니 이렇게 외쳤습니다.

"그를 위해서 세 번 환호성을 올립시다!" 아주 진지한 자세로 환호성을 일으킬 때 바로 그 분이 무디 선생님인 줄 알게 되었습니다. 그 때 무디 선생의 모습은 용기와 신앙의 좋은 모범이 되었습니다. 저는 무디 선생이 저에게 진지하고 확신 찬 모습으로 말했던 그 말과 표정을 잊을 수가 없습니다. "난 그 날 집회가 열린 그 날밤부터 내 마음에 자네를 간직하기로 했네!"(85).

무디는 남북 전쟁 시에 군 선교에 크게 합력했던 하워드(O. O. Howard) 장군이 무디의 군선교 활동에 대하여 이렇게 말했습니다.

"그와 제가 처음 만났던 것은 테네 시 동부에 위치한 클리블랜드(Cleveland)에서입니다. 1864년 4월 중순이었습니다. 제가 제4구단을 인솔해서 도착해 보니 이미 2개 사단이 도착해 있었습니다. 그의 강렬한 설교를 통해서 많은 장병들이 힘을 얻고 또한 그리스도인이 되기로 결단했었습니다."(85).

무디는 전시 군 선교를 통해서 전국적으로 두각을 나타냈으며 보다 넓은 영역에서 사역할 기회를 얻었습니다. 전시 사역 중에 시카고에서 열리는 YMCA 정오 기도회가 중심이 되었습니다. 그와 동역자들은 전선에 다녀 온 최근 상황에 대한 보고와 함께 군에 있는 남편과 자식들을 위한 기도의 부탁이 쇄도해왔습니다.

그는 미서(the Spanish War)가 반발했을 때도 남북 전쟁에 쌓은 경험으로 육 해군 그리스도인 위원회의 선교 본부장직을 맡았었습니다. 그가 군 선교의 네 가지 방법을 제시했었습니다. 1. 군인들이 경청할 수 있는 지명도 높은 목회자들과 전도자들이 복음을 전파할 것. 2. 연대마다 YMCA 텐트를 마련해서 군인들에게 휴식처를 제공할 것. 3. 쪽 복음서, 찬양 책, 여러 신앙 서적을 무료로 배포할 것. 4. 병원에 있는 부상자들과 환자들을 돌보는 것이었습니다(85-6). 무디는 군 선교를 통해서 사역이 전국적인 도시 전도 집회의 통로를 열었으며 민족적인 구원에 대한 전도와 대각성 운동을 통해서 민족 구원의 불길을 지펴나갔습니다.

2. 개인 신앙문답 상담 모임

무디는 1871년 시카고 대화재 사건으로 도시 전체가 폐허가 되기 직전에 대중 집회에서 그리스도를 증거하고 주님을 영접하는 시간을 갖지 않은 채 많은 군중을 집으로 되돌아가게 한 실수를 방지하기 위해서 그는 모든 집회를 마치고 후속 모임으로써 신앙 문답 실을 통해서 개인적인 신앙의 문제를 해결해 주는 역할을 했습니다. 이 문답 과정을 통해서 그리스도와의 개인적인 만남이 주선되도록 상담했습니다. 그는 복음을 전한 뒤에 개인적인 영혼의 문제를 다루어 주지 않음으로써 많은 심령들을 잃어버리고 또 영적인 성장하는 그리스도인이 적다는 사실을 알고서 영적인 상담을 통해서 영적인 변화와 성장을 도왔습니다. 무디는 세례 요한도 설교를 하다가 질문을 받은 적이 있으며, 목사가 추상적인 설교를 하다가 성도들이 잘 이해하도록 설교 중에 성도들에게 질문하는 것이 좋다는 입장이었습니다. 설교문 전체를 읽기만 해대는 설교가 아니라 중간에 성도의 반응을 보면서 질문을 던짐으로써 성도들에게 하나님의 진리에 대한 명확한 이해를 돕고자 했던 것입니다. 또한 목사가 어려운 설교를 할 때는 잠시 설교하다가 멈추고 성도들이 얼마나 이해했는지에 대하여 묻는 것은 자연스럽고도 큰 위안을 줍니다 (418-9).

항상 개인상담 시에는 자기가 사용하던 성경을 사용하십시오. 기억해서 하나님의 말씀을 전하지 말고 피상담자가 스스로 성경을 읽도록 하시오. 유인물이나 책들을 읽히지 말고 성경책을 반드시 읽히도록 합시다! 더욱이 도움이 될 수 있는 신약 성경이라도 휴대하고 다니도록 힘써야 합니다. 상담하고 난 후 상담자가 피상담자와 함께 기도하는 것도 좋은 일이지만 기도할 마음이 준비되지 않은 자와 무리하게 기도를 해서는 안됩니다. 상담자는 그와 주님께 결단의 기도를 하기까지 두 시간 이상이나 걸리는 상담이 계속될지라도 피상담자가 기도를 청하기까지 충분히 대화를 나누어서 결심이 설 때에 기도해야 합니다.

우리는 피상담자가 그리스도에 대한 믿음으로 살고자 기도할 준비가 됐다고 확인될지라도 피상담자에게 "하나님께서 구원에 대한 깨달음을 주시도록 우리 함께 기도해보시겠습니까?"라고 말해야 됩니다. 때로는 두 시간의 신앙상담보다는 2분간 기도가 더 큰 열매를 거둡니다. 하나님의 성령께서 그 심령을 인도하사 상담자와 함께 기도할 마음을 갖고 기도를 한다면 그 피상담자는 하나님 나라에서 멀지 않은 사람일 것입니다. 피상담자에게 직접 기도를 하라고 하십시오. 그가 기도하기를 어려워한다면 성경에 나오는 기도문에 따라 기도를 하도록 하십시오. '주여, 저를 도우소서!' 그리고 나서 '주께서 불쌍한 가나안 여인을 도우셨던 것처럼 당신의 기도를 들어 도와주실 것입니다. 또한 진심으로 기도를 한다면 새로운 마음을 주십니다.' 피상담자를 집에서 기도하도록 그냥 내보내서는 안됩니다. 그는 집에서도 기도해야 하겠지만 상담하는 자리에서 즉시로 입을 열어 기도하는 것이 더욱 바람직합니다. 기도는 자신의 목소리로 말하는 것을 들어가면서 하는 기도가 더욱 유익합니다. '하나님, 이 죄인을 불쌍히 여겨주소서!' 라고 기도한다면 좋은 기도일 것입니다. 구원의 직접적인 결단을 촉구하되 절대로 그가 회심하였다든가 아니면 구원을 받았다고 말해서는 안됩니다. 그 일은 성령께서 그 자신에게 알게 하실 때까지 맡깁시다. 우리가 총을 쏜 후 총에 맞은 자가 죽었는가는 잘 확인될 수 있지만 영생을 얻었는지에 대하여 볼 수가 없기 때문입니다. 우리는 이 중대한 질문에 대하여 누구든지 속일 수는 없습니다. 그러기에 우리는 주를 찾는 구도자에게 믿음과 신뢰를 갖고 그리스도께로 올바르게 나가도록 도울 뿐입니다. 마지막은 성령께 맡겨 둡시다. 언제 그리스도를 영접시키는 일대인 신앙문답과 상담을 해야 합니다. 신앙결단의 상담은 담대하게 해야 합니다. 상담은 당신도 높은 자리에 있는 자보다는 대개는 같은 수준에 있는 자들과 하십시오. 특별한 경우가 아니라면 이성(異性)간의 신앙 결단의 상담을 피하는 것이 좋습니다. '내가 어떻게 하여야 구원을 얻으리까?' 하는 안타깝게 고투하는 가련하고 불쌍한 심령들에게 전력투구하여 구원의 길을 답해 주어야 합니다."(420-1).

무디 선생은 그리스도를 영접하는 결단의 상담을 하기 위해서 상담자의 준비할 점을 제시했습니다.

1) 항상 휴대용 관 주 성경책과 쿠루던(Cruden)의「성경대사전(Concordance)」와「주제 본문(Topical Text Book)」책을 가지고 성경연구를 하십시오.

2) 항상 성경을 가지고 다니시고 적어도 신약 성경이라도 가지고 다니면서 기차에서든지 어디에서든지 성경을 꺼내서 읽는 것을 다른 사람의 시선을 생각해서 부끄러워 마시오.

3) 성경을 읽다가 줄을 치거나 혹은 여백에다가 생각나는 것이나 의문이 되는 것을 기록하는 것을 꺼려하지 마시오. 죄인들이나 그리스도인들에게 특별히 하나님께서 주시는 약속, 권면, 경고들이나, 불신자들에게 향한 복음의 초대들 등등을 메모하시기를 바랍니다.

4) 적어도 하루에 15분간 성경을 연구하고 묵상하는 시간을 따로 내십시오. 짧은 시간이지만 위대한 결과를 낳을 것이니 결코 후회하지 않을 것입니다.

5) "에스라가 여호와의 율법을 연구하여 준 행하며 (율례와 규례를 이스라엘에게 가르치기로) 결심하였었더라."(스7:10).

6) 항상 진리를 깨달을 수 있는 지혜와 계시의 영을 달라고 기도하면 언제든지 하나님께서 응답하심을 믿으시오.

7) 주께 모든 의심의 짐을 맡기십시오. '의인의 요동함을 영영히 허락지 아니하 시로다'(시55:22). 여러분 안에 있는 소망에 대한 이유를 전혀 염려하지 마시오.

8) 우리에게 주시는 하나님의 계시로써 성경을 믿으시오 그리고 그 말씀대로 행하시오. 초자연적인 내용이나 이해할 수 없는 내용이라고 하나님의 말씀을 배척하지 마시오. 모든 성경을 경외하시오! 성경에 대한 하나님 자신에게 중요한 내용이라는 것을 유념합시다. '주께서 주의 말씀을 주의 모든 이름 위에 높게 하셨음이라'(시138:2).

9) 적어도 하루에 한번씩 성경 한 구절씩이라도 배우십시오. 더욱이 배운 성경말씀을 암송하면 일상생활을 하다가도 큰 유익을 얻습니다. '주께서 주의 말씀을 주의 모든 이름 위에 높게 하셨음이라.'(시138:2). 어떤 그리스도인들은 셰익스피어나 롱펠로우(Longfellow)의 글을 성경보다 더 잘 인용하는 것은 안타깝습니다.

10) 당신이 설교자이거나 주일 학교 교사라면 어떤 희생을 치

르더라도 성경을 숙달하십시오. 당신은 어떤 회중이나 학생들보다 성경을 더 잘 알고 있어야 합니다.

11) 성경말씀을 정확하게 인용하도록 분투해야 합니다.

12) 성경공부에는 체계적인 계획을 세워서 하십시오. 제목별이든지 혹은 주제별이든지 예를 들면, '보혈' '기도' '희망' 등., 혹은 책들을 가지고 연구하던가 아니면 앞서 설명했던 방법으로도 성경공부의 계획을 세워서 연구할 수 있습니다.

13) 성경 각 권의 저자가 누구인지, 기록한 내용이 무엇인지를 연구하시오. 구약과 신약과 연관시켜서 연구하시오. 히브리서와 레위기를 관련시켜서 연구하고, 사도행전과 바울 서신은 구약의 예언서와 역사서와 관련시켜서 연구하시기를 바랍니다.

14) '하나님과 긴밀한 동행'을 하기 위해서 성경을 사용하는 법을 연구하시기를 바랍니다. 다른 사람들에게 그리스도를 소개할 수 있도록 성경공부도 아울러 합시다. 한 노(老) 목사가 자주 말하는 소리를 기억합니다. '소홀히 다루고 설교를 했던 성경 본문들이 이렇게 외칩니다. 중요한 성경의 진리들을 왜 사람들에게 강력하게 또 확실하게 증거하지 않느냐?'

15) 매일 성경 한 장만 읽는 것으로 자족하지 마시고, 적어도 성경 한 절이라도 의미가 무엇인지를 알도록 연구하시오(421-2).

3. 개인 전도법

질문회에서 한 사람에서 다른 사람으로 옮겨 누구에게나 장려하는 말을 해서는 좋지 못합니다. 집회가 계속되는 오후 혹은 밤의 질문 회에서 한 사람이나 두 사람에게 당하는 일이 좋습니다. 우리들은 영원한 건축을 하는 자들이며 그것을 위해서는 충분한 때가 필요한 것입니다. 그렇게 하면 우리들이 하는 일은 표면적으로 흐르지 않을 것입니다. 먼저 상대자의 존경을 받도록 힘쓰십시오. 그렇게 하면 당신의 이야기는 말을 더욱 권위를 가질 것입니다. 구원의 문제에 있어서 지혜가 필요합니다. 될 수 있는 대로 조(組)로 나누어 각 조에 적당한 성구를 택하는 일은 크게 도움이 됩니다. 그러나 어떤 책에서 보았다는 것만으로 그 뜻과 적용 법이 명료히 알지 못하는 장구를 사용해서는 좋지 못합니다. 다른 사람의 모든 의견을 참고할 일이지만 다윗은 사울의 갑옷으로 싸울 수 없었던 것처럼 다른 사람에게는 제구나 장 절이 될지언정 자기에게는 도움이 되지 않는 것이 있을지도 모릅니다. 그런고로 자기의 방법으로 조금 나누어 적당한 제구를 택하는 일은 가장 좋습니다. 당신의 경험은 그때의 환경에 따라 적당히 그 제구를 채용하거나 변화하도록 이끌 것입니다. 긴 장구를 사용하여 불완전한 사상을 발표하는 것보다는 짧은 장구에 정통(精通)할 일입니다.

다음과 같이 조별(組別)하는 일은 유익할 것입니다. 다음의 분류에 속하는 신자는 구원의 확신을 가지지 못한 자 죄를 범했기 때문에 암흑 중에 있는 자, 기도, 성경연구, 및 다른 은혜의 수단을 무시하는 자, 타인을 용서치 못하는 정신을 가졌기 때문에 암흑 중에 있는 자, 그리스도를 공적으로 말하여 나타내는 일을 두려워하거나 부끄러워하는 자, 주를 위하여 활발히 일하지 않는 자, 유혹에 항의할 힘이 없어 시험이 있을 때 힘있게 설 힘이 없는 자 은혜에 성장치 않는 자, 신앙의 후퇴한 자, 깊이 죄를 자각하여 구원을 구하고 있는 자, 몇몇의 일에 관하여 곤란을 느끼는 자, 많은 사람은 자기가 너무 죄가 깊은 고로 하나님은 자기를 받아들이지 않으신 다든가 범한 죄 때문에 구원의 기회는 벌써 잃었습니다. 지금은 벌써 늦었다던가 복음은 자기를 위함이 아니라는 것을 맹목적으로 믿고 있습니다. 어떤 사람은 그리스도의 신성 및 성경의 진실성에 관하여 정중한 의심을 품어 그것으로 구원에서 멀어지고 있습니다. 또 어떤 사람은 성경에 기록되어 있는 기적 선택의 교리, 순간적인 회심 등에 믿지 못하는 마음을 품어 혹은 그리스도를 구했지만 소용없는 일이었다던가, 한번 해봤지만 실패했으니 구원을 붙잡을 수 없다는 것 등을 말합니다. 또 많은 사람이 느낌에 대해서 큰 의혹을 당하고 있습니다.

변명을 하는 자, 구원에 대해서 핑계를 하는 사람과 변명을 하는 사람과는 큰 차이가 있습니다. 변명 가운데의 주(主)되는 것은 모순된 그리스도 교인이나 위선자(僞善者)가 너무 많이 있습니다. 그리스도교인이 되기 위해서는 너무나 많은 희생을 하지 않으면 안되며 신자가 되면 현재의 직을 계속할 수는 없습니다. 언젠가 다른 때에 그리스도인이 되는 일을 바라며 동료가 신앙을 가지는 일을 허락지 않습니다. 구원받으면 동료에게 버림받는 등등입니다. 죄의 자각을 가지지 않는 자는 일부 사람들은 철저히 죄가 깊습니다. 그들은 죄가 깊은 쾌락에 빠지는 것을 바라고 있습니다. 어떤 자는 생각이 부족하며 또 어떤 자는 예수 그리스도와 그의 사업에 대해서 무지하기 때문에 죄의 자각을 가지지 않습니다. 또 실로 많은 사람들을 그들의 의를 주장하여 스스로의 도덕과 선행과에 의존하고 있기 때문에 구원의 필요를 느끼지 않습니다. 성경에 반대하는 가르침을 믿는 자 가운데에는 자기의 파만이 바르다고 하며 한 점만을 강조하는 유대인의 신령주의자, 불신자, 무신론자, 불가지론자(不可知論者)등이 포함되어 있습니다. 개인 전도를 할 때에 항상 성경을 사용하십시오. 기억에 의뢰하는 일을 하지 말고 상대자에게 장구를 읽게 하도록 인도할 일입니다. 이 때에 참고 서적들을 사용해서는 안됩니다. 될 수 있으면 끈임 없이 성경을 휴대해야할 것입니다.

우리는 될 수 있다면 상대방을 끓어앉게 하고 기도하는 일은 좋은 일입니다. 그러나 마음의 준비가 되어있지 아니한데 기도를 권해서는 안됩니다. 혹은 그 상태에 인도하기까지 두시간 정도 그 사람과 이야기할 필요가 있을지도 모릅니다. 그러나 한번 마음의 준비가 되었다고 생각하면 이 점에 있어서 빛을 부여받도록 하나님께 기도하지 않겠습니까? 라고 말할 일입니다. 기도에 소비하는 2, 3분간은 때때로 이야기로 소비하는 두 시간보다 나을 것입니다. 당신과 함께 나아가서 기도하려고 할 때까지 하나님의 영이 그 사람을 인도한다면 그는 하나님 나라에서 그렇게 멀지 않은 곳에 있습니다. 빨리 자기 혼자서 기도하는 일을 원하지 않는다면 성경에 쓰여있는 기도를 보여주며 그것을 반복하는 것이 좋습니다. 예를 들면 주여 저를 도우소서 등의 기도를 사용하십시오. 그리고 그 사람에게 주님께서는 이 불쌍한 부인을 도와 주셨으므로 만일 당신이 이와 같은 기도를 한다면 당신도 도와주실 것입니다. 만일 당신이 마음으로 기도한다면 주님은 당신에게 새 마음을 주실 것입니다. 라고 말하십시오. 집에 돌아가서 기도를 시키는 일을 해서는 안됩니다. 물론 그 사람은 자기 집에서 기도할 것입니다.

그러나 나는 그가 그 곳에서 입을 열어 기도하도록 인도할 것입니다. 자기의 기도를 들려주는 일은 유익한 일입니다. 하나님이여 죄인 된 나를 불쌍히 여기소서 라고 부르짖는 일은 더욱 유익 된 일입니다. 곧 결심을 재촉할 일입니다. 그러나 그 사람이 구원되었다는 등을 말해서는 안됩니다. 그 일은 성령께서 보여 주심을 받아야 할 일입니다. 당신은 사람을 판단하며 그 사람이 죽은 일을 알 것입니다. 그러나 그 사람이 영원한 생명을 받았는가는 알 수 없습니다. 이와 같이 큰 문제에 관하여 다른 사람을 속여서는 안됩니다. 그러나 당신은 상대방의 신앙을 돕고 바르게 인도할 수 있습니다. 끊임없이 개인전도를 하기 위한 준비를 해둘 일입니다. 불란서와 독일간의 국교가 단절한 때의 일이었습니다. 독일의 모루토게 장군은 그것을 위한 준비를 완료하고 있었으나 밤늦게 선전포구의 보도가 벌써 자리에 누어 자는 장군에게 알려졌습니다. 그는 그런가 왼편에 있는 세 번째의 서류 선반에 작전 명령이 들어 있다라고 전령에게 고하고 다시 취침했다고 말하고 있습니다. 대담하게 개인전도의 일을 장려합니다. 그러나 자기보다는 지위가 높은 사람을 선택할 일은 아닙니다. 일반적으로 자기와 동등정도의 사람에게 접할 일입니다. 또 될 수 있는 일이라면 이성을 피할 일입니다. 괴로움 가운데에 있는 불쌍한 영혼에게 내가 구원받기 위해서 무엇을 해야 할 것인가? 라는 그들에게 있어서 중요한 질문에 대하여 분명한 답변을 제시합시다.

4. 대도시 대중 전도집회

무디는 국내 선교를 하면서 복음 전도에만 충실하면서 신학적인 문제를 가지고 논쟁하는 일이 없었기에 전도의 필요성을 아는 목회자들부터 인정을 받았으며 대규모 사업을 추진할 수 있도록 평신도들의 지원을 받았습니다. 이러한 공감대는 영국에서 본국으로 귀환과 동시에 국내 도시 전도집회도 중요하였습니다. "물은 산에서부터 흘러내리게 마련이고 미국에서 가장 큰산들이 바로 이 대도시들입니다. 우리가 이 대도시들을 움직일 수 있다면 이 나라 전체를 움직일 것입니다." 미국에서 첫 번째 전도 선교대회는 1875년 10월에 브루클린(Brooklin)에서 시작했습니다. 이 집회는 평범한 생각과 보통 마음을 품고 분주하게 살고 있는 사람들에게 예수 그리스도를 소개하여 거룩하고 성숙하고 신실한 삶을 살도록 권고하는데 있었습니다(237).

필라델피아(Philadelphia)에서도 놀라운 집회들이 열렸습니다. 이곳 펜실베니아 철도 회사에서 최근에 포기한 한 화물 창고를 집회장소로 정했는데 이 건물은 후에는 '워너메이커 창고(Wanamaker Store)'로 유명해졌습니다. 이 건물의 좌석은 13,000 개이었습니다. 이곳 필라델피아에서도 브루클린에서와 마찬가지로 선도적으로 목회자들이 선교 사역에 열심히 지원했습니다. 이번 집회에서는 여러 계층으로 나누어서 집회를 개최했습니다. 무디는 40세 미만의 젊은 층을 상대로 집회 강사로 나섰으며 워너메이커는 특히, 젊은 세대들에게 인기가 있어 청년들의 강사로 배정했습니다(239). 이 기간 중에 프린스턴(Princeton) 대학생들이 집회에 많이 참석하여 큰 은혜를 받았습니다. 이로 인해서 대학 당국에서 무디를 초청 강사로 모시기로 했습니다(242).

그 해 겨울의 마지막 선교 집회는 뉴욕에서 1875년 6월 무디가 영국에서 집회하던 중에 임시 조직이 되었습니다. 그 의장직은 고인 된 존 홀(John Hall) 목사가 맡았었습니다. 이 집회를 위해서 윌리엄 다지(William Dodge)가 총 위원회 회장이 되었고, 조지 앤드류즈(George H. Andrew), 보울즈 콜게이트(Bowles Colgate), 헨리 오클리(Henry Oakley)가 부회장이 되었습니다. 이외에도 교회 대표 30여 명과 이와 동수로 평신도 위원회를 세웠습니다(243).

1876년 가을에 이르러서 부르클린(Brooklyn), 필라델피아(Philadelphia), 시카고(Chicago)에서 선교 집회를 마치고 다시 시카고에서 특별 전도 집회를 개최하려고 방문했습니다. 만 명 이상이 함께 참석할 수 있는 거대한 장막을 지울 필요가 생겼습니다. 목사들은 그의 초기 사역부터 잘 알았기에 성심으로 그의 사역 준비를 도와주었습니다. 이로 인해서 그는 적어도 선지자가 자기 고향에서 존경받지 못한다는 말을 듣지 않을 정도로 큰 도움을 오히려 받았습니다(마13:57). 시카고는 세계 어느 도시보다 그를 더 잘 좋게 이해했기에 선교 대회가 1876년 10월에 진행되었을 때 성직자들과 평신도들의 진심 어린 협조로 이루어졌습니다.

　　1876년 시카고 선교 대회가 진행 중에 무디는 가장 중요한 조력자이며 우정어린 친구였던 피 블리스(P. P. Bliss)의 돌연한 사망의 소식을 접하였습니다. 블리스는 비록 젊은 나이 일지라도 미국 주일학교에게 널리 알려진 인물이었습니다. 그의 공헌에 힘입어서 「무디와 생키 찬송가(Moody and Sankey Hymn Book)」이 초창기에 큰 호응을 얻었습니다. 그는 음악적인 재능이 뛰어났습니다. 그렇지만 그는 자신의 뛰어난 작곡의 능력을 희생을 무릎 쓰고서 많은 대중들에게 복음을 접할 수 있는 찬송하도록 선곡하는데 주력했습니다. 찬송작사, 작곡자로서 놀라운 인물이었습니다.

　　그 찬송가 가운데는 「구세주를 찬양하라(Hallelujah, what a Saviour!)」, 「더욱 나를 거룩하게 하소서(More holiness give me)」, 「나를 기다리는 것이 무엇인지 난 몰라요(I know not what awaits me)」, 「놀라운 생명의 말씀이여(Wonderful words of life)」들이 있습니다. 그의 사별은 그에게 뼈아픈 상처를 주었던 것은 바로 그의 인격이 너무나 사랑스러웠으며, 강하게 애착이 가는 인물이었습니다. 블리스 부부가 토나완다(Tonawanda)에서 가족과 함께 크리스마스를 보내고 무디와 합류하기 위해서 시카고로 오던 도중에 열차사고로 소천했습니다. 부부가 함께 타고 있던 기차가 시카고로 오던 에쉬타불라(Ashtabula) 철교를 통과하다가 24m 강 아래로 추락사고를 당했습니다. 무디는 자신의 사역을 도왔던 블리스 부부를 잊을 수가 없어서 그들의 아름다운 사역에 대하여 가장 따뜻한 고마움을 자주 말하곤 했습니다(255-6).

　　1876년 시카고 선교 대회는 뚜렷하게 관심을 일으켰으며 시카고 교회의 수적인 증가를 가져왔습니다. 그는 젊은 회심자들에게 몇몇 정규 교회에 들어가서 신앙생활을 하고 더 나아가서 지속적으로 그리스도인 기관에서 헌신하도록 직접적으로 촉구했습니다. 이 선교 대회가 마칠 즈음에 그리스도를 영접한 사람에게 입장하도록 입장권을 발급했는데 6,000명이나 되었습니다. 지역 교회에서 신앙 고백을 하는 새 신자가 2,000명이나 증가했습니다.

비판자들은 최근 여러 번 무디가 20년 전에 전도 대회에서 받았던 강력한 지지를 더 이상 받을 수 없다고 말했습니다. 그래서 그들은 1897년 시카고에서 6,000명을 수용할 수 있는 가장 큰 건물인 공회당(Auditorium)에서 연속적인 집회를 발표하면서 오전, 오후 집회에 다 채울 수 없다고 공언했습니다. 그렇지만 에취 로우리(H. R. Lowry) 씨는 「시카고 타임즈-헤럴드(The Chicago Times-Herald)」지(紙)를 대표해서 당시 열렸던 집회들을 보고했습니다.

"전례 없는 광경이었습니다. 강단에 선 설교자는 마치 산상 수훈으로 설교하시던 많은 무리들이 주의 말씀을 경청하던 설교의 전형적인 모형과 같았습니다. 집회 장소가 만원이라 문을 닫았지만 밖에도 6,000명이라는 많은 사람들이 건물 밖에서도 운집했습니다. 대로에 모여든 인파로 인해서 시내 도로와 교통이 마비될 지경이었습니다. 경찰이 줄을 지어 집회에 참석할 수 없으니 돌아가 달라고 설득했지만 사람들은 돌아가지 않고 밖에서도 예배가 진행되는 동안 기다리고 서 있었습니다. 그가 설교를 마친 후 토레이(Torrey) 박사가 나와 사역에 동참할 지원자를 요청하는 사이에 그나마 적은 수이지만 집회에 입장할 정도이었습니다. 무디는 오전 집회 때 처음으로 말씀을 전하는 설교자 명단에 올라 있으면서도 집회장 현관을 들락날락하면서 회중들이 건물 안으로 들어오는 것을 지켜보았습니다. 그리고 수 백명의 성가대 대원들이 뒷문으로 들어와서 상단으로 갈수록 피라미드처럼 좁아진 경사진 성가대 좌석으로 올라가서 앉았습니다. 그리고 그는 장군처럼 지시했습니다. 좋은 시작임이 틀림이 없었습니다. 그는 좋은 시작은 이미 전쟁에서 반은 승리한 것이라고 말했습니다. 그런 의미로써 성가대가 승리의 개가로서 힘차게 찬양을 해달라고 부탁했습니다. 그는 성가대 찬양이 길게 늘어지는 맥이 없는 찬송을 원치 않았습니다. 오르간 연주는 천둥을 치듯이 오르간을 연주하기를 바랬습니다. 또한 강단에 앉아 있는 200명의 목회자들은 자신들의 위엄을 갖추기 위해서 앉은 것이 아니라 사역을 협력하기 위해서 참석했습니다. 그는 항상 시내산(Sinai)을 향하여 전진하고 있었습니다."(256-7).

시카고는 항상 무디의 마음에 가장 깊은 관계를 맺었던 것은 여기서 항상 많은 친구들의 동감을 얻어냈던 곳이었습니다. 1876년 전도 집회로부터 1897년까지 20년이 넘도록 그의 그리스도인 활동 초창기로부터 항상 진심으로 환영하며 그를 받아주었던 영적인 사역의 기지이며 또한 영적인 본부이었습니다. 시카고 전도집회가 마칠 무렵에, 그는 보스톤(Boston)에서 전도 집회를 시작했지만 많은 난관에 봉착했습니다. 뉴잉글랜드의 문화와 정수(精髓)인 "중추"는 새로운 철학의 풍조에 밀려나고 물질주의와 합리주의가 팽배해졌습니다. 보스톤에서 영적인 부흥은 많은 사람들에게 분노를 사는 일이었고, 또 많은 사람들이 개인적인 본성대로 비평과 거짓된 소문들로 쉽게 적대감으로 대했습니다. 그렇지만 그는 이런 저항세력들로부터 도전을 받으면서도 또 다른 한편에서 적지 않은 지지와 지원을 받았습니다. 많은 사람들이 좋은 조언자가 되어주거나 함께 사역에 추진자가 되어 주었습니다. 그런 인물 가운데는 헨리 무어(Henry M. Moore) 씨가 있는데 그는 무디에게 있어서 없어서 안될 후원자이자 절친한 친구이었습니다. 또 한 사람은 헨리 두런트(Henry Durant) 씨는 노스필드 학교 설립 과정에 중요한 조언을 아끼지 않았으며, 에이 고던(A. J. Gordon) 박사는 노스필드 집회에 말할 수 없는 도움을 준 인물이었습니다(258). 그는 시카고에서처럼 보스톤에서도 집회 장소로 사용하기 위해서 6,000명을 수용할 수 있는 임시 집회소를 건립했습니다. 대표적인 저명한 목회자들과 모든 종파에 소속된 평신도들의 후원아래 처음부터 큰 관심을 힘입어 준비해 나갔습니다. 그 중에는 월요일 집회의 강사였던 조셉 쿡(Joseph Cook)박사는 열심히 협력했습니다. 그는 이 집회에 대하여 이렇게 평가했습니다. 6,000명 내지 7,000명을 수용하는 신앙적인 집회를 위해서 건물을 짓고서 매 주일마다 그것도 몇 달씩이나 하루에 두 세 번씩이나 집회가 과연 가능할 지에 대하여 많은 의문이 제기되었습니다. 이런 의문은 에든버러(Edinburgh), 런던(London), 시카고(Chicago)와 샌프란시스코(San Francisco)에서도 제기되었습니다. 그렇지만 보스톤 집회의 결과가 에든버러보다 더 많은 결실을 맺은 것을 겸손하게 복음 전도자들이 들어내지 않았던 것입니다. 쿡 박사는 보스톤 집회를 이렇게 평했습니다.

첫째로, 특별히 이 부흥운동은 1740년에 조지 휘트필드(George Whitefield)가 일으켰던 부흥운동보다 더 많은 업적을 남겼습니다. 그리스도의 복음을 전하는 사역을 국내외 포함해서 언론들까지 조력했다는 점을 꼽을 수가 있습니다. 보스톤에 주요 신문들이 부흥운동에 지지하는 입장을 보였습니다. 둘째로, 그리스도인들이 집집마다 방문하여 멸망하여 가거나 혹은 실패하는 사람들에게 재기의 소망을 불어다 주었습니다. 셋째로, 사업가의 기도 모임이 크게 활성화가 되었다는 점입니다. 넷째로, 이 부흥운동이 미친 결과는 절제하는 삶에 큰 영향을 미쳤습니다.

우리는 이 점에서 휘트필드가 보스톤에 있을 때보다 많은 성과를 거두었습니다. 당시에는 이런 문제를 자작하지도 못했을 정도이었습니다. 무디가 브루클린, 필라델피아, 뉴욕, 시카고, 보스톤에서 개최된 5개 지역 선교 대회는 1875년부터 1877년까지 지속된 대도시 복음전도 대집회로써 20년 간 무디가 미국 전역에 복음 전도했던 결정체이며 또한 시발점으로 볼 수 있었습니다. 그는 수 백 개의 도시들에서 집회를 개최했기에 미국만이 아니라 캐나다 심지어 멕시코(Mexico)에 이르기까지 전례와 같이 동일한 전도 집회를 개최해왔습니다. 그는 북부, 남부, 동부, 서부든지 미국 대도시들을 찾아가서 복음전도 대집회를 개최했습니다. 어떤 경우에는 복음전도 사역 위에다가 사경회로 성경 공부를 하는데 한 겨울을 지내면서까지 사경회 사역을 했었습니다. 이런 사경회를 개최했던 도시들로는 볼티모어(Baltimore), 세인트루이스(St. Louis), 샌프란스시코(San Francisco)와 같은 도시에 해당합니다. 이 도시들에서 다섯 달이나 여섯 달씩을 사역했습니다. 때로는 그리스도인들을 대상으로하여 단기간 집회를 개최하는 경우에는 목적이 교회 사역과 전도 사역에만 주력했습니다. 무디는 새롭게 회심한 젊은이들에게 구원 받은 은혜를 보답하기 위해서 교회의 봉사를 하도록 강력하게 촉구했습니다(259).

그러나 그는 후반기에 그리스도인들에게 설교하는 일에 치중하다가 보니 너무 많은 시간과 정력을 쏟았다는 비판을 받았습니다. 무디의 특별한 은사는 복음을 전하는 것인데 그가 회심하지 않은 대중을 등지고 그리스도인들을 일으키려고 노력했다는 것은 어리석은 주장이었습니다. 또한 어떤 이들은 그의 전도사역 초기에는 교회의 연합적인 합력이 이루어지지 않아서 지역교회의 발전에 크게 유익을 주지 못한 것으로 평가하는 사람들도 있었습니다. 그렇지만 그의 전도사역에 처음부터 끝까지 지켜보고 동참한 사람들이 볼 때에 이런 그의 사역에 평가는 부당하다는 사실로 인정할 것입니다. 무디가 대도시 대중 집회를 개최하면 이미 전도해서 회심했던 무리와 그로부터 신앙적인 도움을 받았던 무리와 회심했던 친지들이 먼저 집회 앞좌석을 일찍 와서 자리를 잡자, 불신자들이 집회 장소의 한계로 인해서 되돌아가는 것이 걸림돌이 되었습니다. 그는 신앙 상담시간을 갖는 것이 그의 집회 특징이었지만 여러 지역에서 집회할 때 이런 난관에 봉착했습니다. 하나는 하나님의 말씀에 확신을 가지고 영적인 구원 문제를 가지고 나오는 사람들에게 구원의 진리를 소개하는 자가 너무나 부족하다는 점입니다.

또 한 가지는 그가 개인적으로 신앙 상담하는데 많은 방해를 받는다는 점입니다. 그가 신앙상담을 하면 여러 사람이 일어나 신앙 간증하는 집회식으로 바뀌는 혼란이 일어나기 때문입니다. 무디가 개최했던 집회에 많은 사람들이 자신의 신앙문제로 그에게 상담하고자 하는 자들이 여럿이 한꺼번에 나타났기 때문입니다. 또한 그는 자신이 초기에 전도했던 지역에서 동떨어진 지역에서 이미 구원을 다른 집회에 받은 간증들도 자주 듣게 되었습니다. 그러자 그는 자신의 마지막 생애기간인 1899년 겨울 태평양 연안에 있는 도시들을 장기간 순회하면서 마지막 전도활동에서도 수년 전 미국 동부와 영국에 있는 도시에서 개최된 전도집회를 통해서 신앙생활을 하게 되었다는 간증을 통해서 그는 언제나 새로운 사역지를 찾아 나섰습니다.

그는 순회 전도지로서 콜로라도(Colorado), 뉴멕시코(New Mexico), 애리조나(Arizona)와 같은 새롭게 조성된 도시에서 전도사역에 착수했습니다. 그래서 그는 덴버(Denver)와 콜로라도 스프링(Colorado Springs)처럼 방문하지 않은 지역에 전도 집회를 위해서 단기 전도활동을 갖었습니다. 이런 지역은 일확천금을 꿈꾸고 왔던 개척자들인데 그리스도인의 수는 너무나 적었습니다. 그래서 그들의 구원 사역을 위해서 무디는 두 배로 열심을 내었고 전도의 결실도 많이 거두었습니다. 그는 너무나 어려운 사역지에서 하나님께 기도하면서 전력투구했습니다. 그는 말년에 그가 했던 전도사역의 결과에 대하여 이렇게 고백했습니다. "지난 가을에 저는 하나님께 어려운 사역지로 보내 달라고 했는데 하나님께서 저의 기도를 응답해 주셨습니다."

무디는 대중 전도집회를 하면서 일대일 전도와 신앙문답을 중요시 여겼습니다. 그래서 그는 자주 구호처럼 외쳤습니다. "우리 모두가 한 영혼을 건지도록 합시다!(Let every one of us try to get one soul!)"(261).

그는 일대일 전도와 신앙문답으로 수많은 생명을 건졌습니다. 그가 개인적으로도 헤아릴 수가 없습니다. 그는 전혀 구원받은 사람을 헤아리는 일에 관심이 없습니다. 그는 구원을 받은 사람의 수를 세는 통계에 대하여 전혀 관심이 없었습니다. 어떤 목회자가 설교를 통해서 얼마나 많은 사람이 구원을 받았는가에 대하여 묻자, 그는 이렇게 답변했습니다.

"박사님, 저는 그 점에 대하여 아는 바가 없습니다. 제가 그럴 것을 알 필요가 없다는 사실에 하나님께 감사 드립니다. 제가 생명책을 보관하고 있는 자가 아니기 때문입니다."(261).

매킨지(W. D. Mackenzie) 교수는 그의 전도사역을 통해서 유익한 점을 이렇게 말했습니다.

"미국이 전례 없는 번영을 누릴 때 또한 영국에서 지적인 회의주의와 신앙의 침체기에 그의 복음사역은 절정에 이르렀습니다… 무디는 과학과 종교가 화해하려고 시도하지 않았고 그리스도교 신앙을 무참하게 짓밟고 죽이고 있는 혁명적인 철학에도 혀로 대항하는 것이 아닙니다. 그는 성령 안에서 복음을 간단하게 또 강력하게 전했습니다. 그러자 그 복음을 듣던 자들이 복음의 능력이 의심여지 할 바 없이 거룩한 역사임에 놀라워했습니다. 무디의 사역은 1870년대 영국을 휩쓸고 있던 회의의 거센 물결을 잠잠케 만들었던 원동력이 되었습니다.(262)"

스코틀랜드 교회가 영국 교회와 일치하는 점이 있었는데 형식적인 신앙으로 생명력이 없는 냉랭한 신앙 상태를 유지했습니다. 뛰어난 교회 지도자들이 있었지만 새로 자라는 차세대 사역자들은 지식과 능력을 겸비했지만 여전히 다시 설교의 형 식성(formality)

에 빠짐으로써 그나마도 많은 사역자들이 설교의 능력에 의심에 휩싸이고 있었습니다(262). 무디는 전도사역의 중심이 바로 설교가 살아나는 길이라고 보았습니다. 특히, 설교자인 목회자의 설교가 성령의 능력이 있는 회복을 진심으로 기다리고 사모했던 것입니다. 우리는 설교의 틀도 중요하겠지만 설교의 본질과 목적인 그리스도를 믿음을 통한 영혼의 구원의 목표를 성취하는데 있습니다. 이것은 설교자의 최고 최대의 사명이자 본분이며 책무임을 재인식해야 한국 교회가 다시 살아납니다.

5. 해외 선교 전도집회

1) 영국 첫 방문

1867년 어느 주일 무디는 이번에도 충동적으로 갑작스런 발표를 했는데 그것은 그 주안에 영국에 가겠다는 것이었습니다. 그때 그의 부인은 천식으로 고생하고 있었는데 담당 의사가 말하기를 신선한 공기도 마시고 환경도 새롭게 바꿔 볼 겸 배를 타고 여행을 하는 게 좋겠다고 충고했습니다. 무디 선생이 영국에 가서 꼭 설교도 들어보고 얘기도 해보고 싶어하는 사람이 두 명이 있었는데 바로 찰스 스펄젼(Charles H. Spurgeon)과 조지 뮬러(George Müller)였습니다. 그래서 그는 부인의 건강을 회복시키는 데 도움을 주는 것과 기독교 사역을 감당하고 있는 이런 지도자들을 만나는 것, 이 두 가지 목적을 가지고 영국으로 향했습니다(119).

당시 영국에는 미국을 방문했던 소수의 사람들 외에는 그를 아는 사람이 없었습니다. 그 소수의 사람들 중에는 런던 주일학교 연합의 서기관인 파운튼 하틀리(Fountain J. Hartley)씨가 있었습니다. 그는 무디 선생에게 엑세터 홀(Exeter Hall)에서 열리는 기념 예배에 와서 연설을 해달라고 부탁했습니다. 이런 자리에서는 연사가 연단에 오를 자격을 부여받으려면 결의안의 제안자가 되거나 재청자가 되어서 결의안과 연계성을 가져야 하는 것이 하나의 관례였습니다. 그래서 무디는 그 날 저녁의 의장에게 감사의 결의를 제안하도록 되어 있었습니다. 그 날의 의장은 유명한 쉐프스베리(Shaftesbury)백작이었습니다. 그 자리에서 모든 것을 목격했던 헨리 트럼벌(Henry Clay Trumbull)박사는 당시의 일에 대해서 이렇게 말합니다.

"모임이 끝나 갈 무렵 의장은 그런 결의안이 제안될 수 있다고 무디 목사님을 진심으로 환영합니다. 그리고 이제 그가 모임의 의장직을 맡고 있는 백작님께 감사의 결의를 제안할 것입니다.'" 그런데 그는 회중들에게 인습(因襲)과 형식적인 인사말을 전적으로 반박하는 대담한 말을 했습니다. 자신의 솔직한 생각을 드러낸 것이었지요.

'의장은 두 가지 실수를 저질렀습니다. 첫째, 저는 결코 목사, 무디가 아닙니다. 저는 단지 주일학교 사역자인 드와이트 엘 무디일 뿐입니다. 게다가 저는 당신들의 미국 사촌이 아닙니다! 저는 하나님의 은혜로 여러분의 형제 된 자이며, 고로 당신의 자녀들을 향한 하나님 아버지의 사역가운데서 여러분에게 관심을 갖고 있는 것입니다. 두 번째는 오늘 저녁 의장직을 맡은 백작님께 감사의 결의안을 내는 것입니다. 저는 백작께서 우리에게 감사할 이유가 없는 만큼 우리도 그에게 감사할 이유가 없다고 생각합니다(120).

1867년 5월 10일 무디 선생은 브리스톨(Bristol)에 있는 한 주일학교 성경 공부반에서 설교를 한 뒤 기도 받고 싶은 젊은이들은 자리에서 일어나라고 했습니다. 그러자 그 반 아이들 중 15명이 말이 떨어지기가 무섭게 일어났는데 그들 중에는 당시 열 여섯 살이던 존 케네스 맥켄지(John Kenneth Mackenzie)가 있었습니다. 맥켄지는 후일 중국 의료선교사가 되었으며 런던 선교사 협회의 도움을 받아 중국 대륙에 첫 번째 국가 공인 의료학교를 설립한 뒤 그 학교를 운영해 가는 데 결정적인 역할을 하였습니다. 후일 맥켄지 씨는 영적인 삶에 대한 열정이 그때부터 시작했다고 회고하게 되었지만, 그 당시에는 그런 것을 제대로 느끼지 못하고 있었습니다. 그러다가 YMCA모임에서 무디 선생의 설교에 감동을 받고 몇몇 친구들과 자리에서 일어났던 일을 기념하는 자리에서 결국 그는 자신이 예수님의 제자라고 고백했습니다. 맥켄지는 대학을 졸업한지 8년이 지나서 무디 선생과의 결코 잊을 수 없는 재회를 가졌습니다(121-2).

그가 모간(R. C. Morgan)을 처음으로 만난 것은 이 첫 번째 영국방문 때였습니다. 모간 씨는 그때부터 지금까지 가장 영향력 있고 널리 알려진 「부흥(The Revival)」, 후에는 크리스찬(「Christian)」으로 이름이 바뀌어진 교계 주간지의 편집자로 일해오고 있습니다. 각자의 길에서 복음증거의 사역을 해오던 이 두 사람은 만나자마자 서로에게 깊은 애착을 갖게 되었습니다. 후일 무디 선생은 자신이 이 당시에 가지고 있던 열심은 어느 정도 '지식 없는 열정'에서 비롯한 것이었다고 말했습니다. 하지만 그는 이런 말을 덧붙였습니다. "열정도 없으면서 지식만 가지고 있는 사람보다는 이런 종류의 사람에게 훨씬 소망이 있답니다." 세심하게 성경을 연구하던 모간 씨는 이 낯설고 젊은 미국인을 만나자마자 그에게 지지와 용기를 보냈으며 그 이후로 그의 후기 사역에서는 가장 성심껏 그를 도와주는 조력자가 되었습니다(124).

헨리 무어하우스(Henry Moorhouse) 목사는 뭉뚝한 칼자루로 전쟁을 하던 무디 선생에게 칼을 끝까지 뽑아서 칼자루는 던져버리고 날선 칼만을 가지고 전쟁하는 법을 가르쳐 주었던 것입니다. 무어하우스 씨는 1868년 8월에 다시 한번 미국을 방문했으며 이번에도 그는 시카고에 와서 두 달간 무디 선생의 교회와 파웰 홀에서 말씀을 증거하며 그와 함께 사역했습니다. 이 기간동안 무어하우스는 무디 선생을 따라 여러 도시를 돌면서 일흔 두 번의 집회를 가졌습니다. 무어하우스는 1872년 다시 미국으로 건너와 시카고에서 예배를 인도했으며 1878년에도 와서 무디 선생이 뉴잉글랜드에서 복음사역 하는 것을 도왔습니다(129).

무어하우스는 젊은 목사였지만 그에게 시카고 월요일 저녁 집회에 사람들이 회집하기 어려운 날인데도 불구하고 요한 복음 3장 16절을 가지고 하나님의 사랑을 6일 동안이나 전하는데도 많은 회중들이 몰려들었습니다. 그가 했던 설교의 주제는 전적으로 '하나님의 사랑'에 대한 깊은 감명을 받고 그로부터 성경을 해석하는데 사랑의 메시지로 전하는데 무디의 설교 사역에 중대한 영향을 끼쳤던 후배 동역자이었습니다.

2) 영국 선교 여행

무디는 1876년 6월 영국을 다시 방문할 때 마이어(F. B. Meyer)목사는 처음부터 무디 선생과 연합하여 부흥운동에 참여한 사람으로서 당시의 일을 이렇게 기록했습니다. 저는 1873년 그 기념비적인 월요일 아침 이후로 무디 선생과 친분을 갖게 되었습니다. 저는 아직도 그때의 모습을 기억하고 있습니다. 그가 요크 시의 코니 가(街)에 있는 한 작고 불빛도 희미한 방안에서 첫 번째 정오 기도회를 인도하던 모습을 말입니다. 당시에는 그것이 주님께서 계획하신 추수의 시작점이라는 것을 미처 깨닫지 못하고 있었습니다. 그때 시작된 부흥운동은 몇 달 뒤에 에딘버러에 있는 자유 회관에서, 최종적으로는 런던에 있는 농업 회관(Agricultural Hall)과 왕립 오페라 하우스(Royal Opera House)에서 그 정점에 달했습니다.

그의 부흥 사역은 목회에 대한 새로운 개념과 사역의 새로운 방법들, 그리고 새로운 영감과 소망의 탄생을 알리는 것이었죠. 이 위대하고 고귀한 인물이 처음으로 나의 삶 가운데 부딪혔을 때의 그 감흥이란! 저는 당시 오래된 도시 요크에서 젊은 나이로 목회를 하고 있었으며 전통적인 신앙의 굴레 속에 강하게 매여 있었답니다. 저는 그렇게 교육을 받아왔고 그렇게 삶을 살아왔습니다. 하지만 이제는 새로운 이상이 제 앞에 펼쳐졌습니다. 저를 놀라게 만든 무디 선생의 성격들 중 그 첫 번째는 그가 전통에 얽매이지 않은, 순수하고 꾸밈없는 사람이라는 것이었습니다. 무디 선생이 어떤 사역을 전혀 예상치 못하던 새로운 방법으로 시작하려 한다면 그 이유는 지금까지 그 사역이 어떤 한 가지 방법에만 의존해 왔기 때문인 경우가 많았습니다. 그보다도 새로운 방법을 사용함으로써 사람들이 복음의 매력을 느끼게 되었다면 그들을 놀라게 만들었다는 사실이 그에게는 이런 방법을 계속 사용하게 만드는 더 큰 이유였습니다. 하지만 그런 방법들 중에는 조금의 불경건함도, 환상주의도 또한 방종함도 보이질 않았습니다. 평범하고도 뛰어난 지혜와 단도직입적인 방법, 그리고 간결하고도 명확한 목적에 모든 것이 완벽한 조화를 이루고 있었습니다. 이러한 특징들은 성과를 일궈내는 데 있어서 실용적이기도 하고 또 매력적이기도 했죠. 그가 처음 십일 동안 연 집회들은 그저 조금의 성공을 거두었을 뿐이었습니다. 제가 그에게 저희 교회에 와 달라고 부탁하자 그는 기쁘게 응했고, 마침내 우리는 두 주일 동안 상당히 은혜롭고 기념할 만한 집회들을 열었답니다(144-5).

  이곳 뉴캐슬(Newcastle)에서도 선더랜드(Sunderland)에서와 마찬가지로 선교에 대한 관심들이 꾸준히 증가하기 시작했습니다. 처음에는 교회에서 집회들을 열다가 음악당(Music Hall)으로 장소를 이동한 뒤 무디 선생은 전에 동역 한 적이 있는 그의 친구

헨리 무어하우스 씨와 함께 회관에 모여든 거대한 회중에게 설교를 했습니다. 지식인 계층이 먼저 회심하기 시작했고 어려서부터 성경을 알던 사람들이 신앙 생활에 전적인 헌신을 결심했습니다. 이렇게 시작된 선교의 영향력은 그 외 사회 모든 계층의 사람들에게 미쳤으며 주위 모든 도시들에게까지 미쳤습니다(151).

3) 에든버러 도시의 대각성

미국인 복음 전도자들이 영국 북부에서 대성공을 거두자 교계에서는 이들의 선교방법에 대한 조사를 해보았습니다. 그 뒤 스코틀랜드 수도인 에든버러 교계는 주저하는 마음이 없잖아 하면서도 이 전도자들을 초대하여 시에서 가장 큰 회관인 음악 회관에서 첫 번째 집회를 가졌습니다. 그 날은 1873년 11월 23일 주일이었습니다. 그 날 저녁 무디 선생은 몸이 좀 편찮았던 관계로 윌슨(J. H. Wilson) 목사와 생키 씨가 예배를 인도했습니다. 다음 날에는 생키 씨의 오르간이 고장나는 바람에 무디 선생 혼자서 예배를 인도했습니다. 개회 예배를 드린 첫날에는 사람들이 회관 안 구석구석에만 들어찬 것이 아니라, 바깥 로비와 계단 그리고 입구에까지 꽉 들어찼으며 아예 사오천 명은 입장도 못해보고 돌아가야만 했습니다(164). 무디는 하나님의 은혜가 온 세상을 입혀지도록 기도했습니다. "주의 도를 땅 위에, 주의 구원을 만방 중에 알리소서!"(시 67:2). 전례 없는 놀라운 은혜가 임하여 믿음이 강한 자들까지도 감동하고 또 감탄할 영적 대각 성이 일어났습니다(170).

"너는 내게 부르짖으라 내가 네게 응답하겠고 네가 알지 못하는 크고 비밀한 일을 네게 보이리라."(렘33:3).

그렇지만 성령께서 매일 매시마다 이 전도자들의 사역에 역사하는 동안 어둠의 세력들도 가만히 있지 않았습니다. 시카고에서 변호사로 개업하고 있던 스코틀랜드계 한 사람이 모국에 있는 저명한 목사에게 무디는 부도덕한 상인이었으며 신앙에도 문제가 있다고 비방하는 편지를 보냈습니다. 이로 인해서 그를 초청해 온 에든버러 위원회에서 시카고의 교계에다가 문의를 하기에 이르렀습니다. 결국, 그의 헌신적인 신앙과 삶을 인해서 이 비평의 악영향이 가라앉을 때까지 두세 달 동안 혹독한 믿음의 시련과 쓰라린 체험을 했습니다(172). 그는 에든버러 집회 기간 중 하루를 잡아서, 여러 일간지에 보도된 몇 가지 무디 집회에 대한 비판에 대한 답변했습니다. 최근 글래스고(Glasgow)에서 열린 전일제 총회에 참석한 그는 총회에서 여러 차례 설교하던 중에 학식 있는 목회자들을 무시하는 발언을 했다는 비판의 요지이었습니다. 무디 선생은 자신은 학식이 있는 목회자들을 신뢰한다고 해명했습니다(175).

그는 교육에 대한 가치를 이렇게 피력했습니다.

"스코틀랜드는 전 세계를 복음화 시킬 수 있는 신앙과 교육수준과 재력이 있습니다. 젊은 이가 대학 교육을 받기 원한다면 어떻게 해서라도 교육의 기회를 가져야 합니다. 그렇다고 해서 모든 사람이 라틴어, 헬라어, 히브리어를 공부하라는 것은 아닙니다." 그러면서 그는 자신이 대학교육을 받지 못한 데 대해 크게 후회해 본 적이 없지만, 교육을 제대로 받지 못했더라도 그와 상관없이 최선을 다하는 삶을 중요하다고 보았습니다(176).

무디는 어떤 상황에도 교육에 대한 열등감을 갖고 하나님의 일을 하지 않았습니다. 오히려 그는 자신의 부족을 인해서 하나님께 겸손하여 하나님의 능력에 붙잡혀서 살고자 노력했던 것입니다.

4) 글래스고를 비롯한 스코틀랜드 도시 사역

1873년 글래스고 선교집회는 2월 8일에 그 막을 열어 한 달이 넘는 기간 내내 순탄하게 진행되었습니다. 무디와 생키는 2월 7일에 글래스고에 도착해서 그 다음날 아침부터 사역을 시작했습니다.

당일 아침 9시 주일학교 교사를 위한 고무적인 집회가 시청(City Hall) 건물에서 열렸는데 그 집회는 약 삼천 명의 교사들이 참석했습니다. 저녁 6시 30분에 시청에서 열린 복음집회는 사람들이 많이 몰려서 시작하기 한시간 전에 이미 건물 안이 꽉 들어찼습니다. 그래서 밖에 서 있는 거대한 군중을 근처 교회 세 곳에 입장시켰더니 세 교회모두 사람들로 가득 찼습니다. 다음날 아침 기도회는 연합 장로교회에서 열렸습니다.

1873년 최근에 존 왓슨(Dr. John Watson)목사인데 그의 본명은 이언 맥클라렌(Ian Maclaren)는 무디 선생과 드러먼드(Drummond) 교수와의 관계에 대해 이렇게 언급했습니다.

"무디가 에든버러에 오자마자 드러먼드는 우리 시대의 가장 유능하고 정직하고 이타적인 복음전도자와 손을 잡았으며 연합 왕국이 새로운 단계의 신앙생활로 도약하는 것을 목격했습니다. 드러먼드에게는 이 사역이 영적인 진단법을 가르쳐준 병원과도 같았습니다. 그는 미국인 특유의 예리한 판단으로 드러먼드가 자신에게는 최상의 도구임을 감지했으며 즉시 그를 자신의 사역가운데 동참시켰습니다. 그리고 그 결과는 거의 환상적이었습니다. 드러먼드는 맨 처음부터 군중들을 사로잡기 시작했고 그들에게 깊은 감명을 주었습니다. 그 결과 그는 이 년 동안 영국과 스코틀랜드, 그리고 아일랜드에서 복음전도 사역에 헌신하게 되었습니다. 이 기간동안 드러먼드는 다양한 계층의 젊은이들이 가지고 있는 여러 가지 삶의 이야기들을 접했습니다. 드러먼드는 중요한 순간을 포착할 줄 아는 훌륭한 설교가 되었으며 그의 온유함과 세련됨, 그리고 그의 예의가 바르고 관대한 성품, 장부다운 용기와 탁월한 설득력으로 인해 가는 곳곳마다 많은 제자들을 얻었습니다."(185). 드러먼드는 변함없이 섬기던 친구들이 있었으며 자유 교회는 이런 헌신 자들을 통해 영적인 활기를 되찾았습니다(186).

무디는 드리먼드 같은 좋은 동역자를 통해서 연합 사역과 팀 사역을 통해서 외국인 스코틀랜드 사역에서 좋은 결과를 낳을 수가 있었습니다. 우리는 국제적인 연합과 협력을 통한 해외 전도 및 선교는 더욱 큰 유익을 얻을 수 있는 좋은 예를 보여줍니다.

5) 영국의 도시 선교 사역.

무디가 아일랜드에서 처음으로 선교 집회를 연 곳은 벨패스트(Belfast)였습니다. 1874년 9월 6일 그는 더갈 광장교회(Dugall's Square Chapel)에서 아침 8시에 첫 예배를 드렸습니다. 전적으로 크리스찬 사역자들을 대상으로 한 이 아침 집회에 사람들은 일찍부터 나와서 집회가 시작되려면 아직 멀었는데도 예배당을 가득 메우고 있었습니다. 무디 선생은 회중에게 사역에는 전적인 헌신이 필요하며 주님을 위해서는 지칠 줄 모르는 수고가 필요하다고 역설했습니다. 같은 날 세 번째 집회는 수용 능력이 이천 명이나 되는, 그 도시에서는 가장 큰 교회에서 드려졌습니다. 그러나 이곳에서도 역시 교회에 들어가지 못해 밖에 모여있는 사람들이 거리를 가득 메우고 있었습니다(187).

마지막으로 무디 선생은 영국으로 돌아가 맨체스터(Manchester), 쉐필드(Sheffield), 버밍햄(Birmingham)과 리버플(Liverpool)을 방문하여 좋은 결실들을 거두었습니다. 특별히 맨체스터에서는 YMCA에 상당한 기여를 했습니다. YMCA 건물을 짓기 위한 기금을 마련하고자 역설한 뒤 무려 1800파운드의 기부금을 모았기 때문입니다(193). 쉐필드 선교집회는 1874년 12월 31일에 시작되었습니다. 첫 집회는 그 날밤 9시에 금주(禁酒) 회관(Temperance Hall)에서 열렸는데 이날의 예배는 호레이셔스 보나르 박사가 만든 새 찬송가로 시작되었는데, "기뻐 찬송하세 주님 부활했네"(찬송가 149장)라는 이 찬송가는 후일 매우 유명해졌습니다(196). 한번은 빅토리아 홀에서 YMCA 신축을 위한 모금을 목적으로 집회가 열렸는데, 무디 선생이 집회에 참석한 무역상과 임금 노동자들, 그리고 젊은이들에게 모금을 위해 설득력 있는 호소를 했습니다(199).

"리버플에 온 이후 저는 이 회관에서 숙소로 걸어가는 도중 거의 매일 밤거리를 배회하는 수많은 젊은이들을 볼 수 있었습니다. 그들이 여러분의 자녀가 아닐 수도 있습니다. 하지만 형제들이여, 그들도 누군가의 자녀라는 것을 명심하십시오. 그들도 구원받을 가치가 있는 존재란 말씀입니다. 대도시에 오는 젊은이들은 누군가가 자신에게 관심 가져 주길 바랍니다. 이 일을 잘 감당할 수 있는 단체는 역시 YMCA라고 생각합니다. YMCA가 젊은이들을 교회로부터 멀어지게 만들어서 교회에 해를 끼친다고 주장하는 목사님들도 있습니다. 하지만 그것은 오해입니다. YMCA는 교회를 보조하는 교회의 시녀입니다. 이 협회는 결코 교회를 무너뜨리는 것이 아니라 교회로 사람들을 인도해 주는 단체입니다. 저는 YMCA만큼 교회들을 연합시키는데 기여하는 단체가 없다는 것을 잘 알고 있습니다(200). 결국 무디 선생의 강력한 탄원에 힘입어 YMCA 건물이 세워졌습니다. 리버플의 YMCA 회장인 알렉산더 발포어(Alexander Balfour) 씨는 무디에게 건물이 완성되는 날이 와서 새 건물에 기념비를 놓아 달라고 부탁했습니다. 그 기념비에는 "이 기념비는 1875년 3월 2일 시카고의 디 엘 무디가 놓은 것입니다"라는 글씨가 새겨져 있었습니다.

6) 런던 선교 캠페인

런던의 사업가 휴 맨드슨 씨는 무디와 직접 얘기하러 그 당시 그가 사역하고 있던 스코틀랜드의 대도시 에든버러로 향했습니다. 매드슨 씨가 도착한 날은 무디가 그곳에서 마지막 집회를 여는 날이었습니다. 그 날도 변함없이 많은 사람들이 집회에 참석했기 때문에 매드슨 씨는 가지고 온 초대장을 그에게 보여 줄 기회조차 얻지 못했습니다. 매드슨 씨는 써소(Thurso)에 가서야 무디를 만날 수 있었습니다. 서로 반갑게 인사를 나눈 뒤 두 사람은 런던의 정황과 런던에서의 선교를 준비하기 위한 최선책들에 대해서 논의했습니다. 그가 런던 선교를 단행한다는 가정 하에서 말입니다. 런던의 「크리스챤(The Christian)」지는 선교 집회들이 열린 대규모 공업 중심지들을 비롯한 스코틀랜드와 아일랜드의 선교 집회가 열린 이 년간 「크리스챤」지 수천 부가 영국 목회자들에게 발송했습니다. 또한 그리스도인 대중들도 지면을 통해 부흥운동에 대한 자세한 내용을 늘 접할 수가 있었습니다. 무디 선생은 대중 매체의 도움이 크다는 것을 잘 알고 있던 터라 이 신문을 영국 전역에 보다 널리 배포하기를 원했습니다. 그래서 매드슨 씨는 2,000 파운드의 기금을 마련해서 영국 전역에 있는 삼천 명의 목회자들과 비 국교도 사역자들에게 세 달 동안 「크리스챤」지를 무료 발송하기로 무디와 합의했습니다. 스코틀랜드에서 획기적인 부흥운동의 전모(全貌)를 밝혀 주고 있는 이 신문에 자극을 받은 런던 사람들은 런던에서도 동일한 사역이 일어나기를 소망하게 되었습니다. 런던 선교사를 위한 마지막 준비 작업은 무디 일행이 더블린에 있을 때 마무리되었습니다(201).

1875년 2월 5일 금요일 런던에서는 프리 메이슨즈 홀(Free Masons' Hall)에서 모임이 열렸는데 이제 곧 시작될 집회들에 관해 무디 선생과 협의하기 위해 마련된 것이었습니다. 이 모임에는 목회자들과 기독교 사역자들이 런던뿐만 아니라 근교 곳곳에 찾아와 자리를 가득 채웠습니다. 목적의 여하를 막론하고 이번처럼 규모가 크고 다양한 교파의 목회자들이 참석한 집회는 영국 역사상 이례적인 일이었습니다. 그 날 참석한 인원은 이천 명에 다다랐습니다. 모든 복음주의 교회의 대표자들이 참석했을 뿐 아니라, 참석하리라고는 예상하지 않았던 예 전파(ritualistic) 목회자들 중에서도 대표단으로 함께 참석했습니다(203).

그 해 봄에 런던의 거리에서는 일 페니 짜리 무디 선생의 전기(傳記)가 엄청나게 팔려 나갔습니다. 일부 신문들도 그의 영향력을 약화시키고 대중들에게 안 좋은 선입견을 불어넣기 위해서 가능한 모든 방법을 시도했습니다. 그래서 런던 사람들은 "미국의 시끄러운 광신자들의 저속한 기준으로 판단해 본다해도 무디 씨는 삼류 배우일 뿐입니다."라는 글들을 접하게 되었습니다. 그는 성경을 해석하는 면에서도 가혹한 비판을 받았습니다. "그는 그 우스꽝스런 뻔뻔함은 우리 경건한 자들에게는 고통스러울 정도로 불쾌감을 주고 있으며 무디는 그런 태도로 성경구절을 미개척지 방언(方言)을 사용해서 멋대로 해석하고 있습니다. 훌륭하고 간명한 성경의 이야기들이 그의 입에서 풍자(諷刺)와 희화(戱畵)의 과정을 거치고 있는 것입니다." 그러나 전반적인 언론의 적대감에도 불구하고 '평민들이 무디의 이야기를 즐거이 들을' 뿐 아니라 마침내 사회 전반이 그의 설교로 인해 깊은 감명을 받아 변화되고 있다는 사실이 명백해졌습니다(210).

이에 따라 반(反) 그리스도교적인 언론들이 미국인 설교가 들에게 퍼부었던 "사악한 협잡꾼", "미치광이 양키 복음전도자들", "인간 기생충", "불합리의 수도사들"과 같은 욕설들도 점점 예의바른 말들로 바뀌어 가기 시작했습니다. 영국의 가장 고귀한 인사들이 그의 청중가운데 숱하게 포함되어 있었기 때문입니다(210).

찰스 스펄젼(Charles Spurgeon) 설교자만큼 런던에서 무디 선생을 진심으로 지지해준 사람도 드물었을 것입니다. 스펄젼 목사는 담임하던 교회에서 설교하던 중 "우리 교인들 중에도 나의 사랑하는 친구, 무디 선생과 생키 씨가 인도하는 농업 회관에서의 예배에 참석했다가 감동을 받아 회개한 사람들이 분명 있을 것입니다"라고 말했습니다. 스펄젼는 교인들에게 만약 그리스도를 영접했다고 고백했으면 그 고백이 거짓이 되지 않도록 하라고 호소했습니다. 그리고 받은 구원이 값진 것이 되려면 죄로부터의 구원이 되어야 한다고 역설했습니다. 그는 우리가 간구 하여야 할 구원은 지옥으로부터의 구원이 있으리라고 말했습니다. 그는 도둑이 감옥에 가는 것으로부터 해방 받기를 원할 수는 있지만 그에게 진정 가치 있는 유일한 구원은 도둑질로부터의 구원이라고 말했습니다.

어느 모로 보나 가장 좋았던 그리고 가장 뜨거웠던 집회는 스펄젼이 시무하는 교회에서 열린 집회였습니다. 원래 이 집회는 스펄젼 대학에 다니는 학생들과 4월에 열리는 기념일들을 전적으로 기리기 위해 중심가에 모여든 침례교파 목회자들을 대상으로 한 집회였습니다. 그러나 집회의 대상을 더욱 넓혀서 티켓을 주일날 모인 회중들에게 나눠주게 되었습니다. 무디 선생은 성경본문을 "모든 선한 일에 예비함이 되리라"(딤후2:21)에서 설교했습니다. 그는 다음과 같이 말했습니다.

"지쳐 있는 영혼에게 다가가서 말할 준비가 되어있는 사람들은 이제 그렇게 하자고 제가 여러분에게 청할 때 얼마나 많은 사람들이 일어날지 궁금합니다. 정말 얼마나 일어서서 '나는 한 영혼을 위해 나아갈 준비가 되이 있습니다' 라고 말할지요." 그는 잠시 침묵했습니다. "제 뒤에 앉아 계신 분들 중 '한번 말해 보게' 라고 하시는 분이 있지만 저는 좀 겁이 나는군요." 그는 다시 잠깐동안 침묵했습니다. "글쎄요, 한번 말해보면 어떻게 될까요? 여러분들 중 얼마나 되는 사람들이 잃어버린 영혼들에게 다가가 말할 준비가 되었을까요?" 그러자 강단 양쪽에 자리하고 있던 학생들과 목회자들이 일시에 일어섰습니다. 이것을 본 수많은 회중들이 자리를 박차고 일어섰습니다. 훌륭하게 일을 해낸 무디 선생은 다음과 같이 말했습니다.

"예, 이제 여러분은 자리에서 일어났습니다. 주님께서도 여러분을 보낼 준비가 되었다고 말씀드리고 싶군요. 그리스도인들이 나가서 사람들에게 복음을 증거하는 방법 외에는 런던을 깨우는 보다 빠른 지름길이 없다는 것을 명심하십시오. 이 일이 이루어져야 할 때가 온 것입니다. 우리들은 지금까지 너무나 오랫동안 수비적인 자세에 머물러 있었습니다. 다음 통계를 보면 네 달 동안 이루어진 런던 선교사역이 거둔 성과들을 알 수 있습니다."(217-8).

캠버웰 홀에서 60회의 집회를 열어 48만 명 참석, 빅토리아 홀에서 45회의 집회를 열어 40만 명 참석, 왕립 헤이마킷 오페라 극장에서 60회의 집회를 열어 33만 명 참석, 바우 스트리트 홀에서 60회의 집회를 열어 60만 명 참석, 농업 회관에서 60회의 집회를 열어 72만 명 참석, 도합 285회의 집회를 열어 253만 명 참석, 선교사역에 들어간 경비는 28,396파운드 19실링 6페니였으며 그 중 거의 전부가 집회들이 끝나기 전에 기부했습니다(225).

무디 선생은 잠시 휴식을 취하려고 리버풀에서 온 헤이 에티켄(Hay Aitken) 목사와 발포어(Balfour) 씨와 함께 런던을 떠나 웨일즈 지방 발라(Bala)에 있는 발포어 씨의 전원 주택에 갔습니다. 이곳에서도 사람들은 그가 완전히 휴식을 취할 수 있도록 가만히 놔두지 않았습니다. 그는 그 짧은 휴양 기간에도 세 번의 설교와 너댓 번의 성경 낭독회 인도를 요청 받았습니다. 미국으로 항해하려면 그에 앞서 리버풀을 경유해야 했기 때문에 그는 리버풀에 갔다가 영국을 떠나기 전 이 항구도시에서 다시 두세 번의 예배를 더 인도해 달라는 부탁을 받았습니다. 그래서 8월 3일 그리스도 교인 총회가 빅토리아 회관(Victoria Hall)에서 열렸으며 그 날 저녁 7시에 환송 예배가 열렸는데 5,000내지 6,000명이 참석했습니다. 그리스도 교인 총회에서는 무디 선생의 설교에서 "전진(Advance)"라는 제목으로 고별 설교를 했습니다(226).

어떤 기자는 그가 2년 동안 영국을 방문하면서 거둔 직접적인 결과들 일부를 다음과 같은 글로 종합해 보았습니다.

"영국에는 복음전파의 정신이 일어나서 결코 사라지지 않게 되었습니다. 수많은 도시 선교 팀들과 그 외 활발한 조직들이 형성되었습니다. 종파 분열이 놀라울 정도로 자취를 감추었습니다. 모든 종파의 목회자들이 잃어버린 자의 구원을 위해 한 강단에 서서 합력 하게 되었습니다. 사람들이 다시 성경책을 펼쳐 들게 되었으며 성경공부를 하고자 하는 뜨거운 열망들이 일어났습니다. 오랫동안 버텨 오던 편견들도 모두 사라져 버렸습니다. 모든 기독교 운동방법에 새로운 활기가 생겼습니다. 영국에서 예전에는 찾아볼 수 없던 그런 절제된 삶을 향한 열심들이 일어났습니다. 이후로 무디와 같은 큰 노력은 없었지만 기존 교회에는 캠페인 기간에 회심한 사람들이 주님을 따르는 삶에 대한 교훈과 양육을 받기 위해 찾아 들었습니다."

1896년에 저명한 스코틀랜드 목회자는 이렇게 술회했습니다.

"23년 전부터 무디 선생은 대서양을 건너와서 이곳에 온 미국인 설교자로서 늘 환영받는 유명 인물이 되었습니다."(226).

뉴욕 출신의 고(古) 필립 사아프(Dr. Philip Schaff)는 런던에서 그의 사역을 보고 미국에 와서 이렇게 증언했습니다.

"무디와 생키는 영국에 있는 학식이 높은 교수들과 웅변력이 뛰어난 설교자들인 목사들이 해낼 수 없는 기초적인 진리의 증거로 많은 심령을 사로잡았습니다."(227). 그는 해외 전도와 선교 집회를 통해서 더욱 미국 내에 알려진 전도자와 선교 사역자이며 또 복음전도 설교자이었습니다.

6. 언론 매체의 활용

1872년 11월에 12일에 뉴캐슬(Newcastle)에서 그가 영국 첫 번째 해외 선교 집회에 나가서 무어하우스(Moorhouse)는 저녁 집회에서 그를 이렇게 소개했습니다.

"첫째, 그는 견고하게 믿습니다. 복음을 믿는 죄인들이 구원을 얻는데, 그 구원을 주시는 이가 바로 십자가에 달리시고 또 부활하신 예수 그리스도에게 있습니다. 둘째, 그는 영혼의 구원에 대한 기대를 갖습니다. 그가 설교를 할 때마다 영혼들이 구원을 얻는 역사가 일어났습니다. 그래서 하나님께서 그의 믿음을 인정하시사 그 같은 역사들이 일어납니다. 셋째, 그는 설교합니다. 그는 죄인들에게 복음을 다시는 들을 수 없는 생애의 마지막 집회같이 구원의 결단을 당장 그 자리에서 촉구했습니다. 넷째, 무디는 그리스도인들을 얻고자 합니다. 그래서 그는 설교가 끝난 후에 후속 모임들을 갖습니다. 그리고 그는 가까이 있는 사람들에게 구원을 받았는지에 대하여 말하라고 가르칩니다. 주님의 포도원에서 일하는 그와 그의 동역자들이 사역하는 것을 보고만 있어도 영혼 구원을 하는 축복된 교훈을 받았습니다(152). 그는 해외에 나가서 전도 해외선교 집회를 개최하면서 복음전도를 통한 영혼 구원의 사업에 매진했습니다.

당시 찰스 스펄젼(Charles Spurgeon)은 본래 전도자로서 신대륙 미국에서 선교사업을 하려고 이민도 계획했지만 런던에 머물러서 국내 사역을 통해서 세계 선교의 사역을 감당해서 그는 영국 국내에서 유명하게 알려짐으로 세계적인 전도자이며 설교자가 되었습니다. 이에 반하여 그는 미국에서 그를 처음부터 알아준 것이 아니라 영국 해외 전도집회를 다녀오면서 그에 대한 미국 내의 평가와 지명도가 훨씬 가중되었습니다. 조지 휘트필드(George Wihtefield)는 영국에서나 미국에서도 많은 군중들부터 위대한 설교자로서 인정을 받았으나 존 웨슬레(John Wesley)는 영국 국내에서 많은 청중들이 모여들었으나 미국에 가서 선교나 전도집회는 휘트필드의 영향력을 미치지 못했습니다. 영국인이었던 휘트필드는 결국 미국 장로교회에서 시무하다가 하나님의 부르심을 입었습니다. 무디 선생은 모든 사역을 해나가면서 성장과 성공을 거듭하면서 자신이 열정과 더불어 현명한 판단력도 겸비했다는 사실을 확증시켰으며, 이에 비종교계 언론들도 그에게 좀더 친근한 태도를 보이기 시작했습니다. 그는 기금을 마련하여 학교교사들을 모집하는 일에도 성공했고, YMCA 건물을 세우려고 시도했을 때는 부유층 사람들에게 신뢰를 얻었으며, 어디서도 소망을 갖고 구제하려 하지 않는 사람들에게 다가가서 그들을 구원하고자 끊임없이 노력했고 또한 군인들을 위해서도 실제적인 사역을 했으며, 주일학교 대회에서도 명망을 더해 갔습니다. 무디 선생은 이 모든 것들을 통해, 처음에는 그의 열성을 단순한 흥미 거리로만 바라보던 사람들로부터 점차 존경을 받게 되었습니다. 무디 선생은 신문지상의 오보(誤報)에 관해 거의 응수하지 않았습니다. 그러나 사역초기 무디 선생이 종교적인 활동을 통해 돈을 벌고있다는 기사가 신문에 실리자 그는 그 비판에 대해 입을 열었습니다. 그의 눈에는 눈물이 고였고 목소리는 떨렸습니다.

"하나님께서 제 심중을 아시는 대로, 저는 한번도 돈에 대한 욕망에 이끌려 행동을 결정한 적이 없었습니다. 제가 약하고 여러 가지로 부족하다는 사실을 알지만 사탄이 저를 그렇게까지 좌지우지하지는 못하고 있습니다. 저는 사역을 통해 모은 기부금 중 단 1달러도 착복한일이 없습니다. 다른 어떤 것보다도 금전 문제로 비난받는 것이 제게는 가장 가슴아픈 일입니다. 저에 대해서 실상과 다르게 말하는 사람들을 하나님께서 용서해 주시기를 바랍니다. 무디 선생이 신문 보도에 대해 공개적으로 반박한 경우는 두 번 더 있었는데, 개인의 명예를 위해서가 아니라 순전히 그가 하고 있는 사역이 왜곡된 보도로 인해 타격을 받기 때문이었습니다. 1877년 보스톤의 신문들은 그가 4천 달러를 주고 경주용 말을 한 필 샀다고 비난했습니다. 무디 선생은 이 기사를 그대로 믿은 사람들이 편견을 갖게 되었음을 발견하고는 간단한 말로 진상을 밝혔습니다. 그는 빠른 경주용 말이 아니라 온순한 것이 특성인 가족용 말을 한 마리 구입했습니다. 그는 가격이 과장된 것이라고 말한 뒤 자신이 250달러를 주고 말을 샀으니 신문의 주장은 가격에서 3,750달러를 빼야 한다고 말했습니다.

무디 선생은 대중 언론 매체의 진가를 아는 사람이었지만 언론의 해악 성을 비판하는데 있어서 절대 타협하지 않았습니다. 그는 일요판 신문에 대해서 결코 참을 수가 없었습니다. 하지만 그는 일요판을 찍어내는 신문사의 편집인과 기자들을 비난하는 데 시간을 보내기보다는 오히려 그들 모두가 자신에게는 최상의 연합세력 가운데 하나라고 생각했습니다(366). 자신은 설교를 들으러 온, 건물 안의 청중들에게만 다가갈 수 있는 반면 언론인들은 목회자나 지역 선교사들이 미칠 수 없는 곳까지 자신의 설교내용을 전해 줄 수 있기 때문이었습니다. 이들의 도움만 있으면 그는 교회나 강단에서 수용할 수 있는 청중보다 백 배는 더 많은 사람들에게 손을 뻗칠 수 있었습니다. 이런 연유로 무디 선생은 언론인 대표들에게 아첨을 하지는 않았지만 그들을 매우 극진하게 대했으며, 또한 많은 회심의 사건들의 언론의 도움으로 일어났다는 이야기들을 접할 수 있었습니다.

그가 영국에 갔을 당시, 처음에는 그의 일행을 의심의 눈으로 바라보던 언론들도 마침내 이들의 사역을 진지하게 받아들이고는 여러 면에 할애하여 그의 설교내용과 예배순서를 보도했습니다. 이후 무디가 미국에 돌아와 여러 도시에서 대규모의 선교 캠페인을 열자 각 도시에서 한두 개 정도의 일간지가 그의 설교내용들을 전부 또는 일부씩 실었습니다. 그런 신문들은 집회들이 세 달에서 여섯 달까지 계속되었는데도 불구하고 설교와 기도, 찬송을 비롯한 집회의 모든 내용을 속기로 기록해 두었다가 지면에 싣곤 했습니다.

그는 이런 말을 한 적이 있습니다. "어떤 도시에서는 한 일간지가 여섯 달 내내 제가 말한 모든 내용을 한 단어도 빼지 않고 지면에 실어서 저를 무척 바쁘게 만들었죠."(368).

결국 전도집회를 통해서 일어난 회심의 사건들 중 중요한 사건 하나는 만원을 이룬 설교 장소 안에서가 아니라 시(市)교도소의 작은 감방 안에서 일어났습니다. 발렌타인 버크(Valentine Burke)라는 죄수가 무디 선생의 설교를 읽다가 그리스도를 영접했던 일입니다. 이 사람은 전도자 그의 목소리를 직접 들어보지 못하고도 그 유익을 얻게 된 수천 명 가운데 한 사람에 불과했습니다. 무디 선생은 실업계에서 통용되는 원칙에 따라, 사역에 도움이 된다고 생각하여 일간지 광고란도 이용했으며, 한번은 이런 말을 했습니다.

"예배에 대해 광고를 내는 것은 품위를 손상시키는 일이라고 생각하는 목회자들이 있습니다. 그러나 텅 빈 좌석들을 바라보며 설교하는 것은 훨씬 더 품위를 손상시키는 것이라고 생각합니다." (368).

목회자들에게는 청중이 있어야 하고, 특히 예배는 교회의 영향력밖에 있는 사람들에게 다가가야 한다는 것이 그의 생각이었습니다. 그렇게 되면 그들이 복음의 특권을 누리지 않더라도 변명할 말이 없게 되는 것이었습니다. 뉴욕 트리뷴(The New yok Tribune)과 스프링필드의 공화주의(Repulican)지 및 유니언(Union)지는 즉시 노스필드 총회에 관한 기사들을 특집 기사로 다루었습니다. 무디 선생은 비교계 언론들의 기자단에게 모든 시설과 편의를 제공하면서 노스필드의 여름 집회에 관하여 보도하는 일을 적극 권장했습니다.

1894년 그는 노스필드 에코스(The Nortfield Echoes)를 창

간했는데 창간 목적은 총회에서 설교내용들을 영구적으로 보존하여 참석했던 사람들이 보관할 수 있도록 하고 참석하지 못한 사람들에게도 보내 주기 위함이었습니다. 매년 4개 호(號)를 6월, 7월, 8월, 9월에 발행했습니다. 창간호에서는 노스필드와 이곳의 학교들, 그리고 성회의 프로그램 등을 소개하는 전반적인 시사들을 주로 다루었으며, 두 번째 호에서는 청년 남성을 대상으로 한 세계 학생성회의 설교내용들을 담았습니다. 세 번째 호에서는 청년 여성 성회를 다루었고, 네 번째 호에서는 성경 강론을 다루었습니다.

1895년 무디 선생은 국내에서 명백한 범죄 계층에 속하는 사람들이 75만 명이나 된다는 사실을 알고 경악하지 않을 수 없었습니다. 명백한 범죄 계층이란 계속해서 교도소나 구치소에 계속 들락날락하는 사람들을 말합니다. 그는 스스로 조사해보고 나서야 이 사실을 믿을 수 있었습니다. 그에게 있어서 어떤 필요를 느낀다는 것은 그 필요를 충족시키기 위한 방법을 개발한다는 것이었습니다. 그는 방문하는 모든 주(州)마다 교도소와 형무소를 시찰하기 시작했으며 많은 곳에서 읍(邑)교도소가 완전히 등한시되고 있다는 사실을 발견했습니다. 때때로 읍 교도소에 관심을 보이는 그리스도인들을 보기도 했지만 말입니다. 주(州)교도소는 도서관이나 읽을거리들을 갖추고 있었지만 그가 방문한 교도소들 중 상당수가 유익한 읽을거리를 전혀 갖추고 있지 않았습니다. 삼백 명이나 수용된 곳에서도 마찬가지이였습니다.

무디 선생이 재소자(在所者)들에게 그들을 위해 자기가 해줄 수 있는 것이 뭐 없겠냐고 묻자 그들은 읽을거리가 있다면 시간을 보내는데 도움이 되겠다고 대답했습니다. 그가 설교나 신앙서적도 읽을 마음이 있냐고 질문하자 그것도 좋다고 해서 무디 선생은 그 교도소에 신앙서적을 좀 보내 주었습니다. 그 중에는 문맹자도 있었는데 그들은 글을 읽을 수 있는 사람들에게 큰소리로 읽어달라고 졸랐습니다. 그들은 무디 선생이 보낸 스펄젼 목사 등 여러 설교 가들의 설교를 읽었으며 얼마 되지 않아 무디 선생은 죄수들이 회심한다는 소식들을 접하기 시작했습니다. 이후 그는 성경을 보냈고 지대한 관심을 가지고 모든 읍의 보안관에게 편지를 쓰기 시작했습니다(국내에 있는 총 2,700개 읍에는 거의 모든 곳에 교도소가 하나씩 있습니다). 그가 보낸 서신들에 대한 답장들 중 무례한 답장은 단 한 통밖에 없었습니다.

  그는 생애 마지막 4년 동안 사역을 하면서 가는 곳마다 재소자들을 위해 특별 탄원을 했으며 그로 인해 만족할 만한 성과들을 거두었습니다. 그는 이렇게 말했습니다.

  "재소자들이 모두 돌이킬 수 없는 범죄자들이라고 생각해서는 안됩니다. 많은 젊은이들이 순간의 분노를 참지 못해서, 아니면 술에 취한 상태에서 범죄를 저지르고 있습니다. 기록을 보면 재소자들의 반 정도가 25세 이하의 젊은이들입니다. 이러한 젊은이들이 더 타락하기 전에 우리가 복음의 메시지를 들고 이들에게 다가갈 수 있다면 이들은 이생에서의 구원과 영원한 구원을 얻게 될 것입니다(373).

제 6 장
무디의 정통 칼빈주의 신학 사상

무디는 언젠가 한 자유주의 설교자가 요나가 큰 물고기 뱃속에 들어갔었다는 성경의 내용은 신화라고 주장했습니다. 이에 대하여 기자들이 그의 견해를 인터뷰를 하였을 때, 그는 네 단어로 대답을 했습니다. 이 무디의 답변이 미국 전역에 전보를 통해서 전파되었습니다. "나는 요나 곁에 서겠습니다(I stand by Jonah)" 그는 성경이 견고하게 영감 된 하나님의 말씀이며 또 칼빈주의 열정을 성경의 가르침들을 설교했으며, 단순히 지적인 차이로 오는 다른 견해에 대하여 진리를 보는데 있어서 이해할 줄 아는 자이었습니다 (425).

그가 소천하던 해인 1899년에 스코틀랜드 교회의 이름으로 그를 해외 집회를 초청했지만 미국 내의 성경에 대한 반목과 성경적인 교회와 신앙의 위기에서 그는 미국 내에서 성경의 진리 운동과 전도와 교육과 청년 운동과 선교와 구제 사역을 그의 최후까지 매진했던 것입니다. 그가 스코틀랜드 집회에 대한 초청에 대한 거절하는 이유를 이렇게 말했습니다.

"저의 나라 미국은 현재 영적인 약속이 되어진 상태로 저는 볼 수가 없습니다. 한 편에서는 파괴적인 신학이, 또 다른 한 편에서는 극단적인 참지 못하는 배타적인 악한 영으로 인해서 미국 교회 공동체들이 분열하고 있습니다. 성경의 진리를 강조함으로써 오류들과 진리의 싸움을 하기보다는 사소한 일만 만들어 놓은 흠집내는 비그리스도인의 처사를 행하는 실정입니다. 이런 처사로 인해서 종종 교회들을 침체케 했으며 더욱 큰 잘못을 범하게 이끄는 결과를 가져왔습니다. 이런 상황으로 말미암아 성경 각 권의 권위에 대한 문제가 성경자체의 지식보다 훨씬 덜 중요하다는 입장이 팽배해지고 있습니다. 이사야 저자가 두 사람이냐 아니냐가 오히려 예언자 체보다 더 심각한 문제로 제기되는 것은 안타까운 일입니다. 이처럼 그는 철저하게 성경의 영감과 권위에 대한 전적인 확신과 신뢰를 견지했습니다(425).

그는 성경을 잡으시오, 그리고 연구하십시오. 성경비평은 신학자들에게 맡겨두고 말씀을 섭취하여 사역하러 나가도록 당부했습니다. 그는 온전한 그리스도인이 되는 것은 성경연구와 성경대로 사역하는 길로 보았습니다. 전에 없었던 성경은 공격을 받고 있습니다. 무신론자들은 성경을 배 밖으로 내던졌지만 성경은 언제나 살아 역사 하시는 말씀으로 헤엄쳐서 나옵니다. 성경의 교리들이나 구원의 약속들이나 사랑의 메시지는 처음 선포했던 그 때부터 지금까지 앞으로 영원히 동일하다는 성경적인 성경관을 가졌습니다 (426).

1. 성경 연구관

무디는 하나님의 사랑에 대해서 하나님의 말씀을 설교하는 것을 즐거워했습니다. 그리고 그는 이 일을 이 세상에서 최고의 일로 여겼습니다. 그럼으로 그는 성경에 대하여 친숙함을 강조하는 중요성을 늘 강조해왔습니다. 그는 이 놀라운 성경에 대한 끊임없는 연구를 하도록 전력을 다하여 촉구하였습니다(D. L. Moody., Pleasure and Profit in Bible Study, Chicago: The Moody Press, 1895, 5).

하나님의 말씀은 인간 영혼을 소생케 하신다는 확신을 갖았습니다. 그래서 그는 어떤 성도는 신앙집회에 참여하는 길이 영적인 역사를 이루는 것으로만 생각하여 집회에만 열심을 냅니다. 그러나 많은 집회에 참석한다고 할지라도 하나님의 말씀을 개인적으로 가까이 하지 않는다면, 집회에서 받은 영적인 감동은 3개 월 만에 식어버리고 말 것입니다. 성경을 사랑할수록 우리의 신앙이 더 견고해진다는 입장을 무디는 취했습니다. 그래서 그는 성경을 사랑하는 자들이 낙심되어 신앙을 저버리는 경우는 거의 없습니다. 하나님의 말씀을 가까이 하면, 그 말씀에 인해서 마지막에 큰 유익을 얻게 될 것입니다. 하나님의 말씀이 이 모든 유익한 결과를 낳게 하기 때문입니다. 시편 119편에서 다윗은 하나님께서 자신을 그의 말씀과 율법과 판단과 규례 대로 아홉 번이나 소생케 한다고 고백했습니다(7). 성경을 사랑하여 성경연구에 자각했다면 하나님의 도움을 간구하면 주께서 도와주십니다.

1. 말씀과 실행

무디는 말씀과 실행이 건전한 그리스도인을 만든다고 보았습니다. 말씀을 연구하면서도 전혀 행동하지 않는다면, 사람들로부터 위선적인 종교인으로 손가락질을 당하고 말 것입니다. 또 한편으로 행함은 있지만 하나님의 말씀이 없는 무지한 신앙생활을 하는 경우에는 각종 실수와 범죄하기가 쉽습니다. 그래서 그들은 선을 이루기보다는 해를 주는 신앙 생활로 전락하고 맙니다. 우리가 먼저 말씀을 연구하고 그대로 준행한다면 건전하고 또 유용한 그리스도인이 될 것입니다. 그는 성경의 학생이 되지 않는 사람이 열매맺는 그리스도인이 되는 것을 본 적이 없었다고 증언했습니다. 성경을 경시하면서 성령의 능력을 부어주시사 사역을 감당하겠다고 기도하는 자에게 하나님은 능력을 부어주시지 않습니다. 많은 기도회에서 기도하는 것도 중요한 일이지만 그 위에다가 성경을 읽고 또 성경연구나 강좌들이나 성경연구 반에서 하나님의 말씀을 굳게 부여잡아야 합니다. 무디는 기도를 할 때 하나님께 대화하는 것처럼 성경을 읽을 때도 하나님과의 대화를 한다는 것입니다. 실제로 기도자가 하나님께 말하여 기도하는 것보다 하나님께 성경을 통해서 말씀하는 것을 듣고 배우는 것이 더욱 중요하다는 입장이었습니다. 그는 성경을 잘 알게 되면 기도하는 것보다 더 나은 기도를 할 수 있다고 믿었습니다.

그리스도인들이 하나님의 말씀인 무기들을 사용하는 법을 잘 알지 못한다면 어떻게 좋은 군사가 되겠습니까? 성경을 바로 알지 못하는 초신자들이 어떻게 올바른 행실을 할 수 있겠습니까? 자신이 사용하는 무기에 대하여 의심하는 자가 어떻게 선한 역사를 이루겠습니까? 그러기에 행실이 없는 신앙은 구약의 가르침에 충실하지 않는 삶과 일치합니다(7-9).

초신자들이 하나님께 사용 받기를 원한다면, 그들은 하나님의 말씀으로 보양되어져야 합니다. 그들이 성경적인 인도함을 받은 체험을 다른 이들에게 간증할 때에 듣는 이로부터 큰 유익을 받을 수 있습니다. 성경에 부합되지 않은 체험들을 말한다면 얼마나 부끄럽고도 무익한 사사로운 이야기가 되고 말 것입니다. 그러기에 초신자들은 회심하고 난 후, 하나님의 말씀에 양육을 받아야 합니다. 우리가 자신에서 영혼의 양식이 생기는 것이 아니라, 하나님의 말씀에서 참된 근원을 이룹니다. 우리가 하나님의 말씀으로 양육되었다면 다른 사람들에게 얼마든지 유익된 영적인 교훈을 줄 수 있습니다. 우리는 늘 하나님의 은혜 아래서 성장함으로써 다른 사람들이 우리의 발걸음과 대화에 주목하게 될 것입니다. 어떤 초신자들은 영적으로 조금 자라다가 멈춥니다. 그 이유는 성경을 연구하지 않기 때문입니다. 이런 사람에게 충고할 것은 더 풍성한 영적인 성도들과의 교제를 하기 위해서는 믿음의 교제를 지켜 나가기 위해서도 성경을 읽으라는 것입니다. 초신자들은 자기보다 더 영적인 행실을 갖고 살아가는 무리들과의 교제를 추구해야 합니다. 그들로부터 얻는 영적인 유익의 기회를 놓쳐서는 안됩니다. 이제라도 조심스럽게 또 기도하면서 성경을 공부하시오. 다른 사람들에게 성경의 본문이 의미하는 바를 무엇인지 서로 나누면서 실천적인 진리의 삶에서 얻는 영적인 유익을 서로 나눌 수 있어야 합니다. 그럴 때 그리스도인들은 세상과 육신과 마귀에게서 이길 수 있는 능력을 입게 됩니다. 성경에 근거로 하는 성도의 삶은 언제든지 실족하지 않습니다. 우리는 무언가 새로운 것을 원합니다. 그래서 새로운 교리, 새로운 생각을 의존하며 하나님의 말씀에 대하여 싫어한다면 하나님과의 교제가 끊겨지고 말 것입니다(10).

성경은 모든 상황에도 안위함을 줍니다. 우리가 아무리 고통과 역경과 시험 중에라도 약속을 줍니다. 우리가 기쁘거나 슬프거나, 건강하나 병이 들었을지라도, 가난하고 또 부유할지라도 인생의 모든 삶의 조건 속에서도 하나님의 말씀은 모든 사람들의 약속이 됩니다. 어떤 상황과 조건이라도 하나님의 진리인 성경은 모든 인간의 양심에 경종을 울리는 진리입니다.

리차드 백스터(Richard Baxter)의 「성도의 영원한 안식(The Saints's Everlasting Rest)」에서 이렇게 술회하고 있습니다. 자신이 젊을 때는 기적들의 능력에 대하여 관심을 갖았으며, 성숙해져서는 예언의 성취에 대하여 크게 감동을 입었으며, 그의 말년에는 복음의 능력을 체험함으로 입는 자신의 성숙한 신앙에 대한 가장 깊은 만족을 느꼈습니다.

"여러분이 성급하다면, 조용히 앉아서 욥기를 읽어보시오. 여러분이 강해지려면 모세와 베드로가 등장하는 성경을 읽으십시오. 약해질 때, 엘리야를 쳐다보시오. 마음으로부터 찬송이 떠나거든 다윗의 시편에 경청하시오. 그대가 정치인이라면 다니엘서를 읽으시오. 흔들리고 있을 때, 이사야서를 읽으시오. 교만해지기 쉬울 때는 사랑하는 주의 제자가 나타나는 복음서를 찾으시오. 믿음이 떨어질 때, 바울 서신을 보시오. 게을러질 때, 야고보서를 보시오. 장래에 대하여 불확실할 때, 약속된 땅이 있는 요한계시록을 읽으시오.

하나님의 말씀을 연구하는 자에게 큰 평안이 임합니다. "주의 법을 사랑하는 자에게는 큰 평안이 있으니 저희에게 장애물이 없으리로다"(시119:165). 그러나 성경을 연구하지 않고 또 성경을 모르는 자는 조그마한 시험이 닥쳐와도 혹은 작은 핍박이 닥쳐와도 평안은 사라지고 고통하는 한숨만 내뱉습니다. 하나님의 평안은 이세상 사람에게서 얻을 수가 없습니다. 하나님의 평안은 누구도 줄 수 없으며 또 파괴할 수 없습니다. 우리는 하나님의 말씀을 통해서 그리스도가 주시는 평안을 얻습니다. 성경의 가르침을 받는 그리스도인 기도하며 성경으로 공급받는 영역으로 인해서 쉽게 시험받지 않습니다. 이런 사람은 영적으로 지속적으로 자라기에 사역을 감당할 수 있습니다. 성경을 읽지 않고 또 성경을 연구하지 않는 자는 시험이 다가오면 왜 이런 시련이 왔는지를 알지 못해서 우왕좌왕합니다.

진정한 고민은 주께서 우리에게 행하라는 것처럼 행하지 않는다는 것입니다. 만일 성경연구에 충실했더라면 세상에서 닥쳐오는 어떤 상황에도 굴하지 않았을 것입니다. 하나님께로부터 난 사람은 하나님이 없이 전혀 살 수 없습니다. 오늘날 영적으로 기아상태에 있는 수많은 사람들을 보게 되면 하루에 세 번의 식사를 하며 자신의 몸을 잘 돌보면서도 내적인 사람의 영적인 섭취를 게을리 한다는 것입니다.

"사람은 떡으로만 살 것이 아니라 하나님의 입에서 나오는 모든 말씀으로 살 것이니라."(마4:4).

성경은 인생의 여정에 있어서 인도하는 책이며 또 천국으로 가는 길을 가르치는 책입니다(11-4).

2. 성경 읽는 법

무디는 성경을 읽는 것만이 하나님이 원하는 것이 아닙니다. 성경을 되풀이 여러 성경을 내용을 연구하는 것입니다. 한 달 동안 함부로 성경을 읽기보다는 한 장을 한 달 동안 그 의미를 파악하면서 읽는 것이 더 유익하다고 보았습니다. 무디는 하루에도 많은 성경을 읽었는데 하루의 정한 성경의 분량을 읽지 않으면 영적 신앙이 식어진다고 생각하여 신앙이 퇴보한다고 생각했습니다. 그러나 무디는 성경의 본문을 분명하게 이해하면서 성경을 읽는 것을 바른 성경 읽기로 보았습니다. 그리고 그는 가정 예배 시나 혼자 있을 때 영적인 필요에 맞춰서 성경 구절을 찾아서 읽거나 더욱 관심을 가져오는 성경 구절을 읽도록 권했습니다.

그는 1892년 11월에 대서양 횡단하다가 스푸리호를 타고 가다가 풍랑을 만났을 때 그는 시편 107편을 통해서 영혼의 항구를 발견했습니다. 그는 개인적으로나 기도회나 설교할 때나 언제나 유익되게 성경 말씀을 이해하는데 유익한 질문을 던졌습니다.

① 지금 누구에 대하여 읽고 있습니까? 그 사람에게서 무엇을 배웠습니까?

② 지금 어떤 장소에 대하여 읽었습니까? 또 그 장소에서 일이 일어났습니까? 만일 지명이 기록되지 않았다면 그 곳이 어디인지

알 수가 있습니까? 지도를 보고 그 장소를 표시할 수 있겠습니까?

③ 지금 읽고 있는 곳은 이스라엘 역사 중 어떤 특별한 시대를 언급하고 있습니까? 성경에 나오는 인물은 특별히 어느 시기를 말하고 있습니까?

④ 지금 읽는 성경 구절을 암송할 수 있습니까?

⑤ 성경의 유사하거나 같은 의미를 주는 성경에서 다른 구절에서도 찾을 수가 있겠습니까?

⑥ 성경 가운데서 아버지 하나님과 예수 그리스도와 성령에 대하여 느끼면서 말씀을 읽습니까?

⑦ 자신의 문제나 자신의 죄악에 대하여나 영적인 새로운 변화를 위해서 읽고 있습니까?

⑧ 이 말씀을 연구하면서 자신의 영적인 유익을 위해서 교리, 책망, 바르게 함과 의로 교훈 함을 입고 있습니까?

⑨ 성경 안에 있는 말씀의 모형가운데서 복음의 사실로 확인하고 있습니까?

⑩ 성경의 내용이 무엇을 뜻하는 지 잘 이해하고 암송할 수 있습니까?(47-50).

무디는 성경을 읽는데 성경 연구에 주력하여 그 말씀의 이해와 해석을 통해서 영적인 유익과 삶의 원동력으로 삼고자 주력했습니다. 그는 성경 읽는 것으로 만족하지 않고 오히려 말씀의 붙잡혀 사는 말씀의 포로가 됨으로써 영적인 무장과 함께 복음의 증인으로서 복음 전도자의 사역을 매진하는데 나아가기를 바랬습니다.

2. 성경관

우리는 질문 없이 성경을 믿으라고만 요구하는 것은 아닙니다.

하나님의 영적인 진리를 의문 없이 사람이 받아들이는 것은 적합한 일이 아닙니다. 우리는 누구에서든지 우리 안에 있는 모든 소망에 답변할 줄 알아야 하며 또한 우리 자신이 하나님을 향하여 갖는 그 소망의 이유에 대하여 답변을 준비해야 합니다. 그리스도인들을 향한 은혜들은 언제나 성경이 교훈이나 책망이나 교육함으로만 받아들이는 것이 전부일 수는 없습니다(16). 성경이 참되다는 진정성에 대한 스스로에 대한 확신이 있기를 바랍니다. "내가 너희를 생각할 때마다 나의 하나님께 감사하며 간구할 때마다 너희 무리를 위하여 기쁨으로 항상 간구함은 첫날부터 이제까지 복음에서 너희가 교제함을 인함이라. 너희 속에 착한 일을 시작하신 이가 그리스도 예수의 날까지 이루실 줄을 우리가 확신하노라. 내가 너희 무리를 위하여 이와 같이 생각하는 것이 마땅하니 이는 너희가 내 마음에 있음이며 나의 매임과 복음을 변명함과 확정함에 너희가 다 나와 함께 은혜에 참예자가 됨이라."(빌1:2-7).

    이처럼 우리가 성경을 연구할 필요에 대하여 더 이상 변론할 일이 아닙니다. 병든 아이에게는 간호가 필요합니다. 우리 가운데 성경을 의심하는 경우도 있지만 성령의 도우심으로 성경의 말씀을 하나님의 선한 검으로 사용할 때, 얼마나 유익한 믿음의 약속이며 또 절대 진리인 삶의 원리와 법칙인 것을 고백하게 될 것입니다. 성경은 우리로 하여금 죄를 알게 해주며, 우리가 멸망할 존재이며 또 구원을 받을 존재인 것을 보여주십니다. 그래서 이 위대한 책의 목적은 하나님의 위대한 구원을 사람에게 말해줍니다.

    이 말씀을 통해서 상한 영들을 살리고 하나님의 형상 안에 우리를 재창조케 합니다! 이 중대한 성경에 대하여 무시하거나 혹은 그 내용의 가르침을 거부한다면 사망과 멸망에 이르는 위기에 처하게 됩니다. 성경은 우리가 다 이해할 수 있는 내용이 아니기 때문에 더욱 성경을 연구하는데 주력해야 합니다. 성경을 읽으면 읽을수록 하나님이 주시는 가장 확실한 증거들을 보여줍니다. 어떤 사람이 난해한 하나님의 말씀을 듣고서 무디에게 여쭸습니다. 그러나 그의 대답은 "저도 그 내용을 다 알 수 없습니다."고 답했습니다. "당신이 이 말씀을 이해도 못하고, 설명도 못한다면 어떻게 그 말씀대로 실행할 수 있겠습니까?"고 반문했습니다. 그러자, 무디는 그에게 이렇게 답변했습니다. "그렇다고 제가 그 말씀을 믿지 않는다고 생각하지 마십시오. 정말 저는 그 말씀을 믿습니다." 무디는 다 이해할 수 없지만 하나님의 말씀을 전적으로 믿었습니다(17-18). 그래서 그는 내가 설명할 수 없는 성경구절들이 있기에 성경을 내던지기보다는 오히려 그 하나님의 말씀을 사랑합니다. 파스칼이 말했습니다. "인간 지식은 질서 안에서 이해되어집니다. 이해하려고 하면 됩니다. 그러나 신령한 하나님을 아는 지식은 이해되어지도록 해야 할 지식입니다."

　　성경에 대한 태도가 여러 가지입니다. 어떤 부류의 신자들은 가장 현대적인 입장을 고수하는 자들은 이렇게 말합니다. "저도 성경을 믿지만 초자연적인 성경은 믿지 않습니다. 제가 믿는 성경이라도 제 자신의 이성으로 판단되는 경우에만 해당됩니다." 이 같은 신자들은 성경의 어떤 부분은 삭제하거나 혹은 제거해버리고 성경을 전적으로 믿지 않습니다. 참으로 안타까운 입장을 취하면서 성경을 대합니다(21). 성경은 하나님의 성경이 아닌 자신의 개인적인 성경으로 사적으로 책으로 만들어 놓습니다. 어떤 목회자는 4복음서 이외에는 절대로 설교를 하지도 않으면 다른 구약이나 신약의 서신 서들도 믿을 수 없다는 입장을 취했습니다. 얼마 후 그는 전체적인 성경을 포기하더니 곧 사역까지도 포기해버렸습니다. 그는 성경을 포기하더니 하나님까지도 포기하고 말았습니다(22).

1. 성경의 초자연성

인간에게 있어서 가장 어리석은 진술은 성경을 대하여 초자연성과 전혀 관련이 없다는 사람이며 또 초자연적인 것을 믿지 않는데 있습니다. 여러분이 성경의 초자연성을 내던져 버린다면 당신의 성경을 한 순간에 불태워버리고 마는 것입니다. 성경에서 초자연성을 뽑아 내버리는 것은 마치 성경에서 예수 그리스도를 배척하는 것과 다름이 없습니다. 결국 성경의 최고의 중요한 부분을 제거하고 마는 꼴입니다. 초자연적인 것을 가르치지 않는 것은 성경의 역할이 될 수 없습니다. 창세기에서 아브라함이 하나님과 대면하여 대화를 나누었던 것은 바로 초자연적인 사건입니다. 그런 역사가 창세기에 기록되지 않았다면 성경을 거짓으로 만들어 놓은 불행한 처사입니다. 출애굽기에 모세를 통해서 하나님께서 이스라엘 백성을 출애굽을 위해서 행하신 하나님이 애굽 백성에게 내린 10가지 재앙이 사실이 아니라면 성경 기자는 거짓말쟁이 일 것입니다. 레위기에 나오는 아론의 두 아들이 하나님의 불로 그들의 불순종으로 오는 정죄로써 불태워 죽었던 사선이 사실이 아니라면 성경전체를 내던지는 꼴이 되고 맙니다.

민수기에 나오는 이스라엘 백성이 하나님을 원망하다가 불 뱀에 물려서 광야에서 죽어가고 있었을 때, 하나님의 사람 모세를 통해서 하나님께서 구리 뱀을 만들게 하시고 그 뱀을 쳐다보는 사람만 죽음의 독과 위 경에서 살아나는 치료의 역사가 일어났습니다. 만일 이 사건이 초자연적인 하나님의 역사가 아니라고 한다면, 성경에 나오는 예수 그리스도의 초자연적인 사건이 4복음서에 나타난 역사를 부인하는 셈이 됩니다. 다니엘 선지자에게 500년 전에 가브리엘 천사가 나타나서 이미 그리스도 예수의 탄생을 예고했습니다.... 무디는 우리 그리스도 되신 하나님인 초자연적인 그리스도께 감사를 드리는 것은 이 성경책이야말로 초자연적인 책이며, 또한 하나님께 더욱 감사를 드리는 것은 이 성경을 읽는 자마다 구원의 자유를 모든 자에게 허락하시기 때문입니다. 어떤 사람은 성경의 초자연성을 믿는 것을 한 마디로 상상력에 불과하다고 일소에 붙이고 또 비난까지 합니다. 그렇다면 우리가 믿는 성경의 초자연성은 영광스러운 상상력이 아니겠습니까? 그는 사도 바울처럼 그리스도에게 미치듯이 모든 그리스도인이 성경에 나타난 그리스도만이 아니라 성경에도 모든 그리스도인들이 미치기를 진심으로 바라는 입장이었습니다(23-5).

2. 성경의 영감설

바울은 이렇게 확증했습니다. "모든 성경은 하나님의 감동으로 된 것으로 교훈과 책망과 바르게 함과 의로 교육하기에 유익하니"(딤후3:16). 그런데 어떤 이들은 무디에게 물었습니다. "모든 성경이 하나님의 감동으로 된 것으로 믿고 계십니까?" 그 때마다 저는 모든 말씀에 영감 되었다고 믿습니다. 그러나 저는 성경에서 말하는 모든 행동들과 사건들이 영감 되었다고 믿는 것은 아닙니다. 예를 들면, 마귀가 거짓말을 할 때 거짓말을 하거나 아합 왕이 하나님을 거역하는 일들이 영감이 될 수 없습니다. 그러나 이 사건을 기록하는 성경기자를 통해서 영감 되었기에 모든 성경의 기록이 영감 되었기에 우리 모두에게 유익을 줍니다. 영감은 많은 사건들에 영감되지 않은 경우도 있었지만, 많은 경우에는 언어적인 면에서 영감되어진 예들이 더욱 허다합니다. 베드로는 그리스도의 고난을 통해서 주시는 구원에 대하여 우리에게 말씀해주고 있습니다.

"믿음의 결국은 곧 영혼의 구원을 받음이라. 이 구원에 대해서는 너희에게 임할 은혜를 예언하던 선지자들이 연구하고 부지런히 살펴서 자기 속에 계신 그리스도의 영이 그 받으실 고난과 후에 얻으실 영광을 미리 증거하여, 어느 시, 어떠한 때를 지시하는지 상고

하느니라. 이 섬김 바가 자기를 위한 것이 아니요. 너희를 위한 것임이 계시로 알게 되었으니 이것은 하늘로부터 보내신 성령을 힘입어 복음을 전하는 자들로 이제 너희에게 고한 것이요. 천사들도 살펴보기를 원하는 것이니라."(벧전1:9-12).

이처럼 선지자들도 성령의 영감 가운데서 증거된 말씀에 대한 연구에 대하여 증거하고 있습니다. 어떤 사람은 초신자에게 말했습니다.

"성경이 영감된 사실을 어떻게 확증할 수 있습니까?" 무디는 가장 적절한 좋은 증거로써 이렇게 제안했습니다. 하나님의 말씀을 여러분의 영혼에게 이끌어 보십시오. 하나님의 말씀이 우리인간이 할 수 없는 것을 여러분을 영감을 불어넣고 있음을 잘 보여주고 있습니다(25-6).

3. 타락성

무디는 사람을 죄악 투성이요 죄인이라고 이해하였습니다. 이 같은 인간의 상태는 아담까지 소급할 수 있습니다. 아담으로부터 물려받은 본성과 이 본성에서 나온 행위로 인하여 인간들은 예외 없이 모두 죄의 특성을 갖고 있습니다. 그러므로 온 인류는 다 구원과 중생을 필요하게 됩니다. 다른 때에 무디는 온 인류가 사탄의 권세 밑에 있다고 말했으며, 그리고 또 다른 때는 온 인류가 눈먼 상태로 결박되어 있는 포로들이라고 말했습니다.

"우리들은 사탄의 권세 밑에서 출생하였습니다. 나의 어머니는 나를 죄악 중에 잉태하였으며, 본성적으로 사람은 하나님으로부터 멀리 떨어진 사태에서 출생하였습니다. 우리들의 타고난 마음은 지옥과 같이 검고 거짓되며 어린이들은 선하게 출생되지 않습니다.

사람들은 타고난 선에 대하여 말하고 있으나 나는 그것을 발견할 수가 없습니다."

이 세상에 최초로 태어난 사람은 살인자가 되었는데 그는 그의 형제의 살해자가 되었고 모든 시대를 통하여 사람들은 하나님과 인간자신에 대한 죄를 쌓아 왔습니다. 사람이 완전히 타락했다는 것을 증명하기 위하여 성경을 인용할 필요가 없으며, 모든 시대의 모든 경험이 그것을 입증하였습니다. 인간 속에는 선한 것이 없습니다.

인류의 죄악성에 관한 사상을 설명함에 있어서, 그는 부모에게 감사할 줄 모르는 것, 술 취함, 서적으로 부도덕한 행위, 극장에 가는 것, 세속적 오락, 안식일을 범하는 일과 같은 죄의 행동을 말하고 있습니다. 그러나 그러한 행위들은 타락한 본성의 불가피한 표현입니다. 무디는 보통 이것을 아담의 본성이라고 불렀고 때로 그는 이렇게 말하기까지 하였습니다.

"만일 당신이 실제로 죄를 범하지 않았을지라도 그리스도를 무시하고 하나님의 선물인 구원을 등안시한다면, 당신은 멸망할 수밖에 없습니다."

그러나 이것이 그가 강조하는 것은 아니었으며, 다른 때에 마치 죄를 범하지 않은 사람은 구세주가 필요 없는 것처럼 들리는 말을 한 적이 있습니다.

인간이 타락으로 말미암아 파멸되었다는 것을 선포하는 무디의 요점은 인간은 하나님만이 줄 수 있는 구원을 필요로 하고 있다는 것입니다. 그는 아담으로부터 물려받은 본성을 변화시킬 수 없으며 또한 그 본성 전체와 그 핵심은 부패하였으나, 그의 행위는 그 본성에서 예언할 수 있는 표현입니다. 따라서 인간은 부패의 문제뿐만 아니라 정죄의 문제를 갖고 있으며, 부패와 정죄의 똑같은 주제는 그의 문헌 전체에 널리 퍼져있습니다. 율법의 목적은 인간에게 인간의 실패를 보여주는 것이며 인간은 율법에 의하여 정죄를 받고 "율법은 율법에 의하여 구원받도록 주어진 것이 아니며 이것은 인간에게 상실되고 파멸된 조건을 보여주기 위하여 주어졌으며, 이것은 그들의 열매에 의해 평가하기 위해서 주어졌습니다.

하나님께서는 인간을 구원하시기 전에 먼저 그의 입을 막으십니다." 인간의 본성이 부패하였으므로 인간은 성령에 의한 중생이 필요하고 또 하나님의 율법에 의하여 인간이 정죄함을 받았으므로 피에 의한 구원을 필요로 하게되었습니다. 무디는 이 주제를 대속의 구원이란 용어로 표현하였습니다. 타락에 의한 인간의 파멸을 선포하는 그의 목적은 청중으로 하여금 구원과 중생의 필요를 깨닫게 만드는 것이었으므로 그는 일관성 있는 체계를 수립하고자 하지는 않았습니다. 다만 죄의 문제가 부흥사로서의 그의 일을 반영하고 있을 때에만 죄의 교리와 관련된 문제들을 논의하였습니다. 무디는 또한 "하나님께서 죄가 세상에 들어오는 것을 허락했기 때문에 불평하는" 사람들을 언급했으며 그는 죄 자체의 근원의 문제에 대하여 해답을 갖고 있지 않았습니다. 그저 그것은 큰 신뢰라고 말할 수 있을 뿐이었습니다. 그러나 전형적인 그의 선포의 신학은 그로 하여금 죄의 기원의 신비로부터 구원의 신비로 주의력을 향하게 하였습니다. "어떻게 하나님께서 친히 죄의 정면에 맞서게 되었는가는 보다 큰 시비였습니다." 이 신조는 스코틀랜드의 앤드류 보나르로부터 취한 것입니다.

4. 구속론

무디는 성경 자체는 구원의 길의 원천으로 보았습니다. 구약성경에 나오는 동물을 희생시키는 일은 피 흘림을 내포하고 있었습니다. 그는 이 희생들을 그리스도의 죽음의 예 표로 보았습니다. 그래서 그는 "피"는 그리스도의 죽음과 구원의 유익을 가리키는 암호의 구실을 합니다. 신약 성경은 구원의 능력을 피에 돌리고 있습니다. 이 구원의 능력은 칭의(롬5:9), 구속(엡1:7;벧전1:18-9), 죄 사함(히9:22), 그리고 씻음(요일1:7,9;계7:14)을 내포하고 있습니다.Stanley N. Gundry, 무디의 생애와 신학, 131).

그는 "선악과를 먹지 말라"는 아담에게 주어졌던 금지 조항(창2:17)을 인용하는 것으로 그 설교를 시작했습니다. 이것은 구약 성경에 나오는 피에 관한 그의 논의의 기초를 제공해 주고 있으므로 의의가 있는 것입니다. "형벌이 없는 율법은 있을 수 없습니다." 그러므로 죽음의 형벌은 아담의 불순종으로부터 초래한 것이며, 하나님께서 아담과 하와를 낙원으로부터 추방하기 전에 가죽옷을 만들어 입혀 주었으므로 하나님께서 맨 처음에 하신 일은 아담을 은혜로 다루신 일이었습니다. 하나님께서 지배적으로 취급하신 (범해진 율법의 형벌) 동안 그는 또한 은혜로(가죽 옷)다루셨습니다. 그는 다음과 같이 말했습니다. 여기서 우리들의 대속의 교리인 불의한 자를 위한 의인의 대속이 창세기에 예표되어 있는 속죄와 대속의 위대한 교리를 처음으로 볼 수 있습니다.

무디는 얼마 안 가서 다시 이 원리가 예시된 것을 발견하였습니다. 이번에는 가인과 아벨이 하나님께 가져온 희생에서 그 본보기를 볼 수 있습니다(창4). 가인의 제물은 피 없는 제물이었기 때문에 하나님께서 받아들이지 않았습니다. "피를 완전히 무시한" 가인과 같이 자기 자신의 방식대로 자기 자신의 선과 의를 갖고 교회에 나오는 사람들이 당시에 있었다는 것을 무디는 덧붙여서 말했습니다. 그러나 아벨이 피의 제물을 갖고 하나님께 나왔을 때에 하나님께서 그것을 받아들였습니다. 노아도 같은 제물을 갖고 방주로부터 나왔습니다(창8). 그리고 "그와 그의 죄 사이에 피를 두었습니다."

이와 마찬가지로 모리아 산에서 아브라함의 아들 이삭을 위한 대속의 희생도 이 원리를 나타내 주었으며, 아브라함의 믿음은 하나님의 명령에 응답하여 하나님을 기쁘시게 하였습니다. 그러므로 하나님께서는 "시간의 커튼을 들어올려 아브라함으로 하여금 미래를 통하여 하나님의 아들이 세상 죄를 짊어지게 될 것을 보게 하셨습니다." "갈보리" 위에서는 인자를 구하라는 음성이 들리지 않았습니다. 아브라함은 그의 독자인 이삭을 살리라는 하나님의 음성을 들었습니다. 무디는 창세기로부터 모든 족장들은 피의 속죄를 통하여 하늘 나라로 갔다고 결론을 내렸습니다. 이 시점에서 그는 출애굽기 12장에서는 유월절의 제도로 껑충 뛰었습니다. 그는 이 장이 "하나님의 말씀가운데서 가장 중요한 장"이라는 것을 확인하고 이것을 갈보리의 또 다른 하나의 예표로 해석하였습니다. 집의 안전을 위하여 앞문에 어린양의 피를 발라야만 했으며, 집안에서 자연스러운 출생만으로는 충분하지 않았습니다.

무디는 설교 속에서 그가 이해하고 있는 대로 피의 의에 대하여 자세히 설명하기 시작했습니다. "죽은 이외에 무엇이든지 설교하라. 그리스도의 생애를 설교하라. 당신은 그것을 설교할 수 있습니다. 그러나 영혼을 구원할 수는 없습니다. 우리들은 그리스도의 동정심에 대한 그의 생애를 설교하는 것이 아니라 그의 죽음을 설교한다"라고 말하는 사람들에 대하여 그는 언급하였습니다(140-1). 다음에 그는 출애굽기와 레위기에 기술되어 있는 대로 아론의 제사장직과 희생의 기능에 대하여 언급하였습니다. 그리고 하나님과 죄인을 화해시킬 수 있는 유일한 길인 대속을 내포하고 있는 속죄를 강조하였으며 그는 하나님께서 피의 속죄를 요구하시는 이유를 신비스러운 것으로 반대하거나 피를 요구하는 하나님을 혐오하는 사람들에게 설명하였습니다(141).

마지막으로 무디는 1875년 런던에서 그의 신조로 불려졌던 이

사야 53장에 대하여 언급하였습니다. 그는 이 장을 그리스도의 고난을 예언한 것으로 이해하였습니다. 이 예언은 "우리들을 살리기 위하여, 당신과 나를 위하여 그가 실제로 죽어 대속물"이 되기 700년 전에 있었던 것입니다. 이 교리에는 영생에 대한 그의 유일한 소망이었으며, "성경에서 대속의 교리를 빼버리면 나는 오늘밤에 그 성경책을 집에 갖고 가지 않을 것입니다." 피에 관한 무디의 설교의 제1부는 이렇게 끝났습니다. 성만찬 제정에 대한 말씀(마26:28)을 인용하고 나서 그는 이렇게 주장했습니다. 만일 그리스도와 사도들이 그것을 가르치지 않았고 또 만일 그리스도께서 그것을 설교하지 않았다면, 내가 그동안 줄곧 성경을 읽어온 것은 잘못된 것입니다. 나는 성경에 대한 열쇠를 갖고 있지 못하며 그것은 나에게 인봉된 책입니다. 그리고 만일 내가 그것을 설교하지 않았다면, 만일 내가 그것을, 포기한다면, 나에게는 설교할 것이 아무 것도 남지 않게 될 것입니다....책의 전체 가르침은 하나의 이야기에 관한 것이며, 이것은 그리스도께서 우리들의 죄를 위하여 이 세상에 들어와 죽으셨기 때문에 만일 사람이 이 피의 교리를 버린다면 그 종교는 가짜가 될 것이라고 나는 당신에게 말할 것입니다.

그 다음 무디는 피에 대한 언급을 내포하고 있는 신약 성경의 몇 구절을 언급하고 나서 다시 인간의 구원을 위하여 피 흘리는 것이 필요한 이유를 제시하였습니다. "율법이 범해졌고 죽음의 형벌이 우리에게 임하게 되었으며, 우리들을 구원하기 위해서는 생명이 요구됩니다.

그리스도는 그의 피에 대가로 나를 샀다. 나는 이미 나의 것이 아니니 그가 나를 속량했습니다. 그리스도의 죽음의 결과로 하나님의 인류에 대하여 진노하시지 않는다는 사실을 나타내기 위하여 무디가 "만족"이라는 말을 사용하는 것은 모순되지 않습니다. 그는 만족하고 있기 때문에 화해합니다. 이렇게 속죄는 하나님과 인간을 화해시킵니다. 이 시점까지 기술한 바와 같이 그의 속죄론을 기술하고 있는 중요한 단어들은 형벌, 대속, 만족입니다. 이것에 "사랑"이 첨가되어야 합니다(143-4).

그는 2부로 구성된 피에 관한 설교를 끝내면서 하나님께서 그의 아들을 보내어 피 흘리게 한 사랑을 인용하였습니다. 비록 하나님의 거룩함과 공의는 범해진 율법에 대하여 형벌 할 것을 요구하고 있으나 사랑만이 "우리들에게 그리스도를 주셨습니다." 참으로 "만일 당신이 하나님께서 당신을 얼마나 사랑하고 계신가를 알기 원한다면, 당신은 갈보리로 가서 그것을 발견하지 않으면 안 됩니다." 피를 설교하는 것은 하나님의 선하심을 설교하는 것이며, 은혜를 떠나서는 갈보리를 이해할 수 없습니다.

1863년에 첫 자녀가 출생한 후 무디의 마음속에 싹트고 있던 확신이 무어하우스와의 만남으로 더욱 굳어졌습니다. 아들을 갈보리로 보내어 인간 대신에 죽게 하여 율법의 형벌의 요구를 충족시킨 것은 하나님의 사랑이었습니다. 이것은 하나님의 사랑에 관한 최고의 표현이며 피에 의한 구원에 나타난 이 사랑은 그의 메시지의 지배적인 주제였습니다. 속죄의 형벌설에 더 가깝다는 것을 분명히 알 수 있습니다. 범해진 율법, 그 결과로서의 형벌, 하나님의 진노, 빛, 대속, 속죄의 주제들은 이 이해를 암시하고 있습니다. 또한 하나님의 사랑에 대한 무디의 강조가 표현적으로는 도덕적 감화설을 지지하고 있다는 것을 암시할지도 모릅니다. 그러나 보다 면밀하게 검토해 보면 십자가상에서 계시된 하나님의 사랑은 본질적으로 형벌설을 전제하고 있다는 것을 그가 깊이 이해하고 있었음을 알 수 있었습니다(148-9). 이 결론을 그가 조직 신학자의 형식으로 이론을 만들어 냈다는 것을 암시하는 것으로 받아들여서는 안됩니다.

런던의 칼빈주의적 설교자이었던 스펄젼은 선택에 대한 무디의 견해에 대하여 이견이 있었지만 그의 부흥을 지지했습니다. 그는 "무디와 생키를 변호함 또는 믿음에 의한 칭의의 교리를 옹호함"이라는 제목 설교를 했습니다. 그는 그리스도의 대속에 있어서 그의 완성된 사역에 기초한 교리였다고 변호했습니다(150). 칼빈주의자들은 그의 속죄에 관한 설교를 비판하지 않았지만 유니테리안 교도들이나 보편주의자들에 대하여 강력하게 비판했습니다.

5. 회개관

참 회개로부터 나오는 다섯 가지 결과를 죄책(Conviction), 통회(Contrition), 자복(Confession), 회개(Conversion), 예수 그리스도에 대한 신앙고백(Confession of Jesus Christ)입니다.

1. 죄책

사람이 자신의 죄를 깨닫지 못할 때, 그가 진정으로 회개하지 않았다는 매우 명확한 표가 됩니다. 자기의 죄가 그다지 중하지 않은 것이라고 생각하는 사람들은 조만간 옛 생활로 다시 빠져 버린다는 것은 경험으로 알 수 있습니다. 죄에 대한 깨달음으로 인해서 두 무릎을 꿇어 완전히 겸손해질 때까지 예수 그리스도를 발견할 수 없습니다. 죄를 깨닫게 하는 세 가지가 있습니다. 세 가지는 양심, 하나님의 말씀, 성령이 있습니다(디 엘 무디, 승리하는 삶, 차동재 역, 서울: 생명의 말씀사, 2000, 51).

2. 양심

"인간의 내면에 거룩하게 이식된 하나의 기능으로, 옳은 일을 해야 한다고 말해 주는 것"입니다. 어떤 사람은 그것이 아담과 하와가 금지된 열매를 먹고 눈이 밝아져 "선과 악을 알게" 되었을 때, 생겨났다고 말합니다. 양심은 그 스스로 옳거나 그렇다고 판단하는 대로, 우리의 생각과 말과 행동들에 대해, 그리고 찬성하거나 비난하는 일에 대해 판단을 내립니다. 사람은 스스로를 정 죄 하지 않고는 양심을 위반할 수 없습니다. 즉 양심에 위반하여 어떤 행동을 할 때에는 반드시 스스로를 정죄하는 것입니다. 그러나 양심은 안전한 안내자가 못됩니다. 양심은 우리의 타락한 본성의 영향을 받으므로 하나님에 의해서 조명될 필요가 있습니다.

3. 하나님의 말씀

적당한 하나님의 경륜가운데 양심은 하나님의 율법에 위해 대체가 되었습니다. 그 하나님의 율법도 그리스도의 오심으로 그리스도 안에서 완성되었습니다. 성경은 죄에 대하여 옳고 그른 것이 무엇인지를 잘 알려 줍니다. 우리가 할 일은 성령의 인도 아래서 성경의 가르침을 배우고 적용하는 것입니다. 양심과 성경의 차이는 희미한 불빛과 하늘에 빛나는 태양의 차이만큼 큽니다.

4. 성령

진리가 오순절에 유대인들로 하여금 자신들의 죄를 깨닫게 하는 것을 보여줍니다(행전2:36). 또한 성령께서 죄를 깨닫게 합니다. 성령께서 그 죄를 깨닫게 하는 것이 곧 그리스도에 대한 불신의 죄입니다. 성령이 임할 때, 하나님에 대한 경외심을 느끼게 하며, 바로 그 시간에 죄를 깨닫고 회심하였습니다(55).

5. 통회

이는 우리의 마음으로부터 뉘우침입니다. 이것은 죄로 인한 깊고 경건한 슬픔과 마음의 굴욕감입니다. 만일 진정한 뉘우침이 없다면 그 사람은 옛 죄로 곧바로 되돌아갈 것입니다. 바로 이것이 많은 그리스도인들의 고민입니다. 많은 사람들은 자신의 죄로 인해서 괴로워하지만 그들은 상하지 않은 마음으로 회개하는 것에 지나지 않습니다. 하나님이 원하시는 것은 죄에 대한 뉘우침입니다. 만일 죄를 뉘우치지 않는다면 완전한 회개는 없습니다. "여호와는 마음이 상한 자에게 가까이하시고 중심에 통회하는 자를 구원 하시는도다."(시34:18).

6. 자복

우리가 하나님 앞에 통회하는 자라면 죄를 자복하게 될 것입니다. 우리가 죄를 숨기고 감추려고 애를 씁니다. 누군가는 이렇게 말했습니다. "영혼으로부터 자백하지 않은 죄는 육체 속에 박혀있는 총알과 같습니다." 우리가 만일 하나님 앞에 교만하여 통회하며 또 자 복 하지 않는다면, 하나님의 자비도, 기도에 대한 응답도 기대할 필요가 없습니다. 죄를 자복하는 방법으로 세 가지가 있습니다. 첫째, 모든 죄는 하나님께 대한 것이며 반드시 그에게 자복해야 합니다. 이 세상에 있는 그 누구에게도 자백할 필요가 없는 죄들도 있습니다. "내가 주께만 범죄하여 주의 목전에 악을 행하였사오니"(시51:4; 눅15:18).

둘째, 만일 내가 어떤 사람에게 잘못을 행하였다면, 그리고 그도 내가 잘못 행한 것을 안다면, 나도 그 죄를 하나님께만이 아니라 그 사람에게도 자복하고 또 자백해야 합니다. "그러므로 예물을 제단에 드리다가 거기서 네 형제에게 원망들을 만한 일이 있는 줄 생각나거든 예물을 제단 앞에 두고 먼저 가서 형제와 화목하고 그 후에 와서 예물을 드리라."(마5:23-4). 이것이 성경적인 방식입니다. 셋째, 공개적으로 자백되어야 할 또 다른 부류의 죄가 있습니다. 자신이 신성 모독자, 술주정뱅이, 또는 변절자라고 안다면, 자신이 범죄 한 사실을 대중적으로 자복하고 또 자백해야 합니다. 그 자백은 그 범죄만큼이나 대중적으로 행해야 합니다. 진정한 자복은 비방을 들었던 모든 사람들이 들을 수 있도록 공개적으로 행해져야 합니다 (57).

"만일 우리가 우리 죄를 자백하면 저는 미쁘시고 의로우사 우리 죄를 사하시며 모든 불의에서 우리를 깨끗케 하실 것이요."(요일 1:9).

7. 회개

무디는 회개를 '마음의 변화', '방향전환', '돌아서서 하나님께로 향하는 것'으로 보았습니다. 그는 회개를 신앙의 소극적인 면 또는 좀더 정확하게 본다면 회심의 면을 연계시켰습니다.

죄에 대한 자복은 진정한 회개를 가져옵니다. 또 진정한 회개는 이 세 가지 단계가 따라야 합니다. 진정한 회개는 하나님께로 의 전환이요, 세상에 대한 혐오입니다. 참으로 통회할 때 우리 마음은 죄로 인하여 고통을 느낍니다. 진정한 회개는 마음으로부터 죄로부터 떨어집니다. 그리고 우리의 옛 생활을 떠납니다. 흑암의 나라에서 빛의 나라로 옮겨갑니다. 우리의 자복이 이 회개를 수반하지 않는다면, 그것은 별로 가치가 없습니다. 어떤 사람이 계속해서 범죄하는 삶을 산다면 진정한 회개로 볼 수 없습니다. 기도와 자복이 반복하는 범죄 가운데 진정한 회개의 열매가 없습니다. 우리는 하나님의 부르심에 주의를 기울입시다! 그리고 우리의 옛 사악한 행실을 버립시다. 우리가 언제든지 하나님께로 돌아가시면 그가 널리 용서해주십니다(59). 무디는 회개하는데 긴 시간을 필요로 하지 않고 즉각적인 구원에 이르는 회개를 촉구했습니다.

8. 신앙고백

진정한 회개는 다음 단계로 공개적으로 그리스도께 대하여 신앙을 고백합니다.

"네가 만일 네 입으로 예수를 주로 시인하며 또 하나님께서 그를 죽은 자가 운 데서 살리신 것을 네 마음에 믿으면 구원을 얻으리니 사람이 믿어 의에 이르고 입으로 시인하여 구원에 이르니라."(롬 10:9-10).

그리스도에 대한 신앙고백은 참된 회개 역사의 절정입니다. 우리는 이 신앙고백을 세상에 대하여, 그리스도인들에게서, 혹은 우리 자신에게 고백할 의무가 있습니다. 그리스도께서 우리를 구속하기 위하여 죽으셨습니다. 그리스도의 복음을 결코 부끄러워하지 마십시오. 그것은 구원으로 이끄는 하나님의 능력입니다. 그러기에 우리는 그리스도의 복음 안에서 그리스도에 대한 신앙고백이 있어야 합니다(60). 이것이 진정한 회개의 목표입니다.

6. 구원관

무디는 구원은 우리가 호흡하는 공기처럼 완전 무료로 주시는 하나님의 선물입니다. 구원은 다른 선물을 받을 때처럼, 돈 없이 값 없이 받아 소유하면 되는 것입니다. 거기에는 어떤 다른 조건이 없습니다. "일을 아니할지라도 믿는 자에게는" 구원을 선물로 줍니다. 사도 요한은 예수 그리스도의 믿음을 통해서 구원을 얻게 합니다. "오직 이것을 기록함은 너희로 예수께서 하나님의 아들 그리스도이심을 믿게 하려함이요. 또 너희로 믿고 그 이름을 힘입어 생명을 얻게 하려 함이니라."(요 20:31).

이 예수 그리스도의 생명은 믿음을 통해서 영생을 얻게 합니다. "내가 하나님의 아들의 이름을 믿는 너희에게 이것을 쓴 것은 너희로 하여금 너희에게 영생이 있음을 알게 하려함이요."(요일5:13).

요한 일서 3장에서 구원의 길을 다섯 가지로 주께서 인도하십니다.

첫째, "그가 우리 죄를 없이 하려고 나타내신 바 된 것을 너희가 '아나니' 그에게는 죄가 없느니라."(5절).

둘째, 이로써 우리가 진리에 속한 줄을 '알고' 또 우리 마음을 주 앞에서 굳세게 하리로다."(19절).

셋째, "우리가 형제를 사랑함으로 사망에서 옮겨 생명으로 들어간 줄을 '알거니와' 사랑하지 아니하는 자는 사망에 거하느니라."(14절).

넷째, "그의 계명들을 지키는 자는 주안에 거하고 주는 저 안에 거하시나니 우리에게 주신 성령으로 말미암아 그가 우리 안에 거하시는 줄을 우리가 아느니라."(24절).

우리가 그리스도의 영을 입게 된다면 자신이 온순하고, 점잖고, 너그럽고, 평안과 기쁨이 찾아옴으로써 그리스도처럼 어떤 고난이 닥쳐와도 온유한 심령으로 인내와 견인을 갖게 합니다.

다섯째, "사랑하는 자들아, 지금은 우리가 하나님의 자녀라 장래에 어떻게 될 것은 아직 나타나지 아니하였으나 그가 나타내심이 되면 우리가 그와 같은 줄을 '아는 것은' 은 그의 계신 그대로 볼 것을 인함이니"(2절)(디 엘 무디, 무디 설교집, 김충남 편집, 서울: 백합출판사, 1973, 234).

하나님의 자녀가 된 것을 무엇으로 알 수 있습니다. "너희가 믿음이 있는가 너희 자신을 시험하고 너희 자신을 확증하라. 예수 그리스도께서 너희 안에 계신 줄을 너희가 스스로 알지 못하느냐? 그렇지 않으면 너희가 버리 운자니라."(고후13:5).

무디는 믿음과 성령의 열매와 그리스도의 삶을 본받는 삶으로서 증거 했습니다. 무디는 거듭났을지라도 온전한 신자로서 다 자랄 때까지는 시간이 필요하다고 보았습니다. 의롭다 함을 받은 것은 순간적이나 성화는 일생의 과정입니다. 그렇지만 성도는 신령한 지혜로 자라가야 합니다.

"오직 우리 주 곧 구주 예수 그리스도의 은혜와 저를 아는 지식에서 자라가라"(벧후3:18).

이로 인해서 그리스도의 열매를 맺는 삶을 증거합니다. 우리가 받는 확실한 구원은 우리 모든 믿는 자의 특권입니다. "내가 진실로 진실로 너희에게 이르노니 내 말을 듣고 또 나 보내신을 믿는 자는 영생을 얻었고 심판에 이르지 아니하나니 사망에서 생명으로 옮겼느니라."(요5:24).

또한 주께서 우리의 범죄를 위해서 죽으시고 또 부활했습니다. "예수는 우리가 범죄 함을 위하여 내어줌이 되고 또한 우리를 의롭다 하심을 위하여 살아나셨느니라."(롬4:25). 무디는 구원관에서 예수 그리스도로 말미암아 주시는 대속의 은혜로 받는 용서의 사랑을 입어 의롭게 되는 새로운 하나님의 자녀이며 또 하나님의 백성으로서 영생으로 들어가는 삶으로 보았습니다. 이는 천국 백성으로서 복음에 합당한 삶을 통해서 하나님의 영광을 들어내는 삶을 보여주고 있습니다.

7. 신앙관

무디가 보는 신앙의 개념을 이해하려는 근본적인 전제는 십자가상에서 그리스도께서 완성한 사업과 사람의 마음속에 있는 성령에 의한 중생의 역사에 관한 그의 견해입니다. 이 두 가지는 타락한 인간들이 필요로 하는 하나님의 구원의 선물로 보았으며 또 하나님께서 주신 구원의 길을 나타내 주고 있습니다. 신앙이란 본질적으로 하나님과 그의 예비하심을 신뢰하는 것입니다.

신앙이란 하나님이 주시는 선물을 받아들이는 손입니다. 받아들이는 신앙에는 세 가지 요소인 지식, 동의, 붙잡는 것이 있는데, 구원하는 신앙은 하나님을 바라보고 그대로 받아들이는 것입니다. 신앙은 손을 내밀어 축복을 받아들이는 손으로 무디는 보았습니다. 그는 신앙의 궁극적인 대상은 하나님 자신이었습니다. 그는 신뢰의 궁극적인 대상이 교회들, 신조들, 교리들, 교역자들, 성례전이 아니기 때문입니다. 무디가 보는 궁극적인 신앙은 '인간의 어떤 제도'를 믿는 것이 아니라 하나님을 믿는 것입니다. 그는 단순한 지적 신앙은 죽은 신앙으로 간주하였습니다. 그는 신앙이 단순히 신조를 믿는 것이 아니라 인격을 믿는 것입니다. 그는 신앙이 하나님의 말씀을 통해서 온다고 믿었습니다. 그는 하나님의 말씀을 읽는 일은 신앙의 지적 내용을 제공해주며 이것은 신조 또는 교리로 형성합니다. 무디는 신앙은 단순한 신조 또는 교리가 아닙니다. 교리가 제자리에 있을 때만 옳은 것입니다. 그러나 우리가 교리를 신앙이나 구원의 자리에 둔다면 죄가 됩니다... 신조는 길 또는 거리입니다. 신조가 그리스도께로 인도하는 범주 안에서 매우 유익합니다. 그러나 그리스도께로 인도하지 않는다면 그것은 무가치합니다. "아들이 있는 사람에게는 생명이 있다." 신앙은 인격을 믿습니다. 그리고 그 인격은 예수 그리스도입니다. 신앙이란 예수 그리스도에 관한 신조가 아니라 예수 그리스도 바로 그 분을 믿는 것입니다. 무디는 영적인 감성을 무시하지 않지만 오히려 하나님의 말씀에 근거하는 삶을 추구했습니다(Stanley N. Gundry, 170-1).

8. 성령의 중생관

비록 항상 중생이란 이름으로 불려지고 있지는 않으나 무디의 설교에서 중생은 속죄와 적어도 동등하게 강조됩니다. 같은 뜻의 명칭은 개종, 신생, 중생, 성령으로 나는 것, 위로부터 나는 것, 등이며 사람의 죄를 깨닫게 만드는 일뿐만 아니라 중생의 사건 속에서 새로 태어나게 함으로써 새로운 본성을 사람들에게 주는 것은 성령의 능력입니다. 타락한 인류는 부패할 뿐만 아니라 영적으로 죽어 있기 때문에 중생이 반드시 필요합니다(Stanley N. Gundry, 무디의 생애와 신학, 이희숙 역, 서울: 생명의 말씀사, 155).

생명은 하나님으로부터 온 것이 틀림없으며, 직접적으로 중생에 관한 것이 아닐지라도 그의 설교속에 이 주제가 은근히 끊임없이 들어가 있습니다.

무디와 개인 비서가 보존하고 있었던 기록에 의하면, 그는 1881년 10월 23일과 1899년 11월 2일 사이에 "신생"이란 설교를 184번이나 하였습니다. 비록 그 기록이 1881년 이전으로 소급해 올라갈 수는 없으나, 그 연대 이전에 나온 모든 중요한 설교집에도 이 설교가 거의 이런 모양이나 또는 다른 모양으로 나타나 있습니다. 그리고 1873년 말 어느 금요일 저녁에 에든버러에 있는 자유 모임소(Free Assembly Hall)에서 그 설교를 했다는 기록이 있습니다. 무디 성경학원의 그의 자료집(Moody and Collection)속에 있는 신문에서 오려낸 쪽지들의 철을 한번 쭉 훑어보면 가장 자주 한 설교중의 하나가 바로 이 설교라는 것을 알게 됩니다. 무디가 부흥 집회를 가질 때마다 반드시 신생에 관한 설교를 했다는 것과 그 설교의 내용을 다른 설교에도 반영하였다는 것을 활용할 수 있는 증거에 기초하여 정당화된 추측인 것 같았습니다.

"신생"을 주제로 하는 설교에 있어서 그는 칼빈주의적인 어조가 두드러진 방법으로 인간의 죄악 상태와 중생에 있어서의 하나님의 유일한 행위를 강조하였습니다(158). 사실 무디는, "천국의 하나님은 인간에게 어떻게 그의 나라에 들어와야 하며 또 누가 들어올 수 있느냐 하는 것에 대하여 말씀하실 권리를 갖고 있지 않느냐?" 라며, 도전적으로 신생의 필요성을 옹호하였습니다. 그 어조에 있어서 이 언급은 가장 반알미니안(un-Arminian)적입니다. 인간이 중생을 필요로 하고 있다는 것과 중생에 있어서의 하나님의 유일한 주권적인 기능을 강조하면서 무디는 그의 설교를 끝맺었습니다. 그러나 그는 다음날 저녁에 다시 이 문제를 취급하면서 신생은 단순한 개혁이나 또는 보다 좋은 인생을 영위하겠다는 결심이 아니라는 것을 강조하였습니다.

  1878-79년, 발티모어에서 그는 개혁과 중생의 차이를 설명하였습니다. "사람이 자기 자신을 보다 좋게 만들려고 노력할 때 그것은 개혁이며 중생은 하나님께서 그것을 하도록 하는 것입니다." 무디는 모든 사람이 주장하고 있는 지적인 발달과 진보와 인간의 발전에 관한 명백한 회의론에 의한 구별로 인간의 진보에 대해 회의를 나타내면서 말하기를 시작하였습니다. 다만 외형적인 인간을 변화시키는 것(개혁)만으로는 충분하지 않으며, 내면적인 인간이 다시 새롭게 되어야 합니다(중생). 샘은 그 근원으로부터 단물이 나와야하고 새로운 본성을 떠난 인간의 행위의 근원은 옛 아담의 본성입니다. 이 개념은 그가 그 때 설명하였고, 앞에서 논의되었던 것입니다. 대체로, 중생의 초자연적인 역사가 인간에게 필요하다는 무디의 메시지는 당신의 자유주의 신학 사조와는 일치하지 않는 것이며, 특별히 전위적인 유니테리안 교파와 보편주의자들에 의하여 대표되는 신학 사조와는 일치할 수 없었습니다. 그들의 판단에 의하면 인간은 하나님의 법에 관한 합리성을 알고 있는 이성적인 동물로서 교육과 훈련을 통하여 자기 자신의 인격을 함양하고 하나님의 기적적인 도움 없이도 구원을 얻을 수 있다는 것입니다. 참으로 좀 더 발전된 "사상가들"에 의하면 두려워해야 할 지옥도 없고 극복해야할 타락도 없습니다. 특히 그러한 견해가 만연하고 있던 보스톤

의 지적인 분위기를 참작해 볼 때, 무디가 어느 다른 도시들보다도 "계몽된 보스톤 시민들"로부터 돌연한 개종의 교리에 대하여 반대를 받았다는 것을 말한 것은 놀라운 일이 아닙니다(159).

9. 승리관

무디는 자신이 최초로 예수를 믿어 회심했을 때, 한 가지 실수를 범했다고 이렇게 시인했습니다. 그는 영적인 믿음의 전투는 이미 자신의 수중에 있는 따놓은 승리이기에, 면류관은 자신 안에 있다고 과신했습니다. 그래서 그는 옛 것들이 이미 다 지나가 버리고, 모든 것들이 새롭게 되었다고 생각했기에, 자신의 부패한 옛 본성, 즉 아담의 생명이 떠나가 버렸다고 생각했습니다. 그러나 그가 회심한 후에, 몇 달간 그리스도를 섬기고 난 후, 그는 회심이란 군에 입대하는 군인처럼 여기게 되었습니다. 진정한 승리하는 면류관을 얻는 생활은 이일을 위해서 힘써 싸워야 한다는 사실을 발견했습니다(D. L. Moody, The Overcoming Life And Other Sermons, Chicago: The Moody Press, 1896, 5).

우리가 면류관을 얻고자 한다면, 그것을 얻기 위해서 힘써 일해야 합니다. 이에 대한 성경을 이렇게 증거하고 있습니다. "이 닦아 둔 것 외에 다른 터를 닦아 둘 자가 없으니 이 터는 곧 예수 그리스도라 만일 누구든지 금이나 은이나 보석이나 나무나 풀이나 짚으로 이 터 위에 세우면 각각 공력이 나타날 터인데 그 날에 공력을 밝히리니 이는 불로 나타내고 그 불이 각 사람의 공력이 어떠한 것을 시험할 것임이니라. 만일 누구든지 그 위에 세운 공력이 그대로 있으면 상을 받고 누구든지 공력이 불타면 해를 받으리니 그러나 자기는 구원을 얻되 불 가운데서 얻은 것 같으리라."(고전3:11-15).

이 말씀에서 우리가 구원을 받았어도 우리의 모든 공로는 불타 없어지는 것도 보여줍니다. 그리스도인의 삶을 살지만 진정한 승리를 거두지 못한 채, 마지막에 상급을 받지 못하는 부끄러운 구원을 받은 사람을 가르칩니다. 마치 롯처럼 불 가운데 구원을 받는 부끄러운 기도에 이르고 맙니다(6). 세상과 육체와 마귀는 아무리 뛰어난 사람이라도 당해낼 수 없을 정도로 강력한 세력을 갖고 있습니다. 우리가 그리스도 안에 있는 믿음을 가진 자라면 우리는 모든 적과 싸워 승리를 얻는 길은 믿음입니다.

"대저 하나님께로 서 난자마다 세상을 이기느니라. 세상을 이긴 이김은 이것이니 우리의 믿음이니라. 예수께서 하나님의 아들이심을 믿는 자가 아니면 세상을 이기는 자가 누구뇨?"(요일5:4-5). "우리 주 예수 그리스도로 말미암아 우리에게 이김을 주시는 하나님께 감사하노니"(고전15:57). 이처럼 우리는 그리스도로 말미암아 진정한 정복자가 됩니다. 성도의 승리에 근원은 유일한 완전한 승리자인 예수 그리스도에서 비롯됩니다(8).

"자녀들아, 너희는 하나님께 속하였고 또 저희를 이기 었나니 이는 너희 안에 계신 이가 세상에 있는 이보다 크심이라."(요일4:4).

예수 그리스도는 죄와 죽음과 모든 적을 만나 시사 최후의 승리자가 되셨습니다.

그러면 우리는 어떻게 하면 믿음으로 승리하는 삶을 살 수 있습니까? 첫째, 우리는 그리스도 안에 있는 믿음으로 승리합니다(10).

"내가 그리스도와 함께 십자가에 못 박혔으니 그런즉 이제는 내가 산 것이 아니요, 오직 내 안에 그리스도께서 사신 것이라 이제 내가 산 것이 아니요. 오직 내 안에 그리스도께서 사신 것이라. 이제 내가 육체 가운데 사는 것은 나를 사랑하사 나를 위하여 자기 몸을 버리신 하나님의 아들을 믿는 믿음 안에서 사는 것이라."(갈 2:20).

둘째, 믿음으로 살고 또 믿음으로 섭니다.

"옳도다, 저희는 믿지 아니하므로 꺾이 우고 너는 믿음으로 섰느니라."(롬 11:20). 셋째, 믿음으로 걸음으로써 승리합니다. "이는 우리가 믿음으로 행하고 보는 것으로 하지 아니함 이로 라."(고후 5:7).

넷째, 믿음으로 싸웁니다(11).

"모든 것 위에 믿음의 방패를 가지고 이로써 능히 악한 자의 모든 화전을 소멸하고"(엡6:16).

많은 그리스도인들이 삶의 여정에서 실패하는 이유는 첫째, 적의 힘을 너무나 쉽게 과소 평가합니다(12). 둘째, 우리의 적은 요새 외부에 있는 적보다 훨씬 더 위험합니다. 성경은 모든 신자들의 내면에서 두 가지 본성이 서로 싸우고 있다고 교훈 합니다(롬7:14-23).

우리는 하나님께로부터 거듭날 때, 하나님의 본성을 얻습니다. 그러나 하나님이 즉각적으로 우리의 모든 옛 본성을 다 없애 주시지는 않습니다. 그러기에 사람은 두 가지 본성을 갖고 있습니다. 세상이나 사탄에게 속아 옛 본성이 완전히 제거되었다고 착각하지 않도록 하십시오....우리는 법적으로 그리스도 안에서 옛 사람이 죽었지만, 옛 본성은 살아 있습니다. 그러므로, 우리가 육체를 굴복시켜 그것을 육체의 정욕과 함께 십자가에 못박지 않는 한, 육신의 정욕이 지배합니다. 그로 인해서 육신의 속박에서 벗어날 수가 없습니다. 승리의 삶을 살려고만 한다면 자유를 갖고 누릴 수 있음에도 불구하고 많은 사람들이 옛 성품에 속박되어 살아가고 있습니다. 옛 아담의 성품은 결코 죽지 않습니다. 그것은 인간의 내면에 부패한 채로 남아 있습니다(14-5). 옛 성품은 신자 안에 내재합니다. 그 옛 성품이 정복된다고 해도 죽지 않습니다. 신자가 항상 깨어 기도하지 않는다면 그것은 유리한 고지를 점령하여 마침내 신자를 범죄하도록 이끕니다. 누군가가 '자아(I)'는 '죄(S-I-N)'의 중심부에 있다는 사실을 지적했었습니다. '자아'는 자칫 하다가 사탄이 역사하는 중간매체가 될 수 있습니다(15). 그에게 주께로 향해 가는 길을 다른 누구보다도 가장 방해했던 것이 바로 바로 무디 자신이었다는 사실입니다(16).

그는 내면의 적으로써 다섯 가지로 지적했습니다. 첫째, 욕망, 둘째, 성품, 셋째, 시기심, 넷째, 질투, 다섯째, 자만심을 꼽았습니다. 그리고 무디는 외부의 적으로써 네 가지를 지적했습니다. 첫째, 세속적인 행습과 풍조, 둘째, 쾌락, 셋째, 육신적인 사업, 넷째, 핍박을 꼽았습니다. 이에 대하여 그는 요한계시록에 나온 여덟 가지 승리자에게 주시는 약속들에 대하여 약속했습니다. 첫째, "이기는 그에게는 내가 하나님의 낙원에 있는 생명나무의 과실을 주어 먹게 하리라."(계2:7). 둘째, "이기는 자는 둘째 사망의 해를 받지 아니하리라."(계2:11). 셋째, "이기는 그에게는 내가 감추었던 만 나를 주고 또 흰 돌을 줄 터인데 그 돌 위에 새 이름을 기록한 것이 있나니 받는 자 밖에는 그 이름을 알 사람이 없느니라."(계2:17). 넷째, "이기는 자와 끝까지 내 일을 지키는 그에게 만국을 다스리는 권세를 주리니"(계2:26). 다섯째, "이기는 자는 이와 같이 흰옷을 입을 것이요. 내가 그 이름을 생명 책에서 반드시 흐리지 아니하고 그 이름을 내 아버지 앞과 그 천사들 앞에서 시인하리라."(계3:5). 여섯째, "이기는 자는 내 하나님 성전에 기둥이 되게 하리니 그가 결코 다시 나가지 아니하리라. 내가 하나님의 이름과 하나님의 성, 곧 하늘에서 내 하나님께로부터 내려오는 새 예루살렘의 이름과 나의 새 이름을 그이 위에 기록하리라."(계3:12). 일곱째, "이기는 그에게는 내가 내 보좌에 함께 앉게 하여 주기를 내가 이기고 아버지 보좌에 함께 앉은 것과 같이 하리라."(계3:21). 여덟째, "이기는 자는 이것들을 유업으로 얻으리라. 나는 저의 하나님이 되고, 그는 내 아들이 되리라."(계21:7)(33-6).

무디는 최고의 영광스러운 승리는 천국 보좌에서 아들의 면류관을 받는 상급에 이르는 것으로 보았습니다. 이 세상에서 승리를 얻기 위해서 내적이고 또 외적인 적이 바로 죄를 통해서 자기 자신의 자아에 공격하기에 예수 그리스도의 믿음과 기도와 겸손과 근신과 인내와 선한 싸움에 물러서지 않을 것을 강조하면서, 특히, 하나님의 말씀으로 자아와 사단과 세상의 시험을 이겨나가는 진리의 무장을 실현시키고자 노력했습니다. 그에 승리 관은 바로 예수 그리스도 안에 있습니다. 또한 예수 그리스도가 주시는 믿음으로 인해서 세상의 주인인 사탄을 이깁니다. 이 이김은 진리의 약속에 따른 능하신 하나님의 손아래 겸손히 엎드리는데 있습니다.

10. 기도신학

무디의 기도관은 그의 저서인 「승리하는 기도(Prevailing Prayer)」에서 잘 보여줍니다. 그는 은혜를 받을 수 있는 가장 필연적인 방법으로써 하나님의 말씀을 마음에 새기며 기도하는 일입니다. 은혜를 받는데 이 두 가지 방법을 조화롭게 사용해야 합니다. 말씀은 읽지 않고 기도만 하면, 하나님의 마음과 뜻은 모르고 신비적이고 광신적인 방향으로 흘러 여러 이단 교리의 바람에 휩쓸리기 쉽습니다. 우리의 기도는 하나님의 뜻에 부합해야 합니다. 우리는 말씀을 통해서 우리 자신과 세상을 향한 하나님의 목적을 알게 됨으로 오직 하나님의 말씀을 들음으로써 올바른 기도를 할 수 있게 만듭니다. 이로 인해서 성령 안에서 기도할 수 있고 하나님 보시기에 기뻐하는 것을 구하게 됩니다. 그는 하나님의 자녀들이 세계를 움직이는 하나님의 권능이 임하는 역사가 일어나기를 바랍니다.

　　무디는 성경에 나오는 기도를 살펴보면서 성경에 나오는 사람들이 기도의 사람이었으며 또 예수님도 기도의 사람임을 강조했습니다. 또한 교회사에 나타난 하나님의 사람은 기도의 사람이었음을 강조했습니다. 키더민스터에서 목회를 했던 리차드 백스터(Richard Baxter)나 마틴 루터(Martin Luther), 존 낙스(John Knox), 조지 휘트필드(George Whitefield), 존 웨슬리(John Wesley), 찰스 피니(Charles Finney), 맥체인(McCheyne)을 그는 예를 들어 증거했습니다. 무디는 하나님의 사람이라면 누구든지 진정한 기도를 해야 합니다. 참된 기도에는 아홉 가지 요소가 필수적임을 제시했습니다.

　　첫째, 예배입니다. 우리는 처음부터 하나님과 동등된 위치에서 하나님을 만날 수 없습니다. 한 인간으로서, 우리가 미칠 수 없는 보이지 않는 영적이며 또 초월적인 하나님께 경배를 드리는 자세가 기도의 필수적인 요건입니다. 무디는 하나님은 거룩하다는 생각 때문에, 우리는 예배해야 하며, 또한 찬미를 해야한다고 보았습니다. 우리가 모세나 베드로나 하나님의 지도자가 되려는데, 반드시 하나님의 신성 앞에 굴복하는 체험이 있어야 합니다.

　　둘째, 자백입니다. 하나님과 인간 사이에 죄로 인한 장벽이 생긴다면 하나님과도 어떤 교통도 가질 수가 없습니다. 교회의 사명을 감당하지 못하는 영혼을 살리는 부흥하지 못하는 사역에 대한 하나님의 심판에 대한 하나님 앞에 자백이 있어야 한다고 보았습니다. 그리고, 무디는 교회의 능력 결핍으로 오는 시대적인 구령의 사역과 복음전파에 대한 책임을 질 것을 가르쳤습니다. 끝으로, 이기주의를 죄로 알고 고백하도록 촉구했습니다.

　　셋째, 반환입니다. 우리는 잘못된 것에서부터 올바르고 또 좋게 반환이 이루어질 때 진정한 화해와 화목으로 인해서 의가 이루어집니다. 그는 진정한 회개는 반환을 요구한다고 보았습니다. 특히, 그는 피니의 설교가운데 '반환'에 대한 회개의 증거를 동감했습니다. 또한 반환은 '완전한 정화'로도 보았습니다. 우리가 하나님 앞에 온전케 되는 회개는 반환을 수반할 때 비로소 온전한 회개의 합당한 열매를 가져온다는 것입니다.

넷째, 감사입니다. 하나님께서 우리에게 베푸신 모든 일에 대하여 감사해야 합니다. 그럴 때에 우리는 은혜를 알고 사랑하는 길을 배우게 됩니다. 은혜를 알고 감사하는 기도를 통해서 하나님이 주시는 무궁하신 은사로 인해서 넘치는 기도의 은사를 체험합니다. 특히, 무디는 찬양은 기도와 결합된다고 보았습니다. 감사 기도가운데 가장 큰 감사 기도는 하나님을 찬양하는 것으로 보았습니다. 무디는 생키와 찬양 사역과 전도 사역을 하면서 배운 바는 감사 기도는 곧 하나님의 찬송이라는 찬양 신앙과 신학에 대한 이해를 갖고 있었습니다.

다섯째, 용서입니다. 용서하는 기쁨을 가져옵니다. 또한 하나님은 용서하시고 우리 죄를 잊으십니다. 우리가 다른 사람을 진정으로 용서하는 기도를 한다면 우리 기도를 들으시는 하나님께서 우리를 용서해주십니다.

여섯째, 연합입니다. 우리는 서로 사랑하지 않고 서로 일치 단결을 하지 않고 분열한다면 진정한 기도의 영을 소유할 수 없습니다. 하나님은 교회의 분열뿐만 아니라 성도간이나 혹은 교역자와 성도의 분열을 원치 않습니다.

일곱째, 믿음입니다. 기도에서 믿음은 하늘의 보물을 여는 황금 열쇠입니다. 믿음은 새 생활의 시작이며 또 기초입니다. 그러므로, 무디는 다른 사람을 위해 기도해 주는 믿음이 필요하고, 믿음의 기도에 대한 응답의 확신과 하나님을 향한 변치 않는 믿음의 기도를 응답한다고 보았습니다.

여덟째, 간청입니다. 그는 오늘날 세 종류 그리스도인들이 있다고 보았습니다. 한 부류는 구하는 사람들인데 기도를 하지만 기도의 응답을 진정으로 목적하지 않는 형식적인 기도하는 경우입니다. 또한 찾는 사람들인데, 기도의 목적을 갖고서 열심히 기도하지만 하나님의 축복된 응답을 받는 실제로 두려워하여 사용하지 않는 자입니다. 마지막 부류는 문을 두드리는 사람들로 보았습니다. 이 부류의 기도자는 하나님께서 주시는 기도의 응답으로 받는 축복을 하나님의 나라와 의를 따라 사용하여 하나님께 영광을 돌리는 자입니다. 무디는 기도하다가 낙심은 금물로 보았습니다. 하나님께서 신실하기에 기도하는데 용기를 갔어야 한다고 강조했습니다.

아홉째, 순종입니다. 진실한 기도는 하나님께 완전히 순종하는 마음으로 드려야 합니다. 우리가 하나님께 드리는 기도는 '주 뜻대로 하옵소서!' 라는 고백이 따라야 합니다. 무디는 개인적으로 순종하기 위해서 기도하라고 했습니다. 또한 그는 기도는 전화위복의 역사를 이룬다고 보았습니다. 마지막으로 응답하시는 기도는 항상 주를 향하여 기도하는 삶입니다. 그리고 새로운 삶의 변화를 가져오는 회개에 합당한 삶으로 열매맺는 기도입니다. "내게 능력 주시는 예수 그리스도 안에서 모든 일을 할 수 있는 믿음의 권능을 쫓는 생활입니다. 무디의 성경적인 기도관은 예배에 기초로 하는 기도관이며 또한 하나님을 경외하는 예배의 기도입니다. 하나님께 예배하지 않는 기도는 공허한 기도로 보았습니다. 하나님은 거룩하심을 깨닫는 자에게 하나님의 신성을 깨달을 때에 하나님의 위대한 일군이 되었습니다. 모세나 베드로는 하나님께 경외하는 경배와 예배에 기초로 하는 기도이었습니다. 성경적인 기도는 자백과 반환이 따르는 것은 회개와 회개에 합당한 열매를 맺게 하는 것입니다. 회개가 없는 기도는 진정한 기도가 아닙니다. 기도는 회개를 낳는 기도에 따라 삶의 새 변화를 이룹니다. 성경적인 기도는 감사와 용서와 연합을 이루는 것처럼 화해와 화목과 일치를 이루는 그리스도의 영으로 하나되는 거룩한 평화와 평안과 평강을 지키어 하나님의 자녀로서 삶을 살게 합니다. 무디는 성경적인 기도를 믿음과 간청과 순종이 따르는 것처럼 하나님을 향한 인간의 책임과 반응과 본분에 일치하는 응답하는 기도의 능력을 강조했습니다. 그는 스펄젼 시대처럼 응답 받지 못하는 형식적이고 또 외식 적이고, 어리석은 기도생활을 교정하려고 노력했습니다. 진정한 기도는 그리스도 안에서 한 영으로 연합된 교제와 하나님의 크신 능력과 성령의 도우심으로 이 세상과 죄와 사탄과 자신의 정욕을 이기게 하여 승리하는 삶의 기초를 이룹니다.

11. 성령 신학

그는 성령론에 대하여 카리스마적인 운동으로만 결부시키거나 혹은 어릴 시절에 유니테리안 교회(일신교)에서 가르쳤던 성령을 하나님의 영향이나 혹은 속성 정도로 가르쳤지만, 그가 유니테리안에서 떠나서 성령이 신성 가운데 한 인격체라고 이해하는데 10년이라는 세월이 흘렀으며, 이 문제를 그가 혼자 성경을 연구하면서 스스로 해결했습니다. 일부 그리스도인들 가운데 성령의 역사를 회심하는 순간 인간에게 내재하는 기본적인 일 하나로 수행한다고 믿습니다. 그 후에 성령께서 우리 안에서 우리 자신을 조절하도록 역사한다고 믿고 있습니다. 또 다른 사람들은 성령을 믿는 자들에게 성령을 믿는 자들에게 소위 "이차적 축복"으로 주는 것으로 주장하기도 합니다(조지 쉬위팅., 101).

그렇지만 그는 두 가지 견해에 대하여 중간적 입장을 취합니다. 무디는 중생은 성령의 일차적인 역사이었습니다. 중생은 성령을 통해서 인간의 옛 본성을 새로운 본성으로 창조해 낼 때 이루어집니다. 중생에 대한 그의 입장은 칼빈주의의 입장이었습니다. 그는 중생이란 성령이 일생을 두고 내주 하는 시발점으로 보았습니다. 성령은 인간에게 새로운 품성을 줍니다. 성령은 자유를 가져오며 인간으로 하여금 옛 생활을 깨어 버릴 수 있도록 능력을 줍니다. 이것이 1871년까지 성령의 역사에 대한 무디의 입장이었습니다 (102).

그가 "성령세례"를 믿었을 때에 몇 가지 성령관에 대하여 분명히 할 점이 있습니다.

첫째, 그는 성령의 능력을 받음을 오순절 교회에서 하는 것처럼 방언과 연결하지 않았습니다. 스탠리 군드리(Stanley N. Gundry)는 무디의 신학을 검토하고서 이렇게 평했습니다. "많은 그의 설교를 조사하여 연구해보면 방언을 했다거나 혹은 방언을 옹호하는 발언을 한 것을 찾아볼 수 없습니다."(Stanley N. Gundrey, Love Them In, Chicago: Moody, 1976, 241).

둘째, 무디는 성령의 능력을 받는 것을 19세기 완벽주위 자들이 주장하는 완전 성화주의와 연결시키지 않았습니다. 회심이 되었다고 옛 성품의 뿌리가 완전히 뽑히는 것이 아닙니다. 무디는 그리스도인의 완전주의가 그릇된 견해로 보았습니다. 셋째, 그는 성령의 충만이 단지 두 번째 축복으로 끝나지 것으로 보지 않았습니다. 하나님이 우리가 하는 사역을 수행하는데 때에 따라 돕는 은혜를 주신다고 보았습니다. 그는 하나님의 사역을 위해서 사역자는 새로운 능력을 받아야 한다."고 강조했습니다(조지 스위팅., 106).

넷째로, 그는 설교자가 복음을 증거하기 위해서 성령의 능력을 받을 것을 권했습니다. 그래서 그는 성령의 능력을 받는 길은 성령의 생각에 따라 증거하기 위해서 성령을 받아야 할 것을 권했습니다. 그는 성령께서 그리스도가 하늘에 계신다는 사실의 증인이 되시기 위하여 강림하셨다고 보았습니다. 그래서 그는 "성령이 복음의 사실을 설교하는데 증인이 되지 아니했더라면, 교회가 18세기 동안 살아 남아겠습니까?"(D. L. Moody, 무디의 능력의 비결, 82).

성령의 강림은 그리스도의 탄생과 죽음과 부활과 승천과 재림과 하나님 나라와 그의 의를 세우게 하는 진리의 약속을 성취하는 증인이시고 인도자이고 교사이시며 위로자이시며 변화시켜 주는 하나님의 증거를 확고케 합니다. 그는 회심할 때 임한 내주 하는 성령과 더불어 사역할 때 입하는 성령의 권능을 힘입는 사역을 통틀어 "성령 충만, 성령세례, 성령의 기름 부으심"이라는 용어로 사용했던 것입니다. 21세기의 설교학이 성령의 권능을 의존하기보다는 설교학이라는 이론과 신학에 빠지기 쉬운 인간의 지혜와 능력에 대한 개발만이 전부가 아니라 하나님이 위로부터 사도들에게 부어주신 성령의 권능을 입은 사역자이며 또 설교자가 되어야 합니다.

1. 성령의 신분과 성품

요한 일서 5장 7절에서 우리는 다음의 말씀을 읽게 됩니다. "증거하시는 이는 셋이니 아버지와 말씀과 성령이라, 이 셋이 합하여 하나이니라" 이 말씀은 아버지가 일 위이신, 것을 의미하고 있습니다. 그리고 그리스도이신 말씀은 이 위이며, 아버지와 아들과 연합하여 삼위일체 하나님의 직무와 사역을 완성하시는 성령은 삼위인 것을 가리키고 있습니다. 성경에는 사랑과 봉사와 경배를 요구하시는 유일하신 하나님이 자신을 계시하신 것과 성부, 성자, 성령의 세 가지 명칭이 저마다에 해당하는 특성을 갖고 있음이 분명히 제시되어 있습니다.

그러므로 우리는 아버지로서의 하나님에게, 구속주로서의 하나님에게 그리고 보혜사와 교사로서의 하나님에게 해당되는 특성들을 발견하게 되며, 성부는 계획하시고 성자는 집행하시며 성령은 적용하신다고 말하고 있습니다(D. L. Moody, 무디의 능력의 비결, 정명신 역, 서울: 생명의 말씀사, 1997, 24).

그러나 그들은 또한 함께 계획하시고 일하십니다. 위(位)의 구별은 성경에 자주 나타납니다. 마태복음 3장 16, 17절에서 우리는 예수께서 세례 받으실 때에, 성령이 그분 위에 임하시고 동시에 성부께서 다음과 같은 말씀을 들려주심으로서 아들임을 승인하십니다. "이는 내 사랑하는 아들이요 내 기뻐하는 자라"(17절). 다시 요한 복음 14장 16절에서는 "내(예수)가 아버지께 구하겠으니 그가 또 다른 보혜사를 너희에게 주사"라고 말씀하십니다. 또한 에베소서 2장 18절에서는 "이는 저(그리스도 예수)로 말미암아 우리 둘(유대인과 이방인) 이 한 성령 안에서 아버지께 나아감을 얻게 하려 하심이라"고 말씀하십니다.

이처럼 하나님의 삼위가 분명히 구별되면서 동시에 서로 떼려야 뗄 수 없는 연합을 이루고 있습니다. 그리고 이 구절들을 비롯한 여러 곳에서 성령의 정체와 실제적인 존재가 제시되어 있습니다. 만일 성경에 그와 같이 계시된 것을 "이해하는가"라고 묻는다면, 나는 "아니오"라고 대답할 것입니다. 그러나 나는 믿음으로 영감 된 하나님의 말씀에 굴복하며, 비록 이성에 벗어나고 지성에 배반되더라도 이 하나님의 위대하신 점들을 주저없이 믿습니다. 하나님의 말씀은 가르치는 것 이외에도, 성령께서 영혼 속에 은혜의 역사를 일으키심으로써 자신의 임재를 선언하십니다. 우리는 성령의 작용으로 거듭나며, 성령의 내주하심으로 초자연적인 능력을 갖습니다. 선지자들에게 영감을 주고 사도들을 무장시켰던 성령께서는 모든 참된 신자들에게 생기를 불어넣고 지도하고 위로하는 일을 하십니다. 진정한 그리스도의 사람에게는 성령의 역사는 어떤 과학이 제공하는 것보다 더 실질적입니다(25). 다른 사람들은 자신들이 원한다면, 이 불멸의 진리가 무시당해도 어쩔 수 없습니다. 나는 신성하고 초자연적이며 능력이 성령 안에 거하는 것을 믿으며 이 믿음은 갈수록 더 확고해지고 있습니다. 성령은 모든 자연법칙을 초월함에도 불구하고 그것과 조화를 이루어 창조, 섭리, 신적 통치, 교회의 유지하십니다. 성령의 직분은 율법의 직분보다 더 영광스러운 생명의 직분입니다(고후3:6-10).

자신 안에 생명을 가지신 성령은 모든 일을 하나님이 뜻하신 계획에 따라 삼위일체 하나님의 영원한 영광을 위해 일하십니다. 성령은 이해하고, 의지하고, 행하고, 부르고, 느끼고, 사랑하는 모든 능력을 속성을 가집니다. 그래서 성령은 단순한 감화력이 아니라 인격적인 대상입니다. 그럼으로 인격자로서 성령께서 행하십니다(26).

2. 성령의 동인(動因)과 역할

예수의 말씀대로 "살리는 것은 영이니 육은 무익하니라. 내가 너희에게 이른 말이 영이요 생명이라"(요6:63)하심은 성령과 깊이 관련되어 있습니다. 복음선포와 성령은 분리될 수 없는 것입니다. 만일 성령이 능력으로 복음과 함께 해 주시지 않으면, 복음전파의 노력은 헛될 것입니다. 인간은 웅변술이나 말의 설득력은 그 안에 산영이 영이 없다면, 단지 시체의 장식품에 불과할 것입니다. 선지자가 골짜기의 뼈들에게 설교할 수도 있으며, 그 죽은 자들을 살릴 수 있는 것은 하늘로부터 오는 호흡이었음에 틀림없습니다.

베드로 전서 3장 18절을 보면 "그리스도께서도 한번 죄를 위하여 죽으사 의인으로서 불의한 자를 대신하셨으니 이는 우리를 하나님 앞으로 인도하려 하심이라. 육체로는 죽임을 당하시고 영으로는 살리심을 받으셨으니." 만일 우리가 죄로 죽은 친구들을 살리는 능력을 원한다면, 우리는 하나님을 의지해야만 하며 사람을 의지해서는 안 됩니다. 또한 목회자만을 의지하거나 혹은 그리스도의 제자들만을 의지한다해도 실망하게 될 것입니다(28).

3. 능력의 비밀

그리스도는 이제 사도들에게 자신의 사명을 넘겨주고 있습니다. 이제 제자들을 떠나려 하십니다. 지상에서 맡았던 자신의 역은 끝났기 때문입니다. 주님은 이제 바야흐로 하나님 보좌 우편에 앉으시려는 것입니다. 그래서 제자들에게 다음과 같이 말씀하십니다. "하늘과 땅의 모든 권세를 내게 주셨으니"(18절). 그러므로 그때 이미 주님은 모든 권세, 곧 우주만물을 복종시키는 권위를 받으셨습니다.

어떤 이들은 지금이 성령의 시대라고 생각합니다. 성령은 그리스도께서 영광을 받으신 후에야 비로써 일하시기 시작했다는 것입니다(행전1:1-11). 그러나 시므온은 성전에 들어갈 때 성령의 감동을 받았습니다(눅2:27). 또 베드로 후서 1장 21절에서는 "오직 성령의 감동하심을 입은 사람들이 하나님께 받아 말한 것임이니라"고 말씀하십니다. 요한 계시록에서 보게되는 것과 동일한 성령을 창세기에서도 발견하게 됩니다. 출애굽기를 기록하는 손을 인도하신 바로 그 성령이 서신서의 제자들을 감동시켰습니다. 따라서 성경의 첫 장부터 끝장까지 말씀하시는 성령은 동일한 분입니다(30). 그러므로 모든 세대의 거룩한 자들은 성령의 감동을 입어 말씀을 전하였습니다.

4. 성령의 인격성

어떤 이들은 성령이 자비와 마찬가지로 하나님의 한 속성, 즉 하나님에게서 나오는 어떤 감화력일 뿐이라고 말합니다. 그러나 요한 복음 14장 16절에서는 다음과 같이 말씀하시고 있습니다. "내가 아버지께 구하겠으니 그가 또 다른 보혜사를 너희에게 주사 영원토록 너희와 함께 있게 하시리니." 성령이 영원토록 너희와 함께 계실 것입니다. 그리고 같은 장 17절은 "저는 진리의 영이라 세상은 능히 저를 받지 못하나니 이는 저를 보지도 못하고 알지도 못함이라. 그러나 너희는 저를 아나니 저는 너희와 함께 거하심이요 또 너희 속에 계시겠음이라"고 하고 있고, 26절에서는 "보혜사 곧 아버지께서 내 이름으로 보내실 성령 그가 너희에게 모든 것을 가르치시고 내가 너희에게 말한 모든 것을 생각나게 하시리라"고 하고 있습니다. 여기에서 대명사 "그가"와 "그를"에 주목하십시오. 그리스도께서 성령에 관해 말씀하실 때는 언제나 그를(성령을) 단순한 감화력이 아닌 한 인격으로 말씀하셨다는 사실에 주목하시기 바랍니다 (31).

만일 성령께 영광을 돌려드리기를 원하면, 그분이 삼위 중의 한 분, 곧 하나님의 한 인격이신 것을 명심하십시오.

5. 사랑의 인격자

우리는 사랑이 성령의 열매임을 알고 있습니다. 하나님이 사랑이시고, 그리스도가 사랑이십니다. 그러므로 성령이 사랑이심을 듣고 놀라서는 안 됩니다. 이 얼마나 복된 속성인가! 나는 이것을 은혜의 성전의 아름다운 지붕이라 부르겠으며, 더욱 격조를 높게 표현한다면, 그것은 삼위일체 하나님이 씌워주신 면류관 중의 면류관이라 할 수 있을 것입니다. 인간의 사랑은 사랑하는 대상을 향하여 흐르는 자연적인 정서입니다. 그러나 하나님의 사랑은 하늘이 땅보다 높음같이 인간의 사랑과는 도저히 비교할 수 없을 만큼 초월적입니다. 자연인은 땅에서 났으므로 흙에 속한 자입니다. 그의 사랑은 아무리 순전하다 할지라도 약하고 불완전할 수밖에 없습니다.

그러나 하나님의 사랑은 완전하고 온전하며 부족함이 없습니다. 그것은 거대한 대양처럼 광대하며, 영원하신 성령과 함께 거하고 그분에게서 흘러나오는 것입니다.

로마서 5장 5절을 보십시오. "소망이 부끄럽게 아니함은 우리에게 주신 성령으로 말미암아 하나님의 사랑이 우리 마음에 부은바 됨이니." 만일 우리가 하나님의 일꾼이라면 반드시 소유해야 할 것이 있는데, 그것이 바로 사랑입니다.

바울은 디도서에서 믿음과 사랑과 인내에 온전 하라고 명하십니다(딛2:2). 내 기억에 의하면 지금까지 교회는 믿음에 온전하지 못한 사람에 대해 매우 경계하여 왔습니다. 만일 어떤 사람의 믿음이 건전하지 않으면, 교회의 검을 뽑아서 그를 잘라냅니다. 그러나 사랑에 온전하지 않을 경우에는 아무 말도 하지 않으며, 인내의 심한 결함이 있어서 늘 화를 내고 짜증을 낸다 할지라도 그들은 그를 결코 치리하지 않습니다.

하지만 성경은 우리에게 믿음에 대해서뿐만 아니라, 사랑과 인내에도 역시 온전 하라고 가르칩니다. 하나님의 많은 종들이 쓰임 받지 못하는 것은 그들이 성급하고 인내심이 없어서 아침부터 저녁까지 온종일 안달복달하기 때문이라고 믿는 것입니다. 하나님은 그들을 쓰실 수 없으며, 그들의 입이 봉해져 있기 때문입니다. 그들은 예수 그리스도를 증거할 수 없습니다. 또 만일 그들에게 사랑이 없으면, 하나님을 위하여 일할 수 없습니다(34-5). 여기에서 말하는 사랑은 나를 사랑하는 사람들에 대한 사랑이 아닙니다. 그러한 사랑을 하는 데에는 은혜가 필요하지 않기 때문입니다.

6. 사랑 충만

만일 마음속에 하나님의 사랑이 부은 바 되지 않았다면, 그는 결코 거듭난 사람이 아닙니다. 만일 어떤 사람이 기도회 중에 일어나서 모든 사람들의 흠을 찾아내어 말하기 시작한다면, 그는 분명히 진정으로 회심한 사람이 아닐 것입니다. 그의 회심은 가짜일 것입니다. 그것은 진정으로 회심한 사람의 태도가 아닙니다. 왜냐하면 회심한 영혼이 갖는 충동은 사랑하는 것이지, 일어나서 다른 사람들에게 불평을 하고 흠을 찾아내는 것이 아니기 때문입니다. 사랑을 부여하는 것이 성령께서 하시는 일입니다.

바울은 "그리스도의 사랑이 우리를 강권하시도다"(고후5:14)라고 말할 수 있었습니다. 그는 이 도시 저 도시로 다니면서 복음을 전하지 않을 수 없었습니다. 예레미야도 한 때, "내가 다시는 여호와를 선포하지 아니하며 그 이름으로 말하지 아니하리라 하면 나의 중심이 불붙는 것 같아서 골수에 사무치니 답답하여 견딜 수 없나이다"(렘20:9)라고 말하였습니다(36-7). 진정한 성도나 사역자는 그리스도 안에 있는 십자가의 희생하는 사랑이 성령의 인도를 받아 사랑의 충만과 함께 사랑의 열매를 맺어야 합니다. 더욱이 진실과 사랑의 행함이 있는 선한 그리스도의 삶을 통해서 그리스도의 이름으로 성령의 능력 가운데서 하나님의 사랑을 드러내는 영광스러운 인간과 하나님의 백성이 발하는 생명의 빛을 드러내는 삶이 무엇보다 중요합니다.

7. 소망의 승리

로마서 15장 13절에서 사도는 "소망의 하나님이 모든 기쁨과 평강을 믿음 안에서 충만케 하사 성령의 능력으로 소망이 넘치게 하시기를 원하노라"고 하십니다. 다음에 다룰 주제는 소망입니다. 당신은 하나님께서 그의 나라를 세우시는 일에 소망을 잃은 사람을 쓰신 적이 없다는 사실을 알고 있는가? 나는 곳곳에서 이 사실을 보았습니다. 하나님의 포도원 도처에 소망을 잃은 일꾼이 있었습니다. 그런 사람은 아무 쓸모가 없습니다. 이런 일꾼을 살펴봅시다.

하나님이 소망을 잃은 사람을 그의 나라 건설에 쓰신 적이 있습니까? 내가 아는 한없습니다. 그러한 사람에 관해 결코 들어본 적이 없습니다. 교회가 소망을 갖는다는 것은 대단히 중요한 일입니다. 그리고 소망을 나누어주는 것은 성령의 일입니다(40).

무디도 주의 일을 하다가 탈진하여 완전히 낙망한 자리에 처하여 몹시 의기소침하게 우울했습니다. 그런데 그의 친구 주일학교 교사의 서재에 들어갔다가 그의 주일학교 강의 노트를 보았습니다. 노아는 120년 간 한 사람도 결신자를 얻지 못하고 자기 가정만 구원을 받았지만 낙담하지 않고 사역하였다는 강의 노트를 보고서 무디는 영적인 침체에서 벗어나게 되었습니다(40-1).

하나님은 말씀의 소망과 성령의 위로를 받지 않고 자신의 힘으로 살려고 하거나 혹은 주의 일을 하는 자에게 경고를 울립니다.

8. 자유

성령은 사랑 위에 소망을 소망 위에 자유를 주십니다. 자유는 오늘날 매우 많은 교회들이 거의 갖지 않고 있습니다. 미안하지만 많은 교회에서 역사가 이루어지기 위해서는 먼저 장례부터 치러야 합니다. 우리는 형식주의를 깊이 파묻어서 다시는 되살아나지 못하게 해야합니다. 많은 교회에서 가장 찾기 힘든 것이 바로 자유입니다. 성령은 자유를 주시려고 오십니다. 그러므로 주님의 역사가 진행되는 곳은 어디든지 자유의 성령이 함께 하십니다. 사람들은 서로 대화하는 것을 두려워하지 않습니다. 집회 끝나기가 무섭게 모자를 집어들고 어떻게 하면 교회를 빨리 빠져나갈 수 있을 것인가 하고 눈치만 살피지는 않을 것입니다. 오히려 서로 악수를 나누기 시작하며 자유를 만끽할 것입니다(43-4).

많은 사람들이 단지 의무감 때문에 내키지 않는 마음으로 기도회에 참석합니다. 그들은 자신의 의무이기 때문에 참석해야 한다고 생각합니다. 그들은 모여서 기도함으로써 힘을 얻고 방황하고 있는 누군가를 도와주는 것이 영광스러운 특권이라고 생각하지 않습니다. 그러므로 성령께서 우리에게 사랑과 소망과 자유가 넘치게 하시도록 날마다 하나님께 기도합시다!

그는 성령관에서 성령의 능력의 비밀이 바로 성경의 초자연적인 성령의 영감과 인격성으로 나누어 보았습니다. 성령의 영감은 설교자의 사역에 대한 권세를 부여해줍니다. 결국 설교는 성령의 권세로서 그리스도의 이름으로 하나님께서 명하신 말씀을 죄인들에게 전하는 일입니다. 더욱이 성령의 인격성에는 성령 안에서 내주하는 연합과 일치로 오는 동거동락 하며 또 동행하는 삶의 신앙으로써 들어 납니다. 성령의 교제적인 인격성은 첫째로, 사랑으로 나타나서 생명을 살리는 역사를 이루며, 둘째로, 소망으로 나타나서 절망과 탈진과 우울증을 극복하게 하며, 셋째로, 자유로 나타나서 양심의 자유뿐만 아니라 사역과 삶이 성령에 붙잡혀 살게 함으로써 성령의 열매를 얻게 합니다.

12. 설교관

무디는 성경은 전에 없었던 공격을 받고 있지만, 무신론자들은 성경을 배 밖으로 내던지지만 성경은 언제나 살아 역사 하시는 말씀으로 헤엄쳐서 나온다고 보았습니다. 그래서 그는 성경의 교리들이나 구원의 약속들이나 사랑의 메시지는 처음 선포했던 그 때부터 지금까지 앞으로 영원히 동일하다는 성경적인 성경관을 갖었습니다 (426).

그는 죄의 문제를 해결하는 길은 오직 성경에 약속한 구원의 진리에 있음을 확신했습니다. 그래서 그는 한번도 실패한 적이 없는 구원의 방도가 있는 성경의 복음이 아닌 다른 길을 찾는 자유주의 신학이나 목회자들에게 그는 이렇게 경종을 울렸습니다. "복음은 18세기 동안이나 갖은 시련들을 견뎌왔습니다. 저는 복음이 죄로 병든 영혼을 치료할 수 있다는 것을 40년 동안 설교사역을 통해서 잘 보아왔습니다. 다른 분야에는 지식이 뛰어난 분들이 많지만 영어 성경을 익숙히 아는 자가 드문 것은 이상한 일입니다. 그리스어나 라틴어를 가르칠 수 있는 자가 백 명이라면 성경을 잘 가르칠 수 있는 사람은 한 사람에 불과할 정도입니다....성경의 메시지를 전합시다. 그 가르침에 순종하십시다. 논쟁하는데 시간을 낭비하지 마십시다. 사색하고 또 이론화하는 작업을 하는 신학자들에게 맡겨두시고 우리는 주를 위해서 작은 일부터 일합시다((William R. Moody., The Life Dwight L. Moody, 426).

그는 목회 사역에 관심을 두고 있는 목사 후보생들에게 설교에 대하여 조언을 하고 있습니다. 그는 성경본문 설교자가 되기보다는 강해 설교자가 되기를 추천했습니다. 그는 설교 분야에서 강해 설교를 추천했던 것은 하나님의 말씀이 이를 원하기 때문이라는 것입니다. 성경처럼 사람을 이끌어 낼 수 있는 책은 어디에도 없습니다. 성경에 대해서만 증거 한다면 사람들은 관심을 갖게 됩니다. 그는 윤리적인 에세이 같은 종류 설교에 대해서 진저리를 냈습니다. 사람들에게 하나님의 말씀을 증거해야 합니다.

어떤 사람들은 성경에서 설교의 주제를 정합니다. 그리고 그 주제에서 벗어난 엉뚱한 설교를 해댑니다. 그런 설교자들은 천문학이나 지질학이든지 다양한 설교로 에세이 설교를 함으로 성도들은 전혀 성경을 읽지도 않고 또 관심도 전혀 없게 만들어 놓습니다. 내가 알고 있었던 훌륭한 설교자이었던 찰스 스펄젼(Charles Spurgeon)을 생각할 적마다, 스펄젼의 모든 설교를 경청하기보다는 성경을 해설하는 그에게서 듣는 것이 더욱 나을 것입니다. 왜 존 홀(John Hall)박사는 그토록 오랫동안 설교를 했습니까? 그는 성경을 펴고서 주해했습니다. 글래스고에서 사역했던 앤드류 보나르(Andrew Bonar)는 어떻게 성도들에게 설교했습니까? 그의 설교하는 소리는 너무 약해서 그의 설교를 잘 들리지도 않았지만 1,300 성도들이 매 주일마다 두 번씩 교회에 꽉 메운 가운데 설교를 경청했습니다. 많은 성도들은 그의 설교를 기록했다가 집에 가지고가서 온 세계에 있는 자들에게 설교 문을 써서 보냈습니다. 보나르 박사는 성경연구를 했는데 성경 한 권씩을 연구해서 설교를 해나갔습니다.

그는 성경의 일부분에서 그리스도를 찾지 아니했고 성경전부에서 설교를 해나갔습니다. 내가 글래스고에서 다섯 달 동안 설교했을 때 그 보나르 목사의 설교로 인해서 온 지역에 크게 감화감동을 주었습니다.(D. L. Moody., Pleasure and Profit in Bible Study, Chicago: The Moody Press, 1895, 42-3).

무디는 1884년에 런던에 있으면서 에든버러(Edinburgh)까지 기선(barrister)을 오고갔습니다. 그는 주일 날 보나르 박사의 갈라디아에서 바울이 예루살렘에 있는 베드로를 만나기 위한 본문에서 설교를 했습니다. 바울이 베드로와 예루살렘에서 함께 머물던 15일 동안에 있을 두 사람이 나누었던 그리스도에 대한 복음교제를 상상력(imagination)을 적절하게 잘 설교로써 구사를 했습니다. 그는 그 설교를 통해서도 나의 주님이신 그리스도 발 앞에 죄인으로서 고백하도록 너무나 잘 보여주었던 상상력이 있는 설교이며 또한 이야기식 설교에 대한 자각이 있었습니다(46).

그는 상상력이 있는 이야기식 설교를 이미 19세기에 미국 그리스도 교인들이 좋아하지 않는다는 것도 이해하고 있었습니다. 사람들은 수사학적인 웅변적인(Oratorical) 설교가 더 귀중한 설교로 여기는 자도 있습니다. 그런데도 아쉽게도 웅변적인 설교를 듣고 나면 하루 사이에도 거 의다 잊어버리는 경우가 허다할 실정입니다. 목회자에게 바람직하고 또한 가장 존귀하게 여김을 받는 길은 성도들에게 영혼의 양식을 먹여서 성장케 하는데 있습니다. 어떤 사람이 인공 벌과 참 벌의 차이를 어떻게 구분하는가를 가르쳐 줬습니다. 인공으로 만든 벌도 나를 수 있도록 만들었기에 서로 구별이 가지 않았습니다. 그러나 꿀을 두 벌 사이에 갖다 놓자, 진짜 벌은 꿀 쪽으로 다가갔지만 가짜 벌은 그대로 있었다는 비유입니다. 그는 많은 사람들이 그리스도인들이라고 자처하지만 인공 벌처럼 그들에게 꿀을 가져다주면 그 꿀맛을 알지 못합니다. 그렇지만 진짜 벌은 언제나 꿀을 찾아다닙니다. 우리의 이론들이나 의견들로 그리스도인의 심령이 채워지는 것만은 아닙니다. "그러고는, 여호와께서 가라사대"- 그것은 우리가 원하는 것이라고 하십니다(46). 무디는 성경에 나오는 하나님의 말씀인 꿀을 전하는 목회자와 또한 하나님의 말씀이 꿀맛인 줄 아는 자와의 만남을 진정한 목회자이며 또 설교자이며 또한 진정한 그리스도인이며 또 하나님의 자녀로 보았습니다. 진정한 목회는 말씀의 목회이며 말씀의 목회는 성도의 영혼을 살찌우게 하는 거룩한 성찬의 목회로 보았습니다. 진정한 목사와 성도간의 일치와 사역은 바로 하나님의 말씀인 진리의 교제에서 근본 된 목회관과 사역자관을 무디는 보았습니다.

13. 종말관

1. 무디와 전 천년설

1800년대 중반까지만 해도 대부분의 미국 복음주의자들은 후천년설을 믿고 있었습니다. 영국 식민지 시대 때부터 신교 자들은 일반적으로(요한계시록 20장에 언급된) 그리스도의 지상 천년 통치는 지상의 크리스천들의 승리적 노력을 통하여 이루어진다고 믿고 있었으며, 그리스도의 실제적 재림은 천년이 끝난 다음에 실현된다고 믿었습니다.

성경의 예언은 무디에게 매우 중요한 요소가 되었습니다. 성경에는 세 가지 주요 사실들이 예언되어 있다고 그는 말했습니다. 첫째, 그리스도의 초림, 베들레헴에서 탄생한 것같이. 둘째, 성령의 강림, 그는 오순절 날에 오셨습니다. 셋째, 천국으로부터의 주님의 재림.

교회는 그 동안 너무 오랫동안 세 번째 예언을 소홀히 해왔습니다. 하지만 잊어버리기에는 너무나 중요한 예언입니다. 그 중요성은 디모데후서 3장 16절에 강조되어 있습니다. "모든 성경은 하나님의 감동으로 된 것으로 교훈과 책망과 바르게 함과 의로 교육하기에 유익하니." 성경의 일부분이 아닌 모든 성경을 뜻합니다. "만약 하나님이 우리들로 하여금 그의 예언들을 연구하기를 원치 않으셨다면, 성경에 그러한 내용들을 처음부터 담지 않았을 것이다" 라고 무디는 말했습니다. 우선, 그는 그리스도의 천년 왕국 전의 재림에 대해서는 확고한 믿음을 갖고 있었습니다. 이 점은 논란의 대상이 되지도 않습니다. 그는 요한계시록 20장을 상징적으로 받아들여서는 안 된다고 믿었습니다.

그리스도는 글자 그대로 지상에서 1,000년 동안 통치할 것이라고 믿었습니다. 재림은 두 번에 걸쳐 이루어집니다. 먼저는, 천년 왕국이 끝난 후에 마지막 심판과 종말의 완성을 위해 재림할 것입니다. 더구나 그는 7년 환난 전의 휴거와 7년 환난 후의 휴거에 대한 세대주의적 구분을 두지 않았습니다. 건드리는 결론 내리기를, "우리가 유추할 수 있는 것은, 무디는 예수가 어느 순간이든지 재림할 수 있다는 개념과 함께 세대주의에서 부수적 용어들을 인용했다고 볼 수 있습니다. 하지만, 그는 환난 전의 휴거와 환난 후의 재림에 대하여 신중한 세대주의적 구분을 갖고 있었다"고 했습니다.

2. 무디의 천국관

무디는 10년 이상이나 남동생을 위해서 기도하여 회심하여 구원을 받은 동생이 주를 위해서 살기 시작한 지 얼마가 되지 않아서 하나님의 부르심을 받았습니다. 그리고 주변에 함께 동역하거나 신앙생활을 잘 했던 성도들이 세상을 떠남으로부터 천국에 대한 이해와 열망을 갖게 되었습니다. 먼저 우리는 천국의 소망, 천국 시민, 천국의 행복, 천국의 확실성, 천국의 부요, 천국의 상급을 차례로 살펴보기로 하겠습니다.

1) 천국의 소망

무디는 많은 사람들이 천국에 관하여 억측하거나 추측하는 것을 막는 길은 오직 성경에서 말하는 천국에 대한 계시로써 하나님의 말씀을 믿었습니다. 그래서 그는 성경의 영감설에 근거로 하는 성경에서 계시하는 천국관에 대한 확신을 갖고 있었습니다. 그래서 그는 인간의 이성에만 중점 된 합리주의적인 자유주의 신학인 문서비평설 가운데 고등비평에 대하여 비판하고 거부했습니다. 그는 첫째, 성경대로 이 세상을 죄의 본향으로 보았습니다. 둘째, 세상 나라는 쇠하고 멸망한다는 사실을 확신했습니다. "보라 그에게는 열방은 통의 한 방울 물 같고 저울의 적은 티끌 같으며, 섬들은 떠오르는 먼지 같으니... 그 앞에는 모든 열 방이 아무 것도 아니라. 그는 그들을 없는 것같이, 빈 것같이 여기시느니라."(사40:15-7).

셋째, 천국은 우리가 옮겨 살 곳으로 보았습니다. "여호와께서 그 권능으로 땅을 지으셨고, 그 지혜로 세계를 세우셨고 그 명철로 하늘들을 펴셨으며..."(렘51:15). 넷째, 더 나은 본향을 사모해야 합니다. 그리스도인의 천국을 향한 소망은 하나님을 만나 뵐 뿐만 아니라 앞서 간 성도들을 만나는 큰 기쁨이 앞섭니다.
"우리가 너희를 위하여 기도할 때마다 하나님 곧 우리 주 예수 그리스도의 아버지께 감사하노라. 이는… 너희를 위하여 하늘에 쌓아 둔 소망을 인함이니…"(골1:3-5).
하나님께서 우리에게 준비하신 영원한 안식처에 대한 영원한 평화와 안식을 얻게 되는 영광의 세계를 고대함입니다(드와이트 무디, 천국, 서울: 생명의 말씀사, 1988, 25).

2) 천국 시민
무디는 천국 시민을 이런 자로 보았습니다. 첫째, 통회하고 마음이 겸손한 자입니다.
"지존무상하며 영원히 거하며 거룩하다 이름하는 자가 이같이 말씀하시되, 내가 높고 거룩한 곳에 거하며 또한 통회하고 마음이 겸손한 자와 함께 거하나니."(사57:15).
둘째, 주를 섬기는 제자입니다. "사람이 나를 섬기려면 나를 따르라, 나 있는 곳에 나를 섬기는 자도 거기 있으리니"(요12:26). 셋째, 하나님께서 택한 자입니다. "아버지여, 내게 주신 자도 나 있는 곳에 나와 함께 있어, 아버지께서…내게 주신 나의 영광을 저희로 보게 하시기를 원하옵나이다."(요17:24). 넷째, 주와 영적으로 연합된 자입니다. "몸을 떠나 주와 함께 거하는"(고후5:8). 다섯째, 그리스도의 생명을 얻은 자입니다. 죽은 자는 "부활이요 생명이신" 주의 음성을 듣게 될 것입니다(요11:25). 여섯째, 하늘에 있는 영원한 집에 속한 자입니다. "만일 땅에 있는 우리의 장막 집이 무너지면 하나님께서 지으신 집 곧 손으로 지은 것이 아니요, 하늘에 있는 영원한 집이 우리에게 있는 줄 아나니"(고후5:11). 일곱째, 그리스도의 유익을 구하는 자입니다. "내가 그 두 사이에 끼었으니 떠나서 그리스도와 함께 있을 욕망을 가진 이것이 더욱 좋으나 그러나 내가 육신에 거하는 것이 너희를 위하여 더 유익하리라."(빌1:23-4). 여덟째, 하나님의 언약 아래 있는 자입니다. "또 너희에게 이르노니 동서로부터 많은 사람이 이르러 아브라함과 이삭과 야곱과 함께 천국에 앉으려니와"(마8:11). 아홉째, 생명 책에 기록된 자입니다. "내가 그 이름을 생명 책에서 반드시 흐리지 아니하고"(계3:5). 열 번째, 하나님을 부활해서 보는 자입니다. "나는...깰 때에 주의 형상으로 만족 하리이다"(시17:15). 열한 번째, 주를 향하여 소망을 가진 자입니다. "사랑하는 자들아, 우리가 지금은 하나님의 자녀라. 장래에 어떻게 될 것은 아직 나타나지 아니하였으나, 그가 나타내심이 되면 우리가 그와 같은 줄을 아는 것은 그의 계신 그대로 볼 것을 인함이니, 주를 향하여 이 소망을 가진 자마다 그의 깨끗하심과 같이 자기를 깨끗하게 하느니라"(요일 3:2-3)(43).

3) 천국의 행복

첫째, 천국의 행복은 영광의 왕이신 주를 보는 즐거움입니다. "너의 눈은 그 영광 중의 왕을 보며, 광활한 땅을 목도하겠고"(사33:17). 둘째, 그리스도의 부활하신 승리의 형상을 봄으로써 오는 승리의 영광을 줍니다(행전7:55). 셋째, 구원과 의의 옷을 정장하여 나오는 담대한 자랑입니다. "신앙이 사모를 쓰며, 신부가 자기 보물로 단장함 같게 하셨다."(사61:10). 넷째, 하나님의 소유로 된 것을 자랑하는 행복입니다. "그런즉 누구든지 사람을 자랑하지 말라. 만물이 다 너희 것임이라. 바울이나 아볼로나 게바나 세게나 생명이나 사망이나 지금 것이나 장래 것이나 다 너희의 것이요 너희는 그리스도의 것이요 그리스도는 하나님의 것이니라."(고전3:21-23). 다섯째, 착하고 충성된 종이 받는 주인의 즐거움을 나누는 교제입니다. "잘 하였도다. 착하고 충성된 종아,...네 주인의 즐거움에 참예 할지어다."(마25:21). 여섯째, 영적인 세계에서 누리는 기쁨입니다. "하나님의 사자들 앞에서 기쁨이 되느니라."(눅15:10). 일곱째, 하나님의 백성이 누리는 축복을 누립니다. "여호와를 자기 하나님으로 삼는 백성은 복이 있도다."(시144:15). 여덟째, 거룩한 마음을 품고 하나님의 형상을 본받는 거룩한 삶은 아름다워집니다(71).

4) 천국의 확실성

천국에 대한 확실성이 없는 자는 육신으로 난자들입니다. "육으로 난 것은 육이요, 성령으로 난 것은 영이니"(요3:6). 또한 거짓 신자들은 언행과 신행 일치가 이루어지지 않습니다(97). 천국의 확실성에는 첫째, 생명책이 있습니다. "또 참으로 나와 멍에를 같이한 자 네게 구하노니, 복음에 나와 함께 힘쓰던 저 부녀들을 돕고 또한 글레맨드와 그 외에 나의 동역자들을 도우라. 그 이름들이 생명 책에 있느니라."(빌4:3;단12;1;계21:27). 둘째, 천국의 책들이 있습니다. "또 내가 보니 죽은 자들이 무론 대소하고 그 보좌 앞에 섰는데, 책들이 펴 있고 또 다른 책들이 펴졌으니 곧 생명 책이라. 죽은 자들이 자기 행위를 따라 책들에 기록된 대로 심판을 받으리니"(계 20:12).

5) 천국의 부요

첫째, 마음의 보화입니다. "너희를 위하여 보물을 땅에 쌓아두지 말라. 거기는 좀과 등록이 해하며 도적이 구멍을 뚫고 도적질하느니라. 오직 너희를 위하여 보물을 하늘에 쌓아 두라. 저기는 좀이나 등록이 해하지 못하며 도적이 구멍을 뚫지도 못하고 도적질도 못하느니라. 네 보물이 있는 곳에는 네 마음도 있느니라."(마6:19-21). 둘째, 하나님의 축복을 받습니다. "너희는 먼저 그의 나라와 그의 의를 구하라. 그리하면 이 모든 것을 너희에게 더하시리라."(마 6:33). 셋째, 하나님의 영광을 돌리는 청지기의 책무로 오는 자랑입니다. "이것들을 보고들은 자는 나 요한 이니, 내가 듣고 볼 때에, 이 일을 내게 보이던 천사가 발 앞에 경배하려고 엎드렸더니 저가 내게 말하기를 나는 너와 네 형제 선지자들과 또 이 책의 말을 지키는 자들과 함께 된 종이니 그리하지 말고 오직 하나님께 경배하라 하더라."(계22:8-9). 넷째, 영적인 일치와 연합으로 오는 온전한 영광입니다. "우리가 이제는 거울로 보는 것같이 희미하나, 그 때에는 얼굴과 얼굴을 대하여 볼 것이요. 이제는 내가 부분적으로 아나 그 때에는 주께서 나를 아신 것같이 내가 온전히 알리라."(고전13:12). 다섯째, 영원한 안식입니다. "또 내가 들으니 하늘에서 음성이 나서 가로되 거룩하라 자금 이후로 주안에서 죽은 자들은 복이 있도다. 하시매 성령이 가라사대 그러하더라 저희 수고를 그치고 쉬리니 이는 저희의 행한 일이 따름이라 하시더라."(계14:13;히4:9-11)(121).

6) 천국의 상급

첫째, 각자가 일하는 대로 자기의 상을 받습니다. "각각 자기의 일하는 대로 자기의 상을 받으리라"(고전3:8;계22:12). 둘째, 의의 면류관이 준비되어 있습니다. "이제 후로는 나를 위하여 의의 면류관이 예비 되었으므로, 주 곧 의로우신 재판장이 그 날에 내게 주실 것이니..."(딤후4:8)(131). 셋째, 사탄의 종노릇에서 완전한 해방입니다. "자녀들은 혈육에 함께 속하였으매 그도 또한 한 모양으로 혈육에 함께 속하심은 사망으로 말미암아 사망의 세력을 잡은 자 곧 마귀를 없이 하시며 또 죽기를 무서워하므로 일생에 매여 종노릇하는 모든 자들을 놓아주려 하심이라(히2:14-15). 넷째, 하나님의 중한 영광을 입혀 주십니다. "우리의 잠시 받는 환난의 경한 것이 지극히 크고 영원한 영광의 중한 것을 우리에게 이루게 함이니"(고후4:17)(143). 다섯째, 주인의 즐거움에 동참하는 영광이 임합니다. "잘 하였도다. 착하고 충성된 종아, ...네 주인의 즐거움에 참 예할지어다"(마25:21).

14. 전도신학

무디의 전도에 대하여 살펴본다면,

㉮ 언제나 그의 전도 신학 기초는 복음에 두었습니다. 복음을 통하여 예수 그리스도를 소개함으로써 죄인들을 회개하여 하나님께로 인도하는 복음의 전파하는 선포적인 전도 방식을 택하였습니다. 그러기에 그는 복음 전도의 설교를 통한 집회의 중요성을 평생 인식하고 대중 전도 집회에 주력한 전도자이었습니다.

㉯ 그는 모이들을 수 있는 청중들이 주의를 집중시키고 그 모임에 참석하여 복음을 듣도록 모든 합법적인 수단을 동원해서 전천후적인 전도 방식을 택했습니다.

㉰ 복음을 가는 한 쉽게 이해할 수 있는 단순한 전도 전도의 방식을 취했습니다.

㉱ 가능한 논쟁이나 분열을 가져오거나 혹은 감정이 신앙이 지배하지 않도록 '침착하고 냉정하게' 그리스도께로 인도하는 절제된 전도의 방식을 취했습니다.

㉲ 그는 전 천년설자로서 후천년설을 믿는 찰스 피니(Charles Finney)와 구별된 전도신학을 세웠습니다. 복음이 전파되어도 온 세상이 주께로 다 돌아온다는 신념으로 전도사역을 하지 않았습니다. 그는 전도로써 반드시 세상을 개종시킨다는 의미로 생각하지 않고, 오직 복음을 세상에다가 널리 전파한다는 입장이었습니다. 그래서 그가 주도했던 학생자원운동(Student Volunteer Movement)의 표어조차도 '이 시대에 세계의 복음화' 이었습니다.

이는 그의 전도신학이 전천년론적인 신학의 기초를 했습니다. 그는 선포적인 전도신학이었다는 점은 바로 전도의 결과가 눈에 띄지 않더라도 그는 실망하지 않고 하나님의 말씀을 전파했던 전도자 노아가 하나님의 말씀을 자기 자신을 위한 지도 원리로 120년 간 전도 사역을 본보기로 삼았습니다(Stanley N. Gundry, 무디의 생애와 신학, 102).

㈐ 무디는 하나님 주권적인 전도 신학이었습니다. 그는 뉴욕 집회에서 최선을 다하고 그 결과는 하나님께 맡기고 기도하면서 하나님의 축복이 임할 것을 확신하는 전도 신앙이 확고했습니다. 일곱째로, 하나님의 중심적인 전도신학이기에 그는 개종자들의 수를 세지도 아니했으며 또한 그가 개인적으로 얻는 영적인 성공에 대하여서도 이용하지 않았습니다(103).

㈑ 무디는 대중 속에 찾아가서 그리스도와 가교역활을 하는 천국 사다리식 전도 방법론을 취했습니다. 그래서 그는 교회와 세상 사이에 불신자들을 직접 찾아가서 복음을 전하는 전도자로서 목사들이 교회의 강단 범주에서 벗어나지 않으려는 한계를 깨뜨리고 먼저 선두주자로서 대중 복음전도의 전령으로서 대중 대도시 전도집회를 개최했던 것입니다. 이같은 사역 빌리 그래햄(Billy Graham) 목사가 무디 이후로 한국 집회뿐만 아니라 미국과 온 세계의 대도시 대중집회를 수행하여 크게 전도대회로써 많은 회심과 구원의 역사를 이루었습니다.

㈒ 피니는 믿음에 대하여 의구심을 갖고 믿음을 사모하는 자에게 회심자의 좌석에 앉히고 주목하면서 회심하도록 촉구했지만 무디는 개인 신앙 문답과 상담방법을 취했습니다. 무디는 1871년 시카고 대 화재 사건으로 도시 전체가 폐허가 되기 직전에 대중집회에서 그리스도를 증거하고 주님을 영접하는 시간을 갖지 않은 채 많은 군중을 집으로 되돌아가게 한 실수를 방지하기 위해서 그는

모든 집회를 마치고 후속 모임으로써 신앙 문답 실을 통해서 개인적인 신앙의 문제를 해결해 주는 역할을 했습니다. 이 문답과정을 통해서 그리스도와의 개인적인 만남이 주선되도록 상담했습니다. 그는 복음을 전한 뒤에 개인적인 영혼의 문제를 다루어 주지 않음으로써 많은 심령들을 잃어버리고 또 영적으로 성장하는 그리스도인이 적은 사실을 알고서 영적인 상담을 통해서 영적인 변화와 성장을 도왔습니다.

㉔ 일대일 전도법을 사용하는 것을 중요시 여겼습니다. 물론, 이 전도법은 성경의 구원에 대한 진리에 기초로 하는 개인적인 확신을 갖게 했습니다.

㉕ 그는 성령의 인도함을 받는 전도 신학이었습니다. 그래서 그는 공중 집회에서 열광적인 기분에 의해서 인도되지 않도록 강조했습니다. 그래서 그는 때로 주님을 영접하는데 몇 분이나 몇 시간 안에도 이루어질 수 있지만 때로는 몇 일도 걸린다는 사실을 인정했습니다. 그래서 그는 인위적인 설교를 배격했습니다. "영속적인 전도방법은 어떤 사람의 수단과 방법에 의해서 이루어지기보다는 성령에 의해서 지속될 것입니다."(105).

그는 요술쟁이처럼 사람을 홀리는 방법으로나 두렵게 만들어 놓고 전도하는 것을 거부했습니다. 예수님도 그런 방식으로 전도하지 않았기 때문입니다.

㉖ 전도하는데 강력한 수단으로서 광고와 언론 매체를 활용했습니다. 1899년에 그는 죄를 깨닫게 하는 일과 회심 사이에 성령의 역사를 설명하면서 감상적인 설교로써 사람들을 모이게 하는 방법은 혐오한다고 했습니다. 예를 들면 큰 번화가에 있는 호화로운 큰 교회의 간판에 주일 밤 설교는 '낙오자'라는 제목은 너무나 식상(食傷)하지 않을 수 없었습니다(101).

무디의 전도신학은 인위적이기보다는 성령의 인도와 권능과 지혜에 힘입는 하나님의 주권적이면서도 하나님의 중심적인 십자가의 전도 신학으로서 구령의 전도이었습니다. 한편으로는 전도를 통해서 영혼을 살리는 구원의 크신 성령의 역사를 믿는 부흥의 역사가 일어났습니다.

㉓ 무디는 침투적이고도 적극적인 전도 대중집회 방식을 추구했습니다. 이로 인해서 교회중심의 강단에서 대 도심지로, 시내와 상가와 번화가로 찾아가서 대중을 찾아 그들의 영혼을 찾아 전도하는 적극적인 대중전도 방식을 취했습니다. 이로 인해서 수많은 심령이 주께로 돌아왔으며, 미국과 영국, 스코틀랜드의 영적 대각성과 부흥의 불길을 붙였습니다.

㉔ 찬양과 설교를 통해서 전도 사역의 팀과 조합을 찬양 전도 방법이 크게 많은 심령들에게 심금을 울렸습니다. 생키의 찬양을 통해서 성령의 역사도 임했고, 무디의 전도를 통해서 성령의 강권함으로 전도의 결실을 맺었습니다.

1. 군 선교

남북 전쟁 당시에 노예제도로부터 진리의 싸움을 여기던 노예폐지론자 무디는 젊은 영혼들의 타락과 멸망과 죽음을 그대로 방치할 수가 없었습니다. 그래서 그는 군부대를 찾아가서 군복음화 후원회를 열어서 예배와 기도회, 찬양집회, 성경책, 일반도서들, 소책자들을 배포하거나 개인적인 초대를 통해서 그리스도께로 인도하려고 선교했습니다. 당시 그는 전도사역할 때는 전시였기에 청중들에게 그 자리에서 구원을 받아들이라고 강권하는 전도설교가 주류를 이루었습니다. 그는 생사 기로에 서 있는 부상병들과 잠시 쉬다가 다음날 전장으로 향하는 군인들에게 전도할 때, '지금이 아니면 기회가 없다'는 절박한 상황에서 복음을 전했습니다. 그가 군선교의 네 가지 방법을 제시했습니다.

1. 군인들이 경청할 수 있는 지명도 높은 목회자들과 전도자들이 복음을 전파할 것.
2. 연대마다 YMCA 텐트를 마련해서 군인들에게 휴식처를 제공할 것.
3. 쪽 복음서, 찬양 책, 여러 신앙 서적을 무료로 배포할 것.
4. 병원에 있는 부상자들과 환자들을 돌보는 것이었습니다 (85-6).

무디는 군 선교를 통해서 사역이 전국적인 도시 전도 집회의 통로를 열었으며 민족적인 구원에 대한 전도와 대각성 운동을 통해서 민족 구원의 불길을 지펴나갔습니다. 한국 교회에서도 '비전 2020 전도운동'을 통해서 군 복음화를 통해서 민족 복음화를 이루며 또한 전역한 그리스도인 병사들이 자기가 사는 지역교회와 연계를 시킴으로써 정상적인 그리스도인 삶을 돕는 운동입니다. 그리고 훈련소에 진중 집단 세례식을 통해서 군 복음화의 활력을 강화시켜 가고 있습니다. 그렇지만 군 선교의 어려운 점을 군 복음화 후원회와 군 선교를 위하여 종군 목사의 지원과 군종병의 활성화에 적극적으로 지원해야 합니다.

2. 대도시 대중 전도집회

무디는 국내외 대도시 전도집회에 중요성을 잘 인식했습니다. 당시 대도시에 큰 교회 목사들이 성직자의 권위를 낮추지 않고 교회 중심으로 강단 사역에만 주력했습니다. 그러나 무디는 복음을 들고 대중 속에 들어가 그리스도를 소개하는 침투 적이고도 적극적인 전도 대중집회 방식을 추구했습니다. 미국에서 첫 번째 전도 선교 대회는 1875년 10월에 브루클린(Brooklin)에서 시작했습니다. 이 집회는 보통 사람들에게 예수 그리스도를 소개하여 거룩하고 성숙하고 신실한 삶을 살도록 권고했습니다(237).

1876년 가을에 이르러서 부르클린(Brooklyn), 필라델피아(Philadelphia), 시카고(Chicago)에서 선교 집회를 마치고 다시 시카고에서 특별 전도 집회를 개최하려고 방문했습니다. 만명 이상이 함께 참석할 수 있는 거대한 장막을 지을 필요가 생겼습니다. 목사들은 무디의 초기 사역부터 잘 알았기에 성심으로 그의 사역 준비를 도와주었습니다. 이로 인해서 그는 적어도 선지자가 자기 고향에서 존경받지 못한다는 말을 듣지 않을 정도로 큰 도움을 오히려 받았습니다(마13:57).

시카고는 세계 어느 도시보다 무디를 더 잘 좋게 이해했기에 선교 대회가 1876년 10월에 진행되었을 때 성직자들과 평신도들의 진심 어린 협조로 이루어졌습니다. 무디는 평민의 전도자이며 또 대중적인 도시 전도자로서 그가 성공적으로 수행할 수 있었던 것은 바로 항상 많은 친구들의 동감을 얻었습니다. 그는 1876년 전도집회로부터 1897년까지 20년이 넘도록 무디는 변함없이 한번도 한 영혼에게 복음을 전하지 않으면 안돼는 구령의 열정을 갖은 진정한 복음전도자의 전형적인 모본이 되었습니다.

15. 부흥신학

무디는 영혼을 구원하는 사역을 감당하는 교회의 사명과 사역을 감당할 수 있는 것은 침체하는 미국의 교회들을 부흥시키는 일로 보았습니다. 이것이 바로 나라의 소망이라고 보았습니다. 진정한 애국은 하나님의 교회가 부흥이 일어나서 이 민족과 나라를 살리는 일로 보았습니다. 이처럼 그는 세계 복음회와 민족 복음회라는 대명제 아래 전도 부흥의 신학이 교회 중심적인 부흥신학이 정립했습니다. 그래서 민족을 살리는 길은 부흥의 역사로 보았습니다. 그리고 신앙 부흥운동은 하나님이 우리에게 원하시는 전도를 통한 그리스도의 구원 역사와 성령의 역사로 영혼을 살리는 하나님의 주권적인 은혜를 강력하게 부어주시는 역사입니다. 그래서는 그는 신앙 부흥운동이나 신앙 각성운동이 성경적인 사실로 알았습니다. 찰스 피니(Charles G. Finney)는 1. 부흥은 교회의 편에서 죄의 확신이 내포하며, 2. 타락된 그리스도인들이 회개하는 것이며, 3. 그리스도인의 신앙이 새롭게 되는 것이며, 4. 그리스도인들이 죄와 세상을 이기게 하는 능력이며, 5. 교회들이 개혁이 되고 각성함으로써 개혁과 죄인들의 구원이 따릅니다(Charles G. Finney, Revival Lectures, Old Tappan, New Jersey: Fleming H. Revival Company, 1868, 7-8).

하나님은 부흥을 통해서 모든 세대에 걸쳐 하나님은 하나님의 백성들을 소생케 하십니다. 그러면서도 무디는 하나님의 부흥운동에는 항상 시험하는 대적자가 따른다고 보았습니다. 느헤미야의 시대에도 외부의 대적자 뿐만 아니라 내부에 대적자도 있었습니다. 그래서 늘 악한 사람들이 신성치 않은 일에 가담하여 하나님의 사업에 대항하여 덤벼듭니다. 또한 최선의 사업이란 대개 가장 강력한 반대를 받습니다. 이 세상에서 예수님을 빼놓고서 세례 요한과 같은 위대한 전도자가 또 있었습니까? 세례 요한이 요단강에서 온 백성에게 회개하라 천국이 가까왔느니라고 외칠 때에, 그를 향하여 바리새인들과 지도자들이 그를 비방하고 그를 죽이는데 까지 합세했습니다. 물론 그리스도께서도 가는 곳마다 환영보다는 많은 반대와 시험을 당하셨습니다. 그는 미국의 Y.M.C.A.는 1850년에 미국에서 일어난 신앙 부흥운동의 소산입니다.

그리스도인 교육기관은 신앙부흥에서 기반해서 출발했습니다. 그런데도 많은 사람들은 신앙 부흥을 우려하면서 계속해서 반대를 제기합니다. 첫 번째는 '회개한 수많은 신자들이 계속해서 그 신앙을 유지를 못한다'는 견해입니다. 둘째는 많은 사람들이 감정에 치우친다는 견해입니다.

그렇지만 무디는 부흥의 필요성을 역설합니다. 첫째로, 하나님의 사업을 부흥시키고자 하는 긴박한 필연성이 있기 때문입니다. 둘째로, 우리의 심령이 새롭게 되기 위해서 신앙부흥의 불길이 필요합니다. 무디는 이처럼 부흥의 전도 사역은 기도만으로 되는 것이 아니라 연합적인 기도와 전도와 설교의 사역이 종합적인 하나님의 사역인 것으로 보았습니다. 맥우우린은 미국 복음주의와 부흥주의를 무디의 사역과도 관련을 시키고 있습니다. 그는 그리스도교 신앙에 대하여 미국 복음주의와 경건주의적 청교도적인 관심과 칼빈주의적인 교리적 정통을 결합되었습니다.

장로교인이면서도 회중교회 목사였던 찰스 피니(Charles G. Finney)는 1834-5년 겨울에 조나단 에드워드(Jonathan Edwards)이래로 미국 부흥주의로 발전했습니다. 칼빈주의자들의 견해는 부흥은 성령의 역사로 오는 초자연적인 역사로 보았습니다. 또한 그는 부흥을 하나님의 주권적인 역사로 보았습니다. 이 견해는 18세기와 19세기 초엽을 통하여 미국 복음주의 신학이 알미니안화됨으로써 점차적으로 침식했습니다(94).

그럼으로써 부흥은 성령의 주권적인 역사보다는 인위적인 것으로 간주되었습니다. 피니는 부흥과 개종을 가져오는 실제적인 접근 방법을 그의 주저인 「부흥론(Revival Lectures)」에서 그는 "부흥은 기적이 아닙니다."라는 입장에서 영적인 축복이 놀라운 중요성이 도덕적인 영역 안에서 이루어지는 것처럼 가장 큰 확실성은 적합한 수단에 의해서 얻어질 수 있듯이 부흥도 영적인 것만이 아니라 인간이 준비한 적합한 수단의 필요성을 역설했습니다(6). 이는 피니가 부흥이 기적이라는 초자연적이기보다는 인위적인 인간의 수단에 대한 가치를 부여하는 실용주의적이고 또 실천적이고 또 인위적인 방식을 수용했던 것입니다. 그는 성령의 임재를 기다리는 수동적인 전도의 접근 방식을 반대했습니다(Stanley N. Gundry, 95).

피니는 1857-8년 사이에 무디를 중심으로 일어난 기도중심의 부흥의 가치를 인정했습니다. 피니는 1875년까지 살았기에, 무디는 피니와 접촉할 기회가 있을 것인데도 무디가 선배 부흥사인 피니의 책을 읽었다는 증거가 없고 오히려 스펄젼과 매킨토쉬의 저서에 빚을 지고 있다고 표현합니다(97).

1895년 매사추세츠주 뉴 베드포드(New Bedford)에서 무디가 집회를 인도할 때, 교회의 부흥을 시키는데 "새로운 방법(new measures)"을 사용하는 것을 분명히 거부했습니다. 무디는 성령의 능력으로만 우리의 심령이 새로워지고 충만해질 때 부흥이 온다고 말했습니다(98).

첫째로, 특별히 이 부흥운동은 1740년에 조지 휘트필드(George Whitefield)가 일으켰던 부흥운동보다 더 많은 업적을 남겼습니다.

둘째로, 그리스도인들이 집집마다 방문을 해서 멸망하는 자들이거나 혹은 실패하는 사람들에 재기의 소망을 불어 주었다는 점입니다.

셋째로, 사업가의 기도 모임이 크게 활성화가 되었다는 점입니다.

넷째로, 이 부흥운동이 미친 결과는 절제하는 삶에 큰 영향을 미쳤습니다.

우리는 이 점에서 휘트필드가 보스톤에 있을 때보다 많은 성과를 거두었습니다. 그는 자신의 마지막 생애 기간인 1899년 겨울 태평양 연안에 있는 도시들을 장기간 순회하면서 마지막 전도활동에서도 수년 전 미국 동부와 영국에 있는 도시에서 개최된 전도 집회를 통해서 신앙생활을 하게 되었다는 간증을 통해서 그는 언제나 새로운 사역지를 찾아 나섰습니다. 무디는 부흥 사로서 일생 회심의 역사를 위해서 군중을 조종하는 감정주의 부흥집회의 유형이나 또한 감정주의자가 아니었기에, 무디와 생키의 전도 사업은 스코틀랜드 인들에게도 격찬을 받았습니다.

16. 평신도 신학

무디는 선한 행위나 선한 사업에 의해서 구원받는 것이 아니라 하나님의 은혜로 구원받았습니다. 우리는 십자가로 향하여 일하는 것이 아니라 십자가로부터 일합니다. 구원을 받기 위해서 일하는 것이 아니라 구원받았기 때문에 일합니다....어떤 일을 하기 전에 먼저 구원을 받으십시오. 그러기에 자신의 힘으로 구원을 받으려고 노력하는 것을 부인했습니다(Nussbaum, "D. L. Moody and the Church," 30-32).

그는 그리스도인이 성별된 생활을 해야 한다고 주장했습니다. 그리스도인은 음주, 흡연, 껌 씹는 것, 극장에 가는 것, 카드놀이, 경마, 춤추는 것과 같은 '세속적인 일'에서 떠날 것을 주장했습니다. 그는 세속적인 일에 대하여 정죄했습니다. 그래서 무디는 당시 교회가 잠자고 있는 이유는 이름뿐인 그리스도인들로 인해서 더 큰 고난을 받는다고 보았습니다. 그럼으로 성도는 선한 일에 열심을 들어낼 것을 강조했습니다(딛2:14).

그는 새로운 회심자에게 교회 생활을 가르쳤습니다. 그는 그리스도인이 게으르지 않도록 권했습니다. 그는 어린이든지 혹은 보잘 것 없는 거리의 천민들을 위해서도 그리스도의 십자가로 인도하도록 권했습니다. 그는 신자 생활은 죽어가고 있는 세상에다가 그리스도를 증거하는 모든 단체를 돈이나 위로나 격려의 말로 돕는 것을 권했습니다. 그는 그리스도교 단체들 가운데 문서 전도회, 절제회, 기독청년회(YMCA)를 돕도록 권했습니다. 그는 새로운 회심 자들에게 두 "W" 즉 말씀(Word)과 일(Work)에 주력하라고 가르쳤습니다. 그는 평신도사역을 기본적으로 복음 증거와 영혼을 구원하는 것이기에 모든 평신도가 사역에 대한 책임이 있다고 보았습니다. 그래서 그는 게으른 그리스도이란 있을 수 없습니다. 이 개념이 무디의 사회윤리의 기초입니다. 그는 전도는 성직자들에게만 국한되지 않는다고 보았습니다. 1886년 1월에 그는 '일선 평신도 전도자' 훈련을 위한 학교를 세운 것이 바로 무디 성경 학교입니다.

이미 그는 1874년「크리스찬(Christian)」지에 '정규 목회외에 그리스도를 위한 일군들을 더 많이' 양성할 과정이 필요하다는 확신을 발표했습니다. 그는 평신도를 '타락한 대중들' 사이에 일하도록 훈련을 받아야 한다고 주장했습니다. 그래서 평신도가 전도하는 방법과 장소를 잘 활용한다면 자신들의 시간을 일부라도 할애하여 전도하는 일은 크게 유익한 사역이라고 보았습니다. 이를 위해서 1883년 9월 시카고에 남녀 평신도 지도자 양성을 위한 학교 설립을 제안했습니다. 그는 1887년 여름에 그는 노스필드에 모인 대학생들에게 평신도 전도자 교육의 개념을 설명했습니다. 그는 성직자들과 평신도들 사이에 간격을 메울 수 있는 평신도 전도자나 지도자들의 양성을 역설했습니다.

그는 1898년에 평신도들이 열심히 전도하기 전에는 우리가 사는 도시가 복음화가 될 것으로 믿지 않는다고 말하면서 평신도들로 하여금 복음을 전하도록 강권했습니다. 특히, 그는 성직자와 일반 사람들 사이의 간격을 메꾸어줄 평신도들 가운데 여자들이 더 효과적이기에 여 평신도 지도자의 훈련에 대한 제안을 했습니다. 하나님은 각자 할 수 있는 일은 모든 사람이 함께 할 것을 원하셨다고 보았습니다. 더욱이 무디는 평신도가 할 일 가운데 그리스도의 증거 하는 일이 가장 고귀한 일이지만 반면에 모든 노동은 신성하게 보았습니다. 그는 자주 열심히 일하는 근면의 미덕을 주장했습니다. 그는 19세기말에 있었던 많은 이민과 급성장 하는 산업화와 도시화에 따른 사회의 병폐를 해결하는 길은 근면과 정직으로 보았습니다(Stanley N. Gundry., 192-4).

제 7 장
진리의 투사 안식

1. 무디의 소천

거의 반세기 동안 하나님의 뜻에 청종하는 것을 삶의 유일한 목표로 하여 살아온 무디는 하나님의 부르심에도 신속하게 응답했습니다. 그는 하늘나라로 가기 며칠 전에야 자신의 사명이 거의 끝났을지도 모른다는 말을 장래 계획을 논의하던 중에 꺼냈습니다. 무디는 운명하기 며칠 전 믿음과 실천의 조화에 대한 좋은 본보기를 보여 주었습니다. 최고의 의료진이 확보되어 있는 가운데 그는 장로들을 청하여 주의 이름으로 기름을 바르며 병든 자를 위하여 기도하라(약5:14)는 야고보의 말씀을 따랐습니다. 임종하기 몇 시간 전까지 무디 선생은 자신이 회복할 것이라는 확신을 가족들에게 말했습니다. 그의 마지막 사역 가운데 하나는 새로운 노스필드 확장 사업의 기관지가 될 월간지의 창간 작업이었습니다. 목요일 아침 신임 경영진이 발간한 창간호가 나왔다는 말에 무디 선생은 빨리 보여 달라고 했지만 의사는 힘을 소진하지 말고 안정을 취하라고 충고했습니다. 그러나 그는 훑어만 보게 해달라며 간청하였고 그는 책을 받아 든 뒤 사오 분 간 주의깊게 책을 살펴보았습니다. 새벽 3시에 병실을 지키러 장남이 교대로 들어왔습니다. 그는 몇 시간 동안 뒤척이며 잠을 이루지 못했습니다. 갑자기 무디 선생이 시를 읊조리듯 느리게 말하기 시작했습니다.

"땅은 멀어지고 내 앞에 천국이 펼쳐지는구나." 아버지가 꿈을 꾸는 것 같아서 윌은 순간적으로 아버지를 깨워야겠다는 생각이 들었습니다. "아니다 윌, 이건 꿈이 아니란다. 아주 아름답고 황홀하구나. 이것이 죽음이라면 죽음은 달콤한 것이구나. 여기엔 골짜기도 없단다. 하나님께서 날 부르고 계셔. 난 가야만해." 그러는 동안 간호사가 가족들과 의사를 불러들였으며, 그들은 모두 그 집에서 한 밤을 보냈습니다. 무디 선생은 조용히 말을 이어 갔습니다. 그는 사랑하는 가족들을 떠나며 다른 세상 에서보내는 마지막 유언같았습니다.

"나는 늘 소망을 품고 살았다. 그건 너희에게 풍족한 재산을 남겨 주려는 소망이 아니라 너희들이 앞으로 해야 할 많은 일들을 넘겨주려는 소망이란다. 윌, 헐몬 산 학교를 계속해서 운영해다오. 폴은 커서 노스필드 신학교를 맡아주고, 피트는 시카고의 성경학원을 돌보아 다오. 그리고 조카인 앰버트(Ambert)는 업무상의 여러 일들을 도와주길 바란다."

그리고 나서 무디는 저 세상을 본 듯이 외쳤습니다.

"이것이 나의 승리며 오늘은 나의 대관식 날이로다. 여러 해동안 이날을 손꼽아 기다렸습니다." 그리고는 얼굴이 환하게 밝아지더니 기쁨에 찬 목소리로 지난 해 먼저 올라간 두 손주의 이름을 불렀습니다. "드와이트, 아이린의 얼굴이 보이는구나!" 그리고는 자신이 의식을 잃어 가고 있다는 것을 알고서 "나의 사랑을 모두에게 전해주오!" 라고 말한 뒤 부인을 향해 입을 열었습니다.

"여보, 당신은 내게 좋은 아내였소!" 그리고 그는 의식을 잃었습니다. 한동안 무디 선생은 보이지 않는 세상으로 간 것 같았으나 심장 자극제 효과로 서서히 되살아났습니다. 그는 갑자기 팔꿈치를 기대고 일어나 "무슨 일이지? 왜? 다들 여기 모여 있는 거야?"라고 물었습니다. 우리가 아버님은 아프셨었다고 말하자 순간 모든 것을 알게 된 듯 이렇게 얘기하셨습니다.

"참 이상한 일이구나! 난 사망의 문 저편까지 다녀왔어. 바로 천국 문앞까지 말이야. 그리고는 다시 여기로 돌아왔으니 참 이상한 일이구나." 그는 다시 사역에 대한 이야기를 하면서 아들들에게는 노스필드 학교의 일들을, 딸과 사위에게는 성경 학원 일을 맡겼습니다. 딸이 "아버지! 그러면 어머니는요?"라고 묻자, 무디는 "오, 너희 어머니는 하와와 같지! 우리 모든 사람의 어머니이란다." 분명 그녀가 모든 사람을 보살필 것이라는 의미였습니다. 수십 년 간 그녀가 자신과 동고동락하면서 그의 조력자요, 상담자요, 안식처가 되었던 것처럼 그녀가 자녀들뿐 아니라 모든 사역에도 그럴 것이라는 의미이었습니다.

딸이 이렇게 간청했습니다. "아버지! 제발 저희들 곁을 떠나지 마세요!" 그가 입을 열었습니다. "애야, 내가 삶을 포기하는 게 아니야. 나도 가능한 한 너희들 곁에 오래 머무르마. 하지만 내 때가 되었다면 미련은 없단다." 그러다가 무디는 어떤 생각에 사로잡힌 듯 말했습니다. "하나님께서 기적을 행하사 나를 일으키 실는지는 나도 확신할 수가 없구나. 그렇지만 난 곧 일어날 거야. 하나님께서 날 기적적으로 치유한다면 감사한 일이지. 난 그리 아니하실 지라도 의자에서 죽음을 맞이할 수 있단다."

무디 곁에 있던 사람들이 따뜻하게 옷으로 덮어 주려고 하자, 그가 입을 열어 말했습니다. "치우거라. 하나님께서 기적을 행하신다면 이런 것들도 필요치 않아. 내 생각엔 가장 먼저 의사를 돌려보내야 할 것 같구나!" 그는 의사에게 돌아가라고 강요하지는 않았지만 여하튼 자리에서 일어났고 아무도 그를 말릴 수 없었습니다. 그는 방을 가로질러 안락의자로 가서 잠시간 앉아 있었습니다. 또다시 그가 건강 상태가 악화되면서 기운을 잃자 그는 침대로 다시 돌아가고 싶어했습니다. 그는 한 시간 가량 누운 채 침묵 속에서 임종을 기다렸습니다. 그는 마지막 순간까지 주위 사람들을 생각하고 있었습니다. 그는 숨을 거두기 바로 직전에 부인을 향해 이렇게 말했습니다.

"여보. 당신에게는 너무 힘든 일이구려. 당신을 이렇게 힘들게 해서 미안하오. 너무 심려하지 마시오"

무디의 마지막 순간에 의사가 니트로 글리세린 주사를 놓으려고 가까이 다가오자, 그는 망설이며 뭔가 물어 볼 듯이 의사를 바라보더니만 아주 원기 왕성한 목소리로 말했습니다. "선생님, 이게 뭔지 모르겠군요. 이게 최선이라고 생각하십니까? 이렇게 해봤자 가족들을 근심가운데 있게 합니다." 잠시 후 무디 선생은 다시 상태가 악화되었습니다. 그리고 나서 그가 눈을 뜬 곳은 그가 그토록 사랑해서 오랫동안 헌신적으로 섬겨 왔던 그분 보좌 앞에서였습니다. 그것은 죽음과는 달랐습니다. 그는 단지 고요함과 평안가운데 잠이 든 것이었습니다.

그가 이 세상에 살 때 맹렬한 불길과 같은 하나님의 사랑에 사로잡혀 온전한 헌신으로 섬겼던 그분을 이제 천상에서 찬양하고 있는 것입니다. 그는 생전에 확신에 찬 어조로 영생에 대한 확신을 피력했습니다.

"어느 날 엔 가 여러분은 동부 노스필드에 살던 무디가 죽었다는 신문 기사를 보게 되겠습니다. 그렇지만 제가 죽었다는 사실을 절대 믿지 마십시오. 그때쯤이면 저는 지금보다 더욱 풍성한 생명의 삶을 누릴 것입니다. 저는 단지 보다 높은 곳으로 올라가는 것뿐입니다. 흙으로 빚어진 이 오래된 장막을 벗어 던지고 불멸의 집으로 들어가는 것입니다. 이제는 더 이상 사망이 다가설 수 없고 또 죄가 감히 넘겨 볼 수 없는 몸인 그리스도의 영광스런 형상대로 지음 받은 몸을 입게 될 것입니다. 저는 1837년 육신으로 태어났습니다. 그리고 1856년 성령으로 태어났습니다. 육으로 난 것은 죽습니다. 그러나 성령으로 난 것은 영원히 삽니다."

2. 장례 예배

노스필드 교회의 스코필드 목사와 시카고대로 교회의 토레이 목사의 주례로 집에서 간단히 예배를 드린 후, 32명의 헐몬 산 학생들의 관을 관대(棺臺)에 얹어 묘지로 운반하여 1km 못 미쳐 있는 무디가 섬기던 회중 교회로 향했습니다.

4개월 전 무디 선생은 손녀 아이린의 장례식 계획을 자신이 직접 세웠었습니다. 당시 무디 선생이 "이번 한 번만큼은 내가 하자는 대로하자"고 말하자 가족들 모두가 그가 마련한 간단한 절차를 기꺼이 따랐습니다. 손녀에게는 특별한 친구들이라 할 수 있는 12명의 헐몬 산 학생들이 하얀색 관을 관대에 올려 운반해 가고 그 뒤를 가족과 친구들이 따라가고 있을 때, 무디 선생은 아들에게 이런 말을 했었습니다. "내가 죽었을 때도 이렇게 해다오. 관가도 사용하지 말고 애도하지도 말고 다만 헐몬 산 학생들이 날 안식처로 운반해다오!" 이같은 그의 소원이 이루어질 시간이 그렇게도 빨리 오리라고는 아무도 예상치 못했습니다. 영결 예배가 오후 2시 30분에 시작되었습니다. 옛 동료들과 이웃, 친척들이 인근에서, 또는 먼 곳에서부터 찾아왔습니다. 네 다섯 명의 친구들과 동역자들이 사랑과 애도가 담긴 송덕문을 낭독했습니다. 예배는 한마디로 무디가 그리스도의 이름으로 승리했던 승리의 환희(歡喜)였습니다. 무디 선생의 손실은 모든 그리스도의 사람에게 잊을 수 없는 아픔이었습니다. 이날 선포된 각 메시지에는 감동과 사역의 전진이 담겨져 있었습니다. 무디 선생은 죽어서도 '주님을 섬긴다'는 생전의 메시지를 증언했습니다.

추도 예배가 끝나 갈 즈음에 놀라운 광경이 벌어졌습니다. 그런데 갑자기 강단 맞은편 맨 끝에 있는 창문 위쪽에서 한 줄기 광선이 들어오더니 관의 상단을 비추었습니다. 그리고는 해가 서서히 저물어 감에 따라 그 빛은 무언가를 찾는 듯이 움직이더니 무디 선생의 얼굴 위에 가득 머물었습니다. 천국으로부터 내려온 한 줄기 빛은 친근하고 꾸밈없는 그의 얼굴을 밝게 비추었으니, 그의 심령에 임한 기쁨의 빛이었습니다. .

스코필드 박사는 다음과 같이 말했습니다.

"우리는 언제나 확신가운데 거합니다. 이것이 죽음의 신비를 대하는 그리스도인들의 진정한 자세입니다. 무디는 늘 영생의 확신 속에 사역하던 중 지난 주 금요일 오후에 운명했습니다. 형제 자매들이어! 우리가 이 자리에 모인 것은 죽음을 슬퍼하기 위함이 아니요 승리를 진심으로 경하하기 위함입니다. '하나님과 동행하더니 하나님이 그를 데려가심으로 세상에 있지 아니하였더라' (창5:24). 그의 인생에 있어서 내리막길이 없었습니다. 그가 많은 시련가운데 변함없이 하나님을 신뢰하며 충성했기 때문입니다.

크로저 신학교(Crozer Theological Seminary)의 에취 웨스턴(H. G. Weston)총장이 스코필드 박사의 뒤를 이어 강단에 섰습니다. 그가 낭독한 애도사에서 이렇게 끝을 맺고 있습니다.

"저는 무디 선생을 알게 된 것과 그에게 영향을 받은 것, 그리고 그의 삶과 사역가운데 드러난 하나님의 역사 하심을 배울 수 있었던 것이 제 생애에 있어서 최고의 축복이었다고 생각합니다 그는 금세기가 낳은 가장 위대한 신앙인이었습니다. 우리는 특별히 눈에 띄는 영향력 있는 사람을 보면 반사적으로 이렇게 생각합니다. '그 사람은 타고났어!' '훌륭한 교육과 훈련 때문이야.' '카리스마적인 성품을 지녔군.'

그러나 무디 선생은 뛰어난 인물임에도 불구하고 집회에 모인 회중들과 개인적으로 만난 사람들 가운데 가장 지대한 영향력을 끼쳤습니다. 그는 성품이 강인하고, 뛰어난 행정가나, 막대한 재력가도 모두가 그의 강한 자력(磁力)에 이끌리어 평생도안 친구가 되었습니다. 또한 그가 헌신하고 있는 선한 사업을 위해서 지속적인 동역자가 되었습니다. 그가 생을 마감하기까지 수십 년 동안 변함없이 발휘한 이 능력이 타고난 것이 아닙니다. 그러면 그에게는 무엇이 있었을까요? 바로 예수의 생명입니다. 그리스도께서도 친히 이 땅에 오신 목적을 밝힐 때 사용하신 말씀이 바로 생명입니다. "내가 온 것은 양으로 생명을 얻게 하고 더 풍성히 얻게 하려는 것이라"(요10:10).

하나님은 무디에게 신의 성품에 참예한 자가 되게 하셨습니다(벧후1:14). 그 순간으로부터 무디가 받은 예수의 생명에 힘입어 성장하고 자기 안에 내주 하시는 예수 그리스도를 증거하는 것으로써 삶의 전체적인 목표로 삼았습니다. 그는 이 일에 전력투구를 다하였고 그렇게 매진(邁進)하는 삶을 통해서 놀라운 사역들가운데 진가를 발휘했습니다. 결국 무디는 직관적인 판단력과 재치를 지닌 온전하고, 원숙하고, 다재 다능한 인물이면서도 뛰어난 통솔력이 있었습니다. 더욱이 무디 선생은 "내가 온 것은 양으로 생명을 얻게 하고 더 풍성히 얻게 하려는 것이라"(요10:10).

예수님의 약속을 자신의 삶 가운데 순종하고 행하였으니, 저는 그를 사랑했고 존경했습니다. 무디 선생의 인품과 하신 일을 생각해 볼 때 세상에 살아있는 그 누구보다도 지금 관속에 잠들어 있는 그를 더 더욱 존경합니다.

그 다음으로는 토레이 목사가 단에 섰습니다.

"지금 이 시간 하나님께서는 제게 두 가지 생각을 주셨습니다. 그 첫 번째 생각은 바울 서신인 고린도전서 15장 10절 말씀에서 발견할 수 있습니다. '나의 나 된 것은 하나님의 은혜로 된 것이니.' 하나님께서는 무디 안에 당신의 사랑과 은혜를 놀랍도록 부으셨습니다. 하나님은 그의 탄생으로 영광을 받으셨습니다. 62년 전 저 언덕 너머에서 무궁무진한 가능성을 안고 태어난 한 아기는 하나님이 이 세상에 주신 선물이었습니다. 주님 오실 날을 알 수 없듯이 이 선물로 말미암아 세상이 얼마나 축복과 은택을 누렸는지 우리는 다 알 수가 없습니다. 그의 회심을 통해 하나님은 구원의 은혜를 충만히 드러내셨습니다. 무디도 우리 모든 사람처럼 죄 가운데 태어났지만 하나님께서는 섭리와 말씀의 권능으로, 성령의 거듭나게 하셨습니다. 그럼으로 성령의 능력을 입혀 주시사 그를 하나님의 강한 전사로 삼으셨습니다. 저는 44년 전 보스톤에서 한 소년이 회심한 사건이 이 세상에 얼마나 소중한 일이었는지는 입으로는 다 말할 수 없습니다. 모든 것이 온전한 하나님의 은혜였습니다. 무디 선생의 인품이 성숙해짐에 따라 하나님의 사랑과 은혜는 다시금 충만히 드러났으며 그의 개인적으로는 오늘날 전 세계에서 사랑과 존경을 받게 되었습니다. 그는 강인하고도 아름다운 인품의 소유자였습니다. 그의 인품은 하나님이 허락하신 것이었습니다. 그가 사람들과 달랐던 것은 오로지 하나님 한 분 때문이었습니다.

제가 무디를 생각하면 여호수아 1장 2절이 떠오릅니다.

'내 종 모세가 죽었으니 이제 너는 이 모든 백성으로 더불어 일어나 이 요단을 건너 내가 그들 곧 이스라엘 자손에게 주는 땅으로 가라.'

그의 죽음은 계속 전진하라는 부르심입니다. 이 부르심은 그의 자녀들에게, 동역자들에게, 각처에서 말씀을 증거 하는 사역자들이나 모든 교회를 향한 하나님의 부르심입니다. 지도자가 쓰러졌으니 이젠 전도 사역을 포기하려는 자들도 있을 수 있습니다. 절대 그렇게 생각해서는 안됩니다. 지금 하나님께서 무디의 죽음을 통해서 하시는 말씀을 들어보십시오.

'너희들의 지도자는 죽었지만 전전하라. 나의 종 모세가 죽었으나 이제 너희는 일어나 들어가 그 땅을 정복하라. 마음을 강하게 하고 담대히 하라.' (수1:9).

'두려워하지 말라. 내가 무디와 함께 있었던 것같이 너와 함께 있을 것임이라. 내가 너를 떠나지 아니하며 버리지 아니하리라' (수 1:5).

영결 예배 후 헐몬 산 학생들이 다시 운구를 맡아 라운드 탑에 이르렀습니다. 노스필드의 감람 산이라고 할 수 있는 라운드 탑은 작은 언덕인데 매년 신앙 집회들을 개최하는 곳입니다. 무디의 장례식에 참석한 성도들은 묘소에 둘러서서 "비바람이 칠 때와 물결 높이일 때에 사랑하는 우리 주여! 나를 품어 주소서"(찬송가 441장)를 불렀습니다. 토레이 박사가 기도를 드린 후, 스코필드 박사가 축도를 했습니다. 그리고 고인의 몸은 광명의 날이 이르러 사망과 슬픔이 없는 때가 오기까지 대지에서 안식을 얻었습니다. 무덤이 위치한 언덕 꼭대기에 서면 무디 선생의 생가(生家)가 보입니다. 거기서 약간 서쪽으로 눈을 돌리면 그가 임종하기 전 25년 간 살았던 집이 보이며, 약간 북쪽에는 노스필드 신학교 건물들이 있습니다. 신앙 서적 반포 협회 건물도 가까이에 보입니다. 최근 헐몬 산에 지어진 두 동의 건물, 예배당과 오버틴 홀(Overtoun Hall)은 풍경이 미려한 코네티컷 계곡을 가로질러 약 7 km 떨어진 곳에 자리잡고 있습니다. 그는 "영원히 흐르는 몇 갈래 생명의 근원이었습니다!" 무디는 그 물줄기 한 가운데 서서 이후로 그의 사역을 계속 이어 가는 사람들에게 끊임없이 귀감이 될 것입니다."

씨어도어 커일러(Theodore L. Cuyler) 박사는 기억에 남을 조사를 낭독했습니다.

"사랑하는 그가 우리에게 보다 소중하게 느껴지는 것은 전형적인 미국인이었기 때문입니다. 그에게서는 언제나 흙 냄새가 났으며 그의 옷에서는 주님께서 복 주신 뉴잉글랜드의 향기가 났습니다. 19세기의 전형적인 미국인, 평범하게 태어나 노력 끝에 큰 영향력을 발휘하는 인물이며, 모범적인 애국자이며 의(義)의 선봉장이 되었기에 자라나는 새싹들에게 귀감이 되는 분입니다. 저는 주저함 없이 아브라함 링컨(Abraham Lincoln)과 드와이트 무디(Dwight L. Moody)를 들겠습니다.

전능자 하나님께서는 켄터키의 통나무집에서 태어난 가난한 소년을 부르셔서 역경 가운데 인도하시고 서부에서 대학을 나오게 하신 후 우리들의 지도자 모세를 삼아 우리로 하여금 혈전(血戰)의 바다를 건너 자유의 가나안 땅에 이르도록 하셨습니다. 동일한 방법으로 전능자이신 하나님께서는 코네티컷 강가에서 태어난 외딴 농가의 소년 하나를 부르셔서 단 한 권의 성경책으로 그를 교육시키시고 예수 그리스도의 영으로 충만케 하사 구원의 사자(使者)로 파송하여 대영 제국과 미국을 그의 메시지에 사로잡았습니다. 링컨과 무디 두 사람 모두가 신뢰할 상식의 은사를 소유한 사람이었습니다. 두 사람이 큰 실수를 저지른 적이 없습니다. 두 사람은 번연(Bunyan)이 사용한 언어, 간결하고 힘이 넘치는 색슨어의 말투를 능숙하게 사용하는 사람들이었으며 그러한 말은 고상한 법정이나 강단의 웅변에서 사용되는 언어와 비견할 만한 위상에 올랐습니다. 넓은 사랑의 마음을 지녔던 링컨은 모든 처지에 있는 사람들을 향하여 한없는 동정심을 품은 사람이었기에 미국 역사상 가장 사랑받는 인물이 되었습니다. 예수님의 사랑이 충만하여 넓은 사랑의 마음을 갖게 되었던 그는 영혼의 심연(深淵)을 울리는 인물이 되어 수많은 사람들이 그의 강단 앞에서 감동 가운데 눈물을 흘리게 하였습니다.

　　마침내 해방자인 링컨은 4백만 개의 끊어진 쇠고랑을 손에 든 채 순교자의 관을 쓰게 되었습니다. 죄의 고랑을 찬 영혼들의 해방자 그는 며칠 전 과다한 사역가운데 순교하여 천국에 올라갔으니 그는 자신이 십자가에서 천사의 면류관까지 인도한 수천 수만의 영혼들로부터 천국 문에서 환영을 받았을 것입니다. 이제 저는 여러분들에게 알려지지 않은 이야기 하나 하겠습니다. 형제 무디는 캔자스 시에 가기 바로 전 주일에는 뉴욕에 있는 애버뉴 5번가 장로교회(Fifth Avenue Presbyterian Church)에서 마지막 설교를 했습니다. 당시 설교에 이미 전조(前兆)가 깔려 있었다고 저는 생각합니다. 그때 그는 놀라운 설교를 했습니다.

　　"어느 날 여러분은 지상(紙上)에서 무디 운명하다 라는 글을 보게 될 것입니다. 하지만 그것은 사실이 아닙니다. 하나님께서는 제게 영원한 생명을 선물로 주셨기 때문입니다." 예, 그렇습니다. 하나님께 가사를 드립니다. 그는 살아 있습니다. 그는 살아 있으며 그의 정신이 오늘 이곳에 있습니다. 뉴욕 시의 목회자들과 교회를 향해 울리는 저 나팔 소리를 들어보십시오. 이번 기도주간에 이 도시와 이 나라 전체를 타오르게 할 불 세례를 간구하도록 우리를 재촉하고 있습니다.

제 2 부
무디의 설교

서 론
무디의 설교와 현대 이야기식 설교

　무디의 설교는 다양한 설교자이었습니다. 그는 복음 전도 원고(Dennis M. Willis)없는 주제 설교를 많이 했습니다. 그렇지만 근간에 이야기식 설교나 상상력 설교도 구사할 수 있는 다양한 설교자이었습니다. 유진 로우리(Eugene L. Lowry)가 소개한 데니스 윌리스(Dennis M. Willis)의 이야기식 설교를 무디의 이야기식 설교를 비교하면서 건전한 설교 신학을 제기하고자 합니다. 먼저, 현대 이야기식 설교의 발전을 살펴보겠습니다.
　1958년에 나온 에취 데이비스(H. Grady Davis)의 「설교의 디자인(Design for Preaching)」이래로 설교학의 변화를 가져왔습니다. 그는 전통적인 설교형태인 주제 설교, 본문 설교, 강해 설교를 버리고 설교 내용과 형태에 대한 "기능을 따르는 형식(from follows function)" 접근법으로 대체하면서 설교의 다섯 가지 구조의 형태를 제시하는데 그 중 마지막 "이야기를 말하는(a story told)" 형태입니다.
　1970년대 초에, 찰스 라이스(Charles Rice)의 저서 「해석과 상상(Interpretation and Imagination)」은 설교학 이론에 많은 변화를 주었습니다. 그는 문화, 문학, 신학과 설교 내용 사이에 상호 관련성을 관련해서, 이야기식 설교 형태가 설교의 내용이 문학의 구성에 비롯하기에 설교의 구성에도 이야기를 비중을 두었습니다. 그는 이야기를 통해서 내용과 형태를 결합했습니다.

1971년 프레드 크래독(Fred B. Craddock)의 저서「권위 없는 자(As One Without Authority)인데, 이 책은 수사적 설교학과 이야기식 설교학의 단절을 가져왔습니다. 이 글은 설교학 교재가 아니라 귀납법적인 설교 방법을 제시했습니다. 1980년에는 에드문드 스테믈(Edmund Steimle)과 모리스 니덴탈(Morris Niedential), 찰스 라이스(Charles Rice)의 공동 저서인「이야기 설교(Preaching the Story)」와 리차드 젠센(Richard Jessen)의「이야기 말하기(Telling the Story)」는 설교를 "이야기를 나누는 것(shared story)으로 제시한 책입니다(진호식, 이야기식 설교 형태에 관한 연구, 장로회신학대학교 대학원, 1998, 14-5).

1989년에는 유진 로우리(Eugene L. Lowry)는「How to Preach a Parable(Designs for Narrative Sermons)」로 비유적인 이야기식 설교로 발전시켰습니다. 그는 스토리(story)는 일반적인 이야기를 가르치나 내러티브(Narrative)는 특정한 스토리나 특별한 사건을 의미합니다(Lowry, Eugene L., 설교자여, 준비된 스토리텔러가 돼라, 이주엽 역, 서울: 요단출판사, 1998. 22).

유진 로우리는 내러티브 설교를 정의하기를 "갈등의 제시에서 위기의 고조, 극적인 반전을 거쳐 결말에 이르는 시간 속의 사건으로 복음으로 우리 삶을 인도하는 설교로"보았습니다(26). 그럼으로 내러티브 설교는 갈등에서 시작해서 해결에 이르는 내러티브의 전개과정이 전개되는 설교를 가장 바람직한 설교로 보았습니다. 그는 내러티브의 흐름 속에서 스토리가 얼마나 설득력을 가지느냐는 스토리 자체의 성격과 설교의 목적에 달려 있습니다. 그것은 자동차가 다르면, 여행의 성격이 달라지는 것으로 보았습니다(29-30).

그는 설교 준비에 있어서 세 가지의 중요한 주제인 초점(focus), 전환(turn), 목적(aim)은 모든 설교의 기본으로 보면서 어떤 방식의 내러티브 설교를 선택할 것인가 이전에, 설교의 초점이 설교 본문의 제기점이 무엇인지에 대하여 집중하는 설교 내용을 결정하는 설교의 주제를 중요시 여겼습니다(40). 그는 설교를 이끌어 가는 네 가지 방식을, 스토리 진행(running the story), 스토리 보류(delaying the story), 스토리 유예(suspending the story), 스토리 전환(alternating the story)으로 나누었습니다. 그는 고인된 데니스 윌리스(Dennis M. Willis)의 「노아의 의인이요」라는 설교와 무디의 노아에 관한 설교를 비교해보고자 합니다. 스토리 진행은 설교자가 성경본문 안에서, 상세하게 부연할 수 있고, 세련되게 꾸밀 수도 있으며, 상세하게 부연할 수도 있고, 또한 창조적으로 생동감 있게 구성해 볼 수 있습니다. 그렇더라도 성경본문의 틀은 내러티브 설교의 틀이 되어야 바로 스토리 진행의 의미에 설교입니다. 그리고 그는 스토리 보류는 성경 본문에서 설교에 대하여 다른 조건적인 제시의 이유를 제시하면서 예배자들의 현재 관심사를 꺼내면서 설교를 시작하다가, 그 해결책을 구하기 위해서 성경본문으로 관심을 돌립니다. 본문 제시를 보류하는 설교 방식입니다(46).

스토리 유예는 내러티브 설교 기법 중에 가장 자주 쓰이는 설교방식입니다. 성경본문으로 설교를 시작한다는 점에서는 스토리 진행과 같지만 다른 무엇이 스토리 진행상에 돌출할 수 있다는 점에서 구별됩니다. 대개 성경 이야기의 흐름은 혼란을 일으키지만 설교자는 분석적이고, 일반적인 방식으로 성경을 보는데서 벗어나서 성경 본문을 제시합니다. 스토리 전환은 설교자가 성경에서 출발해서 다른 사안으로 옮겨가는 일반적인 방식을 변형시킵니다. 성경은 성경 외의 설교 소재들 속에 산재합니다. 유진 로우리는 내러티브를 이끌어 가는 역량에서 확장된 청취 행동과 비유적인 덤을 더해주고, 언어의 경제성에 오는 회화적인 이야기, 반복 표현, 세부 묘사, 주제 반복을 포함합니다. 그는 내러티브의 규범으로서 견해점인 화자와 스토리간의 거리의 연속 상에서 여러 가지 위치들을 개념화시켜 볼 수 있습니다.

① 등장인물의 내면에서, ② 스토리 안에서 ③ 등장인물을 바라보는 ④ 스토리 자체를 바라보는 ⑤ 스토리로부터 떨어져 보는 경우들이 있습니다. 내러티브의 규범가운데 설교의 전환이 따릅니다. 더욱이 그는 내러티브의 흐름의 변화에서 수많은 방식이 동원됩니다. 그 안에는 물론 음성의 높낮이, 말하는 속도, 목소리, 억양과 같은 음성적인 요소들이 포함됩니다. 또한 내러티브의 완급을 효과적으로 조절하려는 의미의 중요성과 전달되는 속도, 선택한 어휘의 복잡성 여부, 사용되고 있는 문체 그리고 사용되는 단어 자체가 가지는 특수 등의 변수들을 고려해야 합니다. 내러티브 흐름에 있어서 모든 문제는 설교 리듬이 갖는 음악적인 기능으로 귀결된다고 할 수 있습니다. 또한 성경 스토리에 나오는 인물의 내면에 대한 묘사가 청중이 판단하는 크게 영향을 미칩니다. 우리는 무디와 월리스 설교를 비교함으로써 이야기식의 설교의 장단점을 두 설교자의 설교를 통해서 판단하시기를 바랍니다. 무디의「너와 네 온 집은 방주로 들어가라」는 데니스 월리스(Dennis M. Willis)의「노아는 의인이요」설교가 동일한 이야기식 설교입니다.

첫째, 무디는 예화적인 이야기식 진행 설교라 하면 월리스는 인물 묘사적인 이야기식 진행 설교입니다.

둘째, 무디는 엄숙한 메시지, 메시지 반응, 노아 방주로 들어감, 심판과 현실적인 적용인 자녀들의 구원 문제를 제기하는 성경적인 스토리에 근거로 하는 구속사적인 전도 설교형식을 취했습니다. 이에 반하여 월리스는 세부묘사와 인물묘사와 전환을 통해서 개인적인 신앙의 촉구를 가져오는 개인신앙의 변화를 가져오는 교훈 설교 형식을 갖습니다.

셋째, 무디는 성경 본문 주제별 원고 없는 설교이라면 월리스는 본문 목적형 설교입니다.

넷째, 무디는 전도 설교이지만 월리스는 경건의 설교이었습니다. 설교에서 세 가지 준비인 초점과 전환과 목적가운데서 목적이 내러티브의 설교에 있어서 중요한 변수가 됩니다. 두 사람이 이야기식 설교를 하더라도 특히, 월리스의 내러티브 설교는 개인적인 경건의 설교로 지향하는가 하면 무디의 내러티브한 설교는 영혼의 구원에 치중하고 있습니다. 결국, 설교자의 목적이라는 것이 내러티브의 설교에 중요한 변화가 됩니다. 그럼으로 이야기식 설교자는 무디같은 직접적인 전도 설교의 목적과 월리스같은 개인 경건의 설교 목적 사이에서 어떤 설교를 해야 할 것인가를 결정해야 합니다. 넷째, 무디의 설교는 실천의 구체적인 대안이 분명하게 드러나지만, 월리스의 설교는 적실 한 실천의 대안이 드러나지 못하고 있습니다. 끝으로, 무디의 설교는 전체적인 성경적인 설교이라면 월리스의 설교는 본문을 쓴 상황인 이념적이고, 사료편찬적이며, 미학적인 요소들을 내포한 상황 안에서 본문이 말하는 기능 하는 현대의 새로운 상황 안에서 설교하기에 삶의 응답하며 호흡하는 설교입니다(토마스 롱, 성서의 문학유형과 설교, 박영미 역, 서울: 기독교서회, 1995, 157).

그렇지만 무디의 설교는 믿음의 결단이 성경적인 교훈가운데서 분명하게 표출되어 나옵니다. 그러나 월리스의 내러티브한 설교에서는 개인적인 신앙의 결심을 유도해 나간다는 사실입니다. 무디의 설교는 전체적인 주제 통합적인 설교라면 월리스의 설교는 개별적인 주제 수용적인 설교로 볼 수 있습니다. 우리는 이야기식 설교인 내러티브한 설교에 대한 다양한 설교자들의 장단점을 보완하는 다양한 설교에 대한 연구와 시도와 실천에 도전하는 설교자들이 되시기를 바랍니다.

"노아는 의인이요"
데니스 윌리스(Dennis M. Willis)
(창7:6-7;8:1, 15-16; 9:1, 8-10, 20-25, 28-29)

노아는 선한 사람이었습니다. 저는 그 선함이 무엇을 의미하는지 정화하게 알지 못합니다. 그렇지만 제 생각을 말씀드리자면, 우리는 선한 사람을 만나게 되면 우리의 기대는 높아지고, 이러한 기대감으로 인해서 우리는 부담감을 느낍니다. 노아는 진실로 선한 사람이었습니다. 온 세상이 모두 자멸의 길에 섰을 때, 하나님께서 노아를 잃는 것을 안타깝게 여기셨습니다. 이로 보건대. 노아는 정말 선한 자이었습니다.

한번 노아가 방주의 갑판에 서 있는 모습을 떠올려 보십시오. 사방에서 바람이 불고, 홍수물이 풍랑처럼 쳐 올라오며, 또 번개가 치고, 구름이 가득할 때, 노아는 배가 요동하는 대로 무릎이 흔들리는 것을 애써 참으면서 갑판 위에 꼿꼿이 서 있습니다. 그는 가늘게 눈을 뜨고 어슴푸레한 어둠을 주시하고 있습니다. 노아는 한 가닥 소망을 품고 손가락이 퉁퉁 부을 때까지 키를 잡고 있습니다. 이는 모든 소중한 생명을 지키기 위해서 입니다. 방주 갑판 아래에는 가족 식구들이 있으며, 그들은 노아가 선한 분인 것을 누구보다도 잘 알고 있습니다. 그의 아내는 요동치는 대홍수 속에서 자식들을 붙잡고 있습니다. 그들은 서로 꽉 붙잡고 있습니다. 또 그들은 자기 위에 있는 갑판에는 믿을 만한 존재가 있음을 인식합니다. 그 위에는 바로 선한 노아가 있었기 때문입니다. 노아는 정말로 선한 사람이었습니다. 선한 자나 악한 자들 모두에게 불어닥친 폭풍우가 결국 잠잠해지고, 하늘이 맑게 개이고, 물이 빠졌을 때, 방주는 육지에 상륙했습니다.

이제는 선한 노아의 시대가 도래했고, 그의 가족은 새로운 삶을 시작했습니다. 노아는 선량한 자이었습니다. 이미 여러분은 노아의 일생에 있어서 성경이 말하는 그의 중대한 사건을 잘 알고 있을 것입니다. 성경은 노아 홍수 이후의 그의 삶을 중요하게 다루면서 그가 술에 취했다는 점입니다. 정말 그는 무모하게 행동했으며, 이로 인해서 아들인 함에게 저주했습니다.

여러분은 항해하다가 술에 취한 선원을 어떻게 대하겠습니까? 여러분이 이른 아침에 술 취한 선원을 본다면 어떻게 하겠습니까? 우리는 어떻게 대해야 할까요? 선한 자이든지 악한 자이든지 말입니다. 이제 다른 상황에서 노아를 생각해 봅시다. 노아는 지금 어두운 천막 안에 누워 있습니다. 눈은 감겨 있지만, 잠이 든 것은 아닙니다. 노아는 눈뜨기를 두려워합니다. 그의 천막 안에 어질러져 있는 것들이 마치 자신의 삶의 추한 부분을 들어내는 것을 두려워했습니다. 그 천막 바닥에 널려져 있는 찢어진 가족 사진처럼 자신의 삶을 감추려했습니다. 천막 한쪽 구석에는 방주의 선장이었던 노아가 받은 기념패가 있습니다. 거기에는 "우리는 당신과 함께라면 어디든지 갈 수 있습니다"라고 씌어 있습니다. 노아는 그것조차 쳐다보지도 못했습니다. 그는 여전히 눈을 감고 기도합니다.

"오 하나님! 히브리 원문에 바라보는 기도의 의미는 이런 것이었다고 생각됩니다. "그런 일이 다시는 일어나지 않게 해 주소서! 제발 사실이 아니기를, 사람들에게 알려지지 않기를 빕니다. 그렇지 않다면, 차라리 저를 죽여주소서. 하나님 제발!"

노아는 천막 안에 무척 어두웠을 테지만, 그는 아무런 대답도 듣지 못했습니다. 어디서인가 사람들이 일어나 활동하는 소리가 노아에게 들려옵니다. 그러기에 노아는 고통스러워하면서 이제는 눈을 떠야 한다는 것을 알고 있었습니다. 이제 나는 일어나서 하루를 맞아야 하지. 그렇지만 노아는 현재 모습을 아무에게도 보여주고 싶지 아니했습니다. 누군가가 즐거운 소리로 떠드는 것조차 그는 싫어합니다. 누군가 마치는 것조차 꺼려합니다. 노아는 눈을 뜨고서 잠시 자신의 추하고 타락을 감싸주신 하나님께 진정으로 감사 기도하고자 일어났습니다. 그는 숨을 깊이 들이 마십니다. 이는 그가 심호흡을 하려는 것이 아니라, 오히려 고통스러운 마음을 진정시키려는 시도입니다. 그는 천막 밖에서 나는 사람의 소리가 점점 활기를 띠어 갈수록, 노아는 더욱 큰 두려움을 느낍니다. 그는 천천히 고통 하면서 의자까지 기어가서는 기도합니다. "오 하나님! 저는 이런 모습을 원치 않습니다. 저는 상처를 받기도 원치 않습니다. 저의 아픔을 멈춰 주옵소서. 이제 더 이상 멈추게 해주소서. 저를 이대로 두실 것이라면, 차라리 저를 죽게 해주소서!"

밖에 들려오는 인기척 소리가 너무 커서 하나님의 음성이 천막 안까지 들어오지 못했는지도 모릅니다. 노아는 자신을 지탱하려고 안 갖 힘을 쓰면서 생각했습니다. 그 자신도 꿈인지 생시인지도 분간하기 어렵습니다. 노아가 잘 알 수 없지만 지난밤에 술에 골아 떨어졌습니다. 제가 말하는 점은 언제나 기회가 있다는 것입니다. 하늘에 계신 하나님이 계시다면, 어딘 가에도 틀림없이 술이 있습니다. 그래서 노아는 자신도 모르게 천막 안을 여러 번 두리번거렸을 것입니다. 그는 눈에 띄지 않았던 물건들 사이에서 한쪽 편에 보관해 둔 포도주 가죽 포대를 발견했을 것입니다. 그것은 언제나 그대로 입니다. 그 안에 포도주가 얼마나 들어 있는지 짐작하기 어렵습니다. 노아는 하나님을 찾았습니다. "오, 하나님! 거기 충분한 양이 있게 하소서! 단지 내가 다시 힘을 얻고, 의욕을 가질 수 있을 만큼만 있게 하소서. 주님, 정말이지 저는 취하는 것을 원치 않았습니다. 약속할 수 있습니다. 취하지 않겠습니다. 단지 다시 시작할 수 있고, 힘을 얻고 의욕을 가질 수 있는 양만, 누가 보기 전에, 누군가 알아채기 전에 모든 흔적을 없앨 수 있는 정도의 양만 허락하소서!"

그는 이미 포도주 포대 쪽으로 기어가면서, 하나님의 음성을 듣지 않았습니다. 노아는 포도주 포대를 집어 올렸습니다. 그 포대는 비어 있지 않았습니다. 노아는 그 포대를 가까이 대고 흔들어 보면서 피해보려고도 했습니다. 그러다가 그는 그 차가운 감촉에 상기되면서 마개를 열고, 냄새를 맡자 곧 그 향에 빠져들었습니다 (Lowry, Eugene L., 53-7).

개틀린 형제들(Gatlin Brothers)이 보호소로 가면서 불렀던 술꾼들의 노래가 있습니다. 보호소는 먹여주고 돌봐줍니다. 인생의 중요한 의미를 알지도 못한 채로 그들은 거리에 나와 사람들에게 돈을 조금씩 구걸하면서 살아갑니다. 그들은 자정 무렵에 누군가가 한 건 올리면, 그들은 좁은 골목길에 둥글게 모여 모건 데이빗(Mogen David) 포도주 한 병을 들고 마치 주의 만찬 식이라도 하듯이 한 사람씩 차례로 건네며 마십니다. 그들은 취기가 오르면 합창합니다. 오, 주여! 제가 알고 싶은 것은 그것뿐입니다. 그 포도주로써 하늘나라에 들어갈 수 있을까요? "오, 어머니! 포도주로써 하늘나라에 올라갈 수 있나요? 요지경 세상에서 지옥 가기를 바라는 사람이 어디에 있을까요?"

이 노래는 바로 "길르앗에는 유향이 있지 아니한가"라고 물어보는 노래의 일종입니다. 노아를 위한 진통제인 유향은 없었습니다. 노아는 포도주 포대를 집어들 때부터 그것을 너무도 잘 알고 있었습니다. 그는 한 모금을 마시지 않던, 수 없이 마실지라도 충분하지 않았습니다. 그래서 그는 하나님께 기도를 드립니다.

"저를 그냥 내버려두십시오. 제발 저를 잠시만이라도 내버려두십시오!" 그는 자신의 머리카락을 쥐어뜯으면서 포대째 입에다가 들이킵니다. 그는 독을 다 마십니다. 저는 노아를 별로 좋아하지 않습니다. 제가 노아를 불쌍히 여길 정도라면, 문제의 기피자로 보기에, 저는 노아를 그다지 좋아할 수 없습니다. 게다가 노아의 행적은 더욱 불행한 삶으로 달려갑니다. 이는 노아의 생애에 있어서 최악이었습니다. 그에게 있어서 이보다 더 나쁜 일은 없었습니다. 노아가 홍수 이후에도 육백 년을 더 살았다 하더라도 이보다 더 불행한 일은 없었을 것입니다. 그는 포도주 포대를 목구멍에 들이부었습니다. 날이 밝아 오면서, 천막 한 귀퉁이가 젖혀지면서 천막 안으로 아침 밝은 빛이 찾아들었습니다. 이제 간밤에 노아가 행한 추태와 무모한 그림자는 전적으로 사라져 버렸습니다. 노아를 숨겨주었던 모든 그림자가 없어져 버렸습니다. 그리고 천막 입구에는 함의 그림자가 서 있었습니다. 그가 아들의 얼굴을 보는 순간 그에게 있어서 가장 괴로운 심정이었습니다. 그의 얼굴에는 자신에 대한 경멸과 역겨움이 서려 있었습니다. 그 순간 그는 견딜 수가 없었습니다. 그는 누구나 사람이면 한 번 저질을 수 있는 실수했습니다.

저는 노아를 좋아하지 않습니다. 노아가 저지른 일 때문만은 아닙니다. 누구라도 그랬을 것입니다. 노아로서는 그렇게 하는 수밖에 없었을 것입니다.

"함아! 너를 저주한다. 너는 내가 지금 어떤 모습인지 모두 잘 알고 있구나. 함, 너를 저주한다!" 함은 이 이야기에서 유일한 영웅이라고 할 수 있습니다. 노아는 위안과 진통제를 찾았지만, 함은 저주를 감수하는 데 타고난 사람이었습니다. 그러나 함은 부모의 곁을 떠났습니다. 자신에게 내려진 저주를 감수하고 먼 나라에 가서 살았습니다. 저는 함이 잘했다고 생각합니다. 그가 할 수 있는 일이라면 먼 곳에서 아버지의 죽음을 지켜보는 것이었을 테니까요. 그가 떠나 온 먼 나라는 집에서부터 저주를 떠 안고 온 영웅들로 가득 차 있었습니다. 노아는 다시 하나님을 찾았습니다. "오, 하나님! 어째서 이런 일이 일어났습니까? 어떻게 이런 일이 저에게 닥쳤습니까? 왜 제 아이를 뒤쫓아가 붙잡지 못했습니까? 왜 제가 이 일을 해결할 수가 없었을까요? 주님, 제가 제 인생의 마지막이 아닙니까?

제가 방주에서 보냈던 때, 선량하게 살았던 때를 추억합니다. 제가 착하지 않았습니까? 주님, 저는 그 때 저도 착했었습니다...."

다른 가족들은 함을 따르지 않았습니다. 여러분도 그들이 어떻게 했는지 알고 계실 것입니다. 저는 그 가족들도 노아와 같은 병에 걸려 있었다는 것을 우리도 직시합시다. 그들 모두가 자기 부정에 사로잡혀 있었기에, 이 외에는 아무 것도 조치를 취하지 못했습니다. 그들이 한 행동은... 그들은 자신들의 모습을 응시하려고 조차 하지 않았습니다. 하지만 노아는 분명히 그들을 칭찬했습니다. 노아는 분명히 그들에게 좋은 것들을 모두 말해 주었습니다... 노아는 그들에게 복을 빌어 주었습니다. 그들은 자신들의 추한 모습을 응시하려고 조차 하지 않았습니다. 뒷걸음질쳐 천막 안으로 들어가 그것을 덮어 버렸습니다(57-60).

노아는 무엇을 했습니까? 저는 지금 그 이야기 속으로 들어가려 합니다.... 우리는 노아가 결국 어떻게 되었는지 알지 못합니다. 정말 무슨 일이 일어났는지 모릅니다. 하지만 우리는 알고 있는 것이 있습니다. 아마도 노아는 병들었을 것이며, 자신의 허무한 고통과 무너져가는 자화상에 지쳤을 것입니다. 이로 인해서 그는 부두로 내려가 방주를 바라보지도 못했을 것입니다. 혹은 그는 예 전 일을 망각해 버렸을 수도 있습니다. 노아도 모든 것이 옛날 같지 않음을 깨달았을 겁니다. 이전에는 하나님과 자신의 관계가 불가분의 관계였지만 지금은 그렇지 않다는 것을. 단순한 두 단어가 아니라 기도로 하나님과 대화를 할 수 있던 때가 있었습니다. 노아는 하나님과 자신이 나누었던 기도를 떠올렸을지도 모릅니다. 어느 날 아침 그 순간을 떠올리면서 하늘을 쳐다보다가 무지개를 보고서는 무지개가 언약의 증거임을 기억했을지도 모릅니다. 노아는 자신의 무지개를 보았을 때 어떤 감정을 느꼈는지를 떠올려보려고 기억 속을 더듬어보았을 것입니다. 자신이 무엇을 기억해야 하는지 말입니다.

그렇다면 무지개가 노아에 대한 증거가 아님을 깨달았을 것입니다. 무지개는 하나님에 대한 증거인 것입니다. 하나님은 온갖 빛깔로 화려하고 아름다운 무지개를 통해 사람들을 내려 보내셨고, 사람들이 파멸을 위해 창조된 것이 아님을 기억하셨을 것입니다. 노아가 그것을 기억해 낼 수만 있었다면.

노아가 단지 그것만 기억했다면... 노아의 기억이 거기까지 미칠 수만 있었다면, 아마도 노아는 자신이 술 앞에서 무기력한 존재이며 또한 통제가 불가능한 존재임을 깨달을 수 있었을 것입니다. 다행스럽게도 노아가 한 순간을 참을 수 있었더라면, 노아는 자기 자신보다 훨씬 더 큰 힘이 자신을 정한 심령으로 회복할 줄 알았을 것입니다. 그가 이것을 깨달았다면, 남은 생애 동안은 술에 의지하는 일은 다시 없었을 것입니다. 그가 술에 의지했던 그 날은 하루로도 넉넉했습니다. 노아는 자신의 삶을 무지개를 통해 약속하시는 하나님의 은총 가운데서 모든 생명을 사랑하시는 하나님의 보호 아래 온전히 맡길 수 있습니다. 인간을 너무나 사랑하신 나머지 거룩한 몸을 우리 누구나 먹고 마실 수 있는 빵과 포도주로 변화시킨 하나님의 손길 아래 살기로 작정했습니다(61).

제 1 장
너와 네 온 집은 방주로 들어가라
(무디 설교)

창세기 7장 1절을 주목하시기를 바랍니다.

하나님께서 말씀하실 때, 우리들은 들을 수 있습니다. 지금 사람이 말하는 것이 아니라, 하나님께서 친히 말씀하시기 때문입니다. "여호와께서 노아에게 이르시되 너와 네 온 집은 방주로 들어가라."

회의론자는 이 본문을 읽을 수 있습니다. 어떤 성도들도 이렇게 말할 수도 있습니다. "무디씨가 노아 방주에 대해서 설교하지 않았으면 좋겠습니다. 그 이야기는 이미 오래 전에 모든 지성인들이 포기했다고 사건들이라고 생각합니다." 그러나 저는 이 성경의 사건을 포기하지 않았다는 사실을 말씀드립니다. 이 말씀을 포기할 때는 성경 전체를 포기하는 셈입니다. 하나님의 아들로 오신 예수님조차도 세상에 계셨을 때 구약 성경의 어느 부분도 포기하신 적이 없습니다. 사람들은 노아 홍수 사건을 믿지 않습니다고 말하니다. 그렇지만 그리스도께서도 자신이 이 세상에 재림하실 것을 노아의 대홍수와 연관시키셨습니다.

"노아의 때와 같이 인자의 임함도 그러하리라 홍수 전에 노아가 방주에 들어가던 날까지 사람들이 먹고 마시고 장가들고 시집가고 있으면서 홍수가 나서 저희를 다 멸하기까지 깨닫지 못하였으니 인자의 임함도 이와 같으리라"(마24:37-39).

저는 요한 복음 3장을 믿는 것만큼 대홍수 사건을 믿습니다. 저는 구약 성경을 갈래갈래 찢어 하나님의 말씀과 사람의 말과 신화로 여기는 사람들을 불쌍하게 생각합니다. 우리가 성경의 어느 부분이라도 포기하는 바로 그 순간, 우리는 하나님 아들의 신성에 거부하는 것입니다. 저는 성경의 내용 중에서 문서 비평을 통해서 고르기 시작할 때부터 그가 성경 전체를 갈기갈기 찢어 놓는 것을 목격하였습니다. 5분이면 얼마든지 할 수 있는 것을 5년이나 걸려서 한들 무슨 소용이 있겠습니까.?

엄숙한 메시지

하나님께서 본문에 대한 말씀을 하시기 120년 전에, 노아는 그때까지 들어 본 적이 없는 하늘로터 주의 가장 무서운 소리를 들었습니다. 그 이전 어느 시대 사람도 그런 말을 듣지 못하였으며, 그 이후도 마찬가지였을 것입니다. 하나님은 세상 사람의 타락함을 인하여 물로 심판할 것이라고 경고하셨습니다. 우리는 대홍수 이전에 살던 시대의 악한 사악함을 다 헤아릴 수 없습니다만, 성경은 이렇게 분명하게 보여주었습니다.

"여호와께서 사람의 죄악이 세상에 관영 함과 그 마음의 생각의 모든 계획이 항상 악할 뿐임을 보시고, 땅위에 사람 지으셨음을 한탄하사 마음에 근심하시고 가라사대 나의 창조한사람을 내가 지면에서 쓸어버리되 사람으로부터 육축과 기는 것과 공중의 새까지 그리하리니 이는 내가 그것을 지었음을 한탄함이니라 하시니라…. 때에 온 땅이 하나님 앞에 패괴하여 강포가 땅에 충만한지라. 하나님이 보신 즉 땅이 패괴하였으니 이는 땅에서 모든 혈육 있는 자의 행위가 패괴 함이었더라"(창6:5-7,11:12).

그 당시 사람들은 500살 이상을 살았으므로, 죄가 상당히 무르익을 정도로 세상에서 살았습니다.

메시지에 대한 반응

하나님은 120년 동안 대홍수 이전에 살던 사람들과 경고하셨습니다. 하나님은 경고도 없이 징계하는 법이 없습니다. 그들은 분명히 하나님의 경고를 받았습니다. 노아가 방주를 짓고 있을 때, 바로 그것이 그들에게 경고였습니다. 노아가 방주를 지으면서 때리는 망치 소리 하나 하나가 "나는 하나님을 믿는다"는 신앙고백으로 메아리쳤습니다. 만일 그들도 니느웨 사람들처럼 회개하고 눈물을 흘렸다면, 하나님도 그 회개하심을 보시고, 그들을 살려 주셨을 것입니다. 그러나 그들은 하나님의 자비를 구하는 진정한 눈물을 흘리지 않았습니다. 그들은 하나님께서 세상을 심판한다는 생각을 조롱했습니다. 그들은 하나님은 어디에 있느냐고 반문하는 불경건한 무신론자들이었습니다.

얼마 전, 저는 무신론자를 만났습니다. 제가 그에게 질문했습니다. "세상이 어떻게 만들어졌다고 생각합니까?" "오! 힘과 물질이 함께 작용하여, 우연히 세상이 만들어졌습니다." 저는 재차 반문했습니다. "만일 힘과 물질에 의해서 세상이 우연히 만들어진 것이라면, 당신 혀가 당신의 머리 꼭대기에 붙어 있지 않은 것은 참 이상한 일이군요. 만일 제가 손목 시계를 꺼내들고, 힘과 물질이 함께 작용하여 우연히 이 시계가 나왔다고 말한다면, 당신은 저를 미친 정신병자로 생각할 것입니다. 그렇지 않겠습니까? 그런데도 사람들은 이 오래된 세상이 우연히 만들어졌다고 말하거든요! 세상이 우연히 스스로 만들어졌다고! 말입니다."

저는 스코틀랜드에서도 하나님이 없다는 사람을 만나서, 제가 그에게 질문을 던졌습니다. "창조에 대해 어떻게 생각하십니까? 그리고 이 바위들이 어떻게 해서 생겨났을까요?" 사실, 스코틀랜드에는 바위가 매우 많았습니다. "왜요? 학생들도 다 설명할 수 있습니다." 그래서 저는 재차 반문했습니다. "그러면 처음에 생긴 바위는 어떻게 만들어 졌을까요?", "모래이지요." 그래서 저는 다시 질문을 했습니다. "최초의 모래는 어떻게 만들어졌습니까?", "바위로부터 이지요" 여러분 보셨지요? 그는 아주 멋지게 답변했습니다. 모래가 바위로 바위가 모래로, 이런 식으로 말입니다. 저는 노아가 이런 부류의 사람들과 대결하였다고 저는 확신합니다.

또한 불가지론자들도 있습니다. 그들은 하나님이 계심을 의심하는 부류가 있었지만, 세상이 우연히 발생하였다는 것을 도저히 믿을 수 없다는 입장을 취하고 있습니다. 그러면서도 그들이 믿으려 하는 하나님은 인간 죄를 처벌하시는 것을 피하시는 너무나 자비로운 분으로 보려고 합니다. 그들은 하나님은 너무나 많은 동정심과 사랑으로 넘치시기에, 죄를 처벌하지 않는다는 것입니다. 그래서 그들은 술주정뱅이, 매춘부, 도박꾼, 살인자, 도둑, 방탕자 등이 결국에는 모두 성자(聖者)와 같은 복을 받을 것이라고 봅니다. 어떤 주지사가 너무 선량한 사람이라, 죄수들을 고통을 받게 하거나, 혹은 감옥에 보내는 것을, 안타깝게 여겨서, 모든 죄수들을 석방해준다고 가정해 봅시다. 그가 얼마나 오래 동안 주지사로서 감당할 수 있겠습니까? 여러분이라도, 하루 해가 지기 전에 그를 관직에서 쫓아낼 것입니다. 하나님의 자비를 운운하는 그런 자들이 아마도 범죄를 저지른 사람을 감옥에 보내지 않는 주지사를 제일 먼저 반대하고 배척할 것입니다.

또한 어떤 부류 사람들은, 하나님은 좌우지간 세상을 완전히는 멸망하지 못할 것이라는 입장입니다. 그들은 초원과 저 지대까지 올라오는 대홍수는 일어날 수 있다고 가정합니다. 그러나 홍수가 났을 때, 언덕과 산으로 올라가기만 한다면 얼마든지 목숨을 건질 수 있다고 봅니다. 이렇게 처신하는 것이 노아의 방주로 들어가는 일보다 백 배 낫다는 입장입니다. 그들은 노아의 홍수처럼 큰비가 내릴지라도 노아의 방주보다는 훨씬 나은 뗏목이나 선박을 건조할 수 있다고 봅니다. 그들은 노아의 방주를 실제로 본적이 없었습니다. 사실 그 배는 거대한 배이었습니다. 그것의 길이가 약 150m, 그 넓이가 약 24m이고, 또 그 높이가 약 15m에 달하였습니다. 그 방주는 안으로 3층으로 이루어졌으며 또 창문은 오직 하나만 만들었습니다. 그리고 구원받은 무리가 소수에 속했던 노아가 오히려 잘못되었다는 입장을 취하는 당시 대부분의 사람들이 생각했습니다. 여러분들도 아시다시피, 그 일에 대해서 오늘날에도 큰 논쟁거리가 되고 있습니다. 노아는 정말 소수에 속한 사람이었습니다. 그러나 그는 계속 일을 해나갔습니다.

그 당시에도 술집들이 있었을까요? 저는 분명히 술집이 있었다고 생각합니다. 왜냐하면 성경에 보면, "때에 온 땅이 하나님 앞에 패괴하여 강 포가 땅에 충만한지라"고 하십니다. 술을 마시는 곳에는 항상 폭력이 따릅니다. 또 우리는 노아가 포도 농사를 짓고서 무절제한 죄에 대하여 잘 보여줍니다. 그는 의로운 사람이었습니다. 그런데도 그가 그런 짓을 했다면, 당시 세상 사람들은 얼마나 더했겠습니까? 술집이 있었다면, 분명히 그들은 노아와 그의 방주를 비방하는 상스러운 노래들을 만들어 불렀을 것입니다. 그리고 극장이 있었다면, 그들은 노아를 풍자하여 연기하였을 것이고, 부모들은 그들의 자녀들을 데리고 연극을 보러갔을 것입니다. 또 그 당시에 신문이 있었다면, 이따금씩 "노아와 그의 미련함"에 대한 보도와 풍자가 실렸을 것입니다. 기자들도 그에게 찾아와서 인터뷰를 했을 것입니다. 그리고 연합 신문이 있었다면, 몇 일마다 기자들을 보내서 방주를 건조하는 진척의 상황을 수시로 보도했을 것입니다. 그리고 그들은 노아의 방주를 한번 둘러보는 것만으로도 참 재미있게 여겼을 것입니다. 아마 그들은 노아 방주가 한갓 소풍 장소이나 견학 명소로 떠올렸을 것입니다. 그들은 방주를 완성하려고 일하는 노아를 보면, 서로 툭툭 치면서 사람들은 수군덕거렸을 것입니다. "저 이가 노아야! 저 길 좀 봐! 그의 눈이 좀 이상스럽게 생기지 않았어?".

어떤 스코틀랜드인처럼 노아를 얼간이처럼 여겼습니다. 술주정뱅이가 자기 재산을 탕진하고 패가망신을 했을 때도 자신이 미쳤다고 생각하지 않습니다. 사람들은 인간에게 죽음과 저주를 가져다 주는 사람들을 보고서 미친 사람들이라고 말하지 않습니다. 그러나 어떤 사람이 구원의 방주 속에 들어갈 때, 그를 미친 사람이라고 말을 듣게 됩니다. 그리고 제가 생각하기로는 당시에 "괴짜"라는 말을 통용을 했다면, 그들은 노아를 일컬어 "늙은 괴짜"로 불렀을 것입니다. 그러기에, 노아와 방주에 관련돼서 수많은 농담이 생겼을 것입니다. 또한 노아가 계속 전도하며 또 땀을 흘리고 방주를 짓고 있는 동안, 장사꾼들은 계속 물건들을 사고 팔면서 재산을 불려나가는데 혈안이 되었을 것입니다. 노아를 비방하는 무리 가운데 천문학자들도 있었을 것입니다. 그들은 별들을 응시하면서 서로 위로를 삼았을 것입니다. "아무 걱정도 하지 말게나. 하늘을 보니, 임박한 폭풍의 징조가 전혀 없네. 우리는 매우 과학적이고 또 똑똑한 자들이 아닌가! 만일 폭풍이 찾아온다면, 하늘에 나타난 징조를 얼마든지 우리는 알 수 있을 걸세."

그들 중에는 지질학자들도 있었을 것입니다. 그들은 지질을 연구하며 또 탐사하면서 판단을 내릴 것입니다. "이 땅에는 대홍수의 징조는 없을 거네." 현대인처럼, 그들은 교회를 짓는 일에 동참하고, 후원금도 내지만 예배당에는 절대로 들어가지 않는 사람들과 같았습니다. 모든 일이 평상시처럼 지속되었습니다. 어린양들이 봄마다 언덕에서 뛰놀았습니다. 사람들은 계속 부를 추구하였습니다. 오늘날처럼 신용 대출업이 있었다면, 아마 그 상환 기간이 우리보다 훨씬 더 길었을 것입니다. 우리는 99년을 매우 오랜 기간으로 생각합니다. 그러나 그들은 999년의 상환 기간도 인정했을 것입니다. 그리고 노아가 대부 계약서에 서명하러 올 때, 대출업자가 얼굴을 잔뜩 찌푸리며 투덜거리면서 대출해주었을 것입니다.

"이 늙은 노아는 세상이 120년 후에 세상이 끝난다고 했었지? 그가 그 말을 시작한지도 20년이 벌써 지났어. 그렇지만 우리는 계약서에는 서명해야겠지! 그 정도라면 위험 부담은 얼마든지 감수할 수 있지!"

어떤 사람은 노아가 귀머거리라고 말했을 것입니다. 그렇지 않았다면 사람들의 비난과 조소를 견딜 수 없었을 것이라는 추측에서 나온 말입니다. 그러나 노아가 사람들의 비방하고 또 조소하는 소리를 듣지 못했더라도, 방주를 만들라고 하시는 하나님의 목소리는 들었습니다. 그 후로 100년이 지나서 방주를 건조 작업이 마쳤을 때를 상상할 수 있습니다.

사람들은 이렇게 궁금해합니다. "왜 저 사람이 작업을 중단했을까?" 노아는 모든 사람들에게 임박한 대홍수에 대비해서, 하나님이 모든 사람을 지면에서 쓸어버리실 것이라는 사실을 알려 주기 위한 전도 여행을 떠났습니다. 그러나 그가 구원을 위해서 전도의 설교를 했음에도 불구하고 그의 가족들 이외에는 누구도 믿지 않았습니다. 노아처럼 같이 늙어가던 사람들도 세상을 떠나면서 이해하지 못한 채, 푸념하면서 이 세상을 떠났습니다. "노아가 틀렸어!". 노아에게 있어서 동료들로부터 '불쌍한 노아!'로 오해받는 것을 견딜 수가 없었습니다. 저라면 120년간의 사역하다가 한 사람이라도 회심자가 생기지 않았더라면, 전도 사역이나 목회 사역을 단념했을 것입니다. 그렇지만 그는 무조건적으로, 하나님의 말씀을 믿고, 그저 말없이 땀 흘려 일하였습니다. 이제, 120년 기간이 다 찼습니다. 그 해 봄이 와도 노아는 아무 것도 파종하지 않았습니다. 그는 대홍수가 곧 임할 것임을 알았기 때문이었습니다. 그러자 사람들은 조소했습니다. "전에는 매년 파종을 하더니, 올해는 세상이 멸망한다나 어쩐다나 하면서 아무 것도 심지 않았구먼!"

방주 안으로

구름 한 점 없는 쾌청한 날 아침 광경을 저는 상상할 수 있습니다. 그 날 노이는 홍수라는 통보를 하나님께로부터 받았습니다. 그는 120년 전에 들었던 그 하나님의 소리를 다시 들었습니다. 어쩌면 지난 120년 동안, 하나님이 아무 말씀도 하지 않으셨는지도 모릅니다. 그러나, 그 목소리는 그의 영혼을 통하여 다시 울려 퍼졌습니다. "노아 야! 너와 네 온 집은 방주로 들어가라." "오라!"라는 단어는 성경에 약 1,900번 정도 나옵니다. 그런데 여기서 처음으로 사용되었습니다. 이 말은 구원을 의미합니다. 여러분은 노아와 그의 모든 식구들이 방주 안으로 들어가는 장면을 상상하실 수 있겠습니까! 그들은 가구도 옮기고 있습니다. 이웃들은 이렇게 말을 건넸을 것입니다. "노아 씨, 왜 그리 서두르시오? 그 오래 된 방주 안에 들어갈 시간은 많지 않소? 왜 그리 서두르시오?". 그러나 노아는 하나님의 음성을 듣고 순종할 뿐이었습니다. 친척들은 그에게 물었습니다. "그러면 당신의 토지와 가옥은 어떻게 할 겁니까?" 노아는 그의 친척들에게 답변했습니다. "나는 그것을 원치 않아요. 대홍수가 올 거예요". 그는 그들에게 은혜의 날이 마감되고 있다고 말했습니다.

그는 세상의 부는 가치가 없는 것이며, 또한 방주만이 유일한 안전 장소라고 말해 주었습니다. 우리가 중요시 여기는 이 철도들이 곧 사라진다는 것을 명심합시다. 그것들은 얼마 동안만 사용되는 것이지, 영원을 향해 가는데 쓸모가 없습니다. 앞으로, 하늘이 불타게 될 것입니다. 그러면 재산, 명예, 사회적 지위가 무슨 쓸모가 있겠습니까? 첫 번째 경고는 어떤 아침 잠자리에서 일어났을 때, 주어질 수도 있습니다. 보십시오! 하늘에는 새들로 노래합니다. 새들이 방주 속으로 두 마리씩 짝을 지어 날아 들어갑니다. 그 새들은 사막과 산과 세상의 모든 지역으로부터 날아오고 있습니다. 그것들은 방주 안으로 들어갑니다. 이 광경은 참으로 기이한 모습이었을 것입니다. 저는 사람들로부터 "이게 어찌된 일이지?"하는 소리를 듣습니다. 그리고 세상 사람들은 땅 아래를 내려다봅니다. 그들은 엄청난 놀람과 충격 속에서 작은 곤충들이 둘씩둘씩 기어서 방주로 들어가고 있는 모습을 목격합니다. 그 곤충들은 세상의 모든 곳에서부터 들어오고 있습니다. 그리고 보십시오! 가축들과 짐승들도 두 마리씩 짝을 지어 노아 방주 안으로 들어옵니다. 이웃 사람들이 이 광경을 쳐다보면서 소리를 지릅니다. "이게, 무슨 징조일까?" 그들은 임박한 폭풍의 징조 가없다고 말한 과학자들과 현자들에게 달려가서 묻습니다. "왜 저 새들과 동물들과 기는 것들이 방주 속으로 들어가고 있습니까? 마치 보이지 않는 손에 의해 인도되는 것같이....".

과학자들과 현자들이 말합니다. "글쎄요. 우리도 그걸 다 설명할 수 없습니다. 하지만 너무 걱정하지 마십시오. 하나님은 세상을 멸망시키지 않을 것입니다. 경기가 요즘처럼 좋은 때도 없었습니다. 만일 하나님이 세상을 멸망시키려고 했다면 이렇게 계속 번창하게 놔두시겠습니까? 임박한 홍수의 징조는 없습니다.", "이 기어 다니는 곤충들과 숲 속의 야생 동물들이 방주 속으로 왜 들어가고 있는지 우리도 전혀 알 수가 없습니다. 우리도 이해할 수 없습니다. 그것은 매우 이상한 현상입니다! 그러나 그 어떤 일이 곧 일어날 것이라는 징조는 어디에도 없습니다. 별들은 반짝입니다. 그리고 태양은 여느 때처럼 저렇게 환하게 빛납니다. 모든 것이 전처럼 그대로 움직이고 있습니다.

여러분은 어린이들이 거리에서 놀고 있는 소리를 들으실 수 있습니다. 모든 사람들이 그 여느 때처럼 아주 즐거워하고 있습니다. 그 경고는 지나가 버리고 그들은 평상시 생활로 되돌아갔습니다. 노아가 나와서 말합니다. "문이 이제 닫힐 것입니다! 들어오십시오! 하나님이 세상을 멸하실 것입니다. 저 동물들을 보십시오! 그들이 어떻게 이리로 들어왔겠습니까? 그들은 하나님으로부터 직접 명령을 듣고 온 것입니다."

그러나 사람들은 아무 것도 모른 채 계속 노아의 말을 조롱했습니다. 여러분은 120년이 다 찬 후, 하나님이 이 세상에 7일이라는 유예 기간을 주셨다는 사실을 아십니까? 이 사실을 발견한 적이 있습니까? 만일 이 7일 동 한 명이라도 부르짖었다면 노아는 그 사람을 방주 안으로 들여보내 주었을 것입니다. 그러나 그런 사람은 아무도 없었습니다. 마침내 최후 날이 찾아왔습니다. 최후 시간이며 또 마지막 몇 분말입니다. 정말, 마침내 최후의 순간이 왔습니다. 전능하신 하나님이 내려오셔서 방주의 문을 닫으셨습니다. 천사도 아니고, 사람도 아니고, 하나님이 친히 그 문을 닫으셨습니다.

일단 만물의 주인이 일어나 문을 닫으시면 세상의 운명은 완전히 결정된 것입니다. 그 옛 세계의 비참한 운명도 마침내 확정되었습니다. 그 옛 세계의 영화(榮華)의 마지막 일몰이 있었습니다. 저 멀리에서 폭풍이 몰려오는 소리가 들립니다. 천둥이 몰아치는 소리가 들립니다. 번개가 번쩍이기 시작하자 옛 세계가 흔들립니다. 폭풍이 그들 위로 몰아칩니다. 그리고 노아의 오래된 방주는 그들에게 전 세상보다도 더 가치 있는 것이 되었을 것입니다.

　　이 글을 읽으면서 코웃음을 치고 있는 사람들에게 말합니다. 당신은 성경을 비웃을 수 있습니다. 당신은 그대 어머니의 하나님에 대해 코웃음을 칠 수 있습니다. 당신은 목사들과 그리스도인을 비웃을 수 있습니다. 그러나, 그 때가 가까워 오고 있습니다! 오래된 성경 책 속에 한 가지 약속이 이런 세상 천 개보다 더 가치 있게 느껴질 바로 그 때가 말입니다. 하늘의 창문들이 열리고 땅의 깊은 샘들이 터져 나옵니다. 물이 솟구쳐 올라오며 바닷가 그 경계를 넘어 절벽을 타고 뛰어오릅니다. 강들이 불어나기 시작합니다. 저지대에 살던 사람들이 산과 고지대로 피난합니다. 그들은 언덕 위로 도망칩니다. 거기에서는 울부짖는 소리가 점점 더 커집니다.

　　"노아! 노아! 노아! 우리를 들여보내 주시오!" 그들은 자기 집을 떠나 이제 방주 앞에 나와 있습니다. 그들은 방주를 마구 두드립니다. 그들이 외치는 소리를 들어보십시오. "노아! 우리를, 들여보내 줘요. 노아! 제발 우리를 구해 줘요.", "저 조카예요.", "저 조카 딸입니다!", "나, 네 작은 아버지다!" 아, 그 안에서도 여러 목소리가 들려옵니다. "저도 여러분을 방주 안으로 들어오게 했으면 좋겠지만, 하나님이 문을 닫으셨기 때문에, 저로서도 열 수가 없습니다!".

　　하나님이 구원의 문을 닫으면 희망은 없습니다. 자비를 베풀어 달라는 그들의 부르짖음은 너무나 늦었습니다. 그들에게 허락했던 은혜의 유예 기간은 끝나 버렸습니다. 최후 순간이 닥쳤습니다. 하나님은 그들에게 호소하셨습니다. 그는 그들을 120년 동안 초대하셨습니다. 그러나 그들은 하나님의 초대를 거절했습니다. 그들은 대홍수가 닥친다는 생각을 비웃고 멸시하였습니다. 그러니 이제 너무나 늦었습니다. 하나님은 그들 중 한 사람이라도 살려서, 그들로 하여금 어떻게 죽어 갔는지를 우리에게 증언하시지 않았습니다.

욥이 식구들을 잃었을 때, 한 사자가 그에게 찾아왔었습니다. 그러나 대홍수 이전 시대로부터는 아무런 사자도 오시지 않았습니다. 심지어 노아 자신도 그 세상이 멸망하는 것을 목격하지 못했습니다. 만일 그가 목격할 수 있었다면, 남자들과 여자들과 어린이들이 방주에 달려드는 것을 보았을 것입니다. 홍수의 파도가 점점 더 높게 일 때에, 방주밖에 있던 사람들은 불신으로 죽어 갔습니다. 어떤 사람들은 나무에 올라가면 살 수 있을 것이라고, 생각하여 폭풍이 곧 잠잠해지면 내려올 것이라고도 생각하였습니다. 그러나 비는 주야 40일 동안 계속해서 내렸습니다. 그들은 홍수의 파도 속에, 멀리 쓸려가고 말았습니다. 정치가들과 천문학자들과 위인들이 자비를 달라고 부르짖었습니다. 그러나 그들에게 하나님의 자비를 얻기에는 너무나 늦어버렸습니다. 그들은 자비의 하나님께 불순종의 결과이었습니다. 하나님이 그들을 부르셨지만, 그들이 거부하였습니다. 하나님이 그들에게 호소하였지만, 그들은 하나님을 비웃고 조롱하였습니다. 이제는 하나님께서 베푸시는 자비의 때가 지나고 심판의 때가 닥쳐왔습니다.

심판

하나님이 세상을 심판하실 날이 다시 다가오고 있습니다. 그

날은 얼마 남지 않았습니다. 그 날이 언제인지는 알지 못하지만, 그 날을 반드시 옵니다. 이 세상이 두루마리처럼 둘둘 말리고 불에 타게 될 것이라는 하나님의 말씀이 이미 선포되었습니다. 그러면 여러분의 영혼은 어떻게 될까요? "이제, 너와 네 온 집은 방주로 들어가라"는 말씀은 참으로 기쁜 초청의 말씀입니다. 대홍수를 알리는 빗방울이 처음으로 떨어지기 24시간 전에 만일 노아의 방주가 경매에 붙여졌다면, 불피울 장작 정도의 값 이상을 받아내지 못했을 것입니다. 그러나 비가 내리기 시작하여 24시간이 지난 후에, 노아의 방주는 이 세상의 모든 것보다 더 높은 가격이 매겨졌을 것입니다. 그러나 그때까지 살아남은 아무도 없었습니다. 그 때까지 살아남은 생존자가 한 사람이라도 있었더라면, 그는 방주에서 한 자리를 얻기 위하여 모든 것을 바쳤을 것입니다. 여러분은 돌아서서 비웃을 수도 있습니다.

"나는 그리스도를 믿지 않아!". 또한 여러분 중에도 "나는 그리스도가 계신 것보다 차라리 없는 것이 더 나아!"하고 자문할 수도 있습니다. 그러나 그리스도께서 당신에게 이 세상 만 개보다 더 가치 있게 할 날이 다가 옴을 명심하십시오! 오늘은 은혜를 받을 때입니다! 자비의 때입니다. 성경책을 주의 깊게 읽으시면, 하나님이 심판 전에 항상 은혜를 베푸신다는 사실을 발견할 수 있습니다. 은혜는 심판의 선행자입니다. 하나님은 노아의 때, 사람들을 사랑으로 부르셨습니다.

그들이 만일 노아가 기다렸던 120년 안에 회개했더라면 구원을 받았을 것입니다. 그리스도께서 사람들에게 호소하기 위하여 예루살렘에 오셨을 때, 그 때가 그들에게 은혜의 날이었습니다. 그러나 그들은 그리스도를 조롱하고 비웃었습니다. 그럴지라도, 그리스도께서 부르십니다.

"예루살렘아! 예루살렘아! 선지자들을 죽이고 네게 파송 된 자들을 돌로 치는 자여 암탉이 그 새끼를 날개 아래 모음같이 내가 네 자녀를 모으려 한 일이 몇 번이냐 그러나 너희가 원치 아니하였도다"(마23:37).

    그 후 40년만에 수많은 사람들이 목숨만은 살려달라고 애걸하였습니다. 그리고 그 도시에서 백 십만 명이 죽어 갔습니다. 1857년 미국 동부에서 영적 부흥이 일어났고, 그것이 서부의 도시들로, 마침내 태평양 연안에까지 퍼져 갔습니다. 그것은 하나님께서 이 나라를 부르고 계시는 것이었습니다. 그 당시에 50만 명이 교회에 등록하였습니다. 그러다가 전쟁이 발발하였습니다. 우리는 1857년에 성령으로 세례를 받았고, 1861년에 피로 세례를 받았습니다. 그것은 심판에 앞선 자비의 부르심이었습니다.

우리 자녀들은 안전합니까?

    제가 선택한 이 본문은 오늘 날 모든 그리스도인들과 부모에게 특별히 적용됩니다. 이 성경 본문이 노아에게 주어졌을 때, 그것은 노아 자신만의 안전을 위해서가 아니라 그의 가족 전체를 위해서입니다. 그러므로 오늘 제가 모든 부모들에게 던지고 싶은 질문이 있습니다. "귀하의 자녀들은 하나님의 방주 안에 있습니까?". 여러분이 웃어넘기실지 모르지만 이것은 매우 중요한 질문입니다. 모든 자녀가 구원의 방주 안에 있습니까? 모든 손자 손녀가 방주 안에 있습니까? 우리 자녀들이 다 방주 속으로 들어가기까지는 밤이고 낮이고 쉬지 말기를 바랍니다. 제가 생각하기로, 한 가지 유혹을 받았던 곳에서 우리 자녀들은 오십여가지 유혹을 더 받습니다. 미국에 대도시의 거리마다 우리의 자녀들을 낚으려는 함정이 놓여져 있습니다. 우리가 주식과 채권을 축적하며 시간을 보내는 일이 인생의 본분이라고 생각하십니까? "내 자식들은 구원의 방주 안으로 들여 놓기 위하여 부모로서 최선을 다했습니까?" 바로 이것이 우리가 할 본분입니다. 한가지 질문을 다시 드리겠습니다. 하나님이 노아를 방주 안으로 부르셨을 때, 만일 그의 자녀들이 함께 들어가려 하지 않았다면 노아의 심정이 어떠했겠습니까? 만일 그가 너무나 거짓된 삶을 살았기 때문에 자녀들이 그의 말을 신임하지 않았다면, 그는 어떤 느낌을 가졌겠습니까? 그는 이렇게 말했을 것입니다. "저기 산 위에 내 가련한 아들이 있어 내가 그를 대신해서 죽었으면 좋으련만! 그를 죽게 하느니 차라리 내가 죽는 것이 나을텐데!" 다윗은 자신의 아들이 자신에 대하여 거역하다가 전쟁 중에 사망하자, 이렇게 울부짖었습니다.

"내 아들, 압살롬아! 내 아들, 압살롬아! 내가 너를 대신하여 죽었더면!..."(삼하 18:33).

노아는 자녀들을 사랑하였으며, 또한 자녀들은 노아를 신뢰하였습니다. 몇 년 전, 어떤 사람이 제게 우편물이 송달되었습니다. 그 속에 특별히 표시된 기사 하나가 담겨 있었습니다. 그 제목은 "당신의 자녀들은 다 들어와 있습니까?"였습니다. 한 늙은 부인이 임종을 맞이했습니다. 그녀는 거의 100살이 다 되었으며, 평생을 동고동락한 남편이 옆에 앉아 있었습니다. 그녀는 약하게 숨을 쉬다가, 갑자기 깨어나 눈을 뜨고 이렇게 말하는 것이었습니다. "아, 어두워요!" "그래요, 자네, 어둡소!" "지금, 밤인가요? "오, 그렇소. 지금은 한밤중이오." "애들은, 다 들어와 있나요?" 그 늙은 어머니는 인생을 다시 살고 있었던 것입니다. 그녀의 막내아들은 죽어서 무덤에 묻힌지 20년이 되었는데, 그녀는 그 옛날로 되돌아가고 있었습니다. 그리고 그녀는 "애들은, 다 들어와 있나요?"고 물으면서 그리스도 안에서 잠들었습니다. 사랑하는 여러분, 그들이 다 들어와있습니까?

지금 이 질문을 당신 자신에게 던지십시오. 존이 들어와 있나요? 제임스가 들어와 있나요? 아니면 그 아이가 지금 사업과 쾌락에 빠져 있나요? 그는 지금 이중적이고 부정직한 삶을 살고있나요? 대답하십시오. 그는 지금 당신의 아들이 어디에 있습니까? 당신의 아들과 딸이 지금 어디에 있습니까? 당신의 자녀가 지금 안전합니까? 당신은 그렇다고 말할 수 있습니까? 저는 시카고에서 여러 해 동안 천명이 넘는 주일학교의 교장으로 봉사했었습니다. 불신 가정의 아이들, 저를 반대하는 부모를 둔 아이들, 주일에 소풍을 떠나는 가정의 아이들, 제가 애써 하려는 일을 적극적으로 막으려 하는 집안의 아이들이 그 주일학교의 대부분을 차지하였습니다. 그 후 저는 만일 다시 청중 앞에 서게 된다면 오직 부모들을 향해서만 말하리라고 생각하곤 하였습니다. 그것이 나의 주된 업무가 되어야 한다고 생각하였습니다.

옛 속담에 보면, "어린양을 잡으라. 그러면 그 어미도 잡힐 것이다". 저는 이 속담대로 여러 해 전부터 실천했습니다. 저에게 부모를 주십시오. 그러면 제가 누군가를 시켜 그 어린양을 돌보도록 하겠습니다. 그러나 어린양을 데려다가 회심시켜 보십시오. 만일 그가 불신자 부모를 갖고 있다면, 회심시키기가 그만큼 어려울 것입니다. 우리가 원하는 것은 경건한 가정입니다. 가정이 교회보다 훨씬 먼저 제정되었습니다. 저는 자녀들이 성인이 되고 난 후에 회심해야 한다는 생각에 반대합니다.

어느 날, 저는 한 부인이 세 딸을 옆에 데리고 가는 것을 보았습니다. 저는 그녀에게 다가가서 물었습니다. "당신은 그리스도인이십니까?" "예, 그런데요!", "그 다음에 저는 큰딸에게, 넌, 그리스도인이니?"하고 물었습니다. 그러자 그 말을 들었던 그 부인의 딸이 몸을 부들부들 떨기를 시작하더니 눈물을 흘렸습니다. 그리고서는 "저도 그러고 싶었어요."라고 대답했습니다. 그녀의 어머니는 저에게 매우 화가 난 표정을 지으면서 이렇게 간섭했습니다. "그 문제에 대해서 제 아이들에게는 묻는 것을 저는 원하지 않아요. 그들은 구원에 대하여 아무 것도 이해를 못해요." 그러고는 그 여자는 매우 화가 나서 아이들을 데리고 가버렸습니다. 그 한 아이는 열 네 살, 또 하나는 열 두 살, 또 하나는 열 살이었지만, 그들 모두는 신앙에 대한 이야기를 듣기에 어렸을지라도 말입니다. 우리가 자녀들을 세상에서 표류하여 세상의 즐거움에 뛰어들도록 내버려둔다면, 후에 그들에게 전도하기가 얼마나 어렵게 되는지를 유념해야 합니다. 오늘날, 아이들이 어머니 말을 안 듣고 어머니와 함께 기도하려 하지 않기 때문에 슬퍼하는 어머니들이 많습니다. 어머니는 아들을 위해서 기도할 수 있지만, 아들은 기도는커녕 말도 하려 하지 않습니다. 마음이 어리고 부드러웠던 어린 시절에 그를 그리스도께 인도해야 했었습니다. 그들을 데리고 오십시오. "아이들의 내게 오는 것을 용납하라"(막10:14).

이 글을 읽으시는 분 중에 기도하지 않는 아버지가 있습니까? 하나님께서 그 화살을 당신의 영혼에 쏘시기를 기원합니다! 하나님께서 당신을 도와주시면 자녀들을 데리고 들어오겠다는 결심을 하십시오. 하나님의 명령은 아버지에게 먼저 가는 것입니다. 그러나 만일 아버지가 의무에 불충실하다면, 어머니가 그 자녀들을 파멸에서 구원해야 할 것입니다. 부모로서의 영향력을 그들에게 행하십시오. 저는 부모들에게 말할 때마다 항상 두 명의 아버지가 생각납니다. 한 사람은 미시시피강 유역에, 다른 한 사람은 뉴욕에 살았습니다. 전자는 자신의 온 시간을 다 바쳐 부를 축적하였습니다. 그에게는 매우 사랑하는 아들이 있었습니다. 그러던 어느 날 그 아이가 사고를 당해 집으로 실려왔습니다. 아버지는 그 아이가 조금밖에 더 살지 못한다는 것을 알게 되었습니다. 그는 이 사실을 아들에게 가능한 한 조심스럽게 말해 주었습니다.

"아버지, 제가 얼마 살지 못한다고요? 아버지! 그러면 제 영혼을 위해 기도해 주세요"라고 그 소년이 말했습니다. 그러나 아버지는 아이를 위하여 한번도 기도한 적이 없었기 때문에 기도를 못하겠다고 아들에게 말했습니다. 그 말을 하자, 곧바로 그 아들은 죽었습니다. 그는 그 이후부터 이렇게 탄식하는 소리를 들었습니다. "아들을 위해 잠시 동안만이라도 기도해 줄 수 있도록 다시 불러올 수만 있다면 가진 재산을 모두 내어놓을텐데". 또 한 아버지에게는 오랫동안 병석에 누워 있는 아들이 있었습니다. 어느 날 귀가해보니 아내가 울고 있었습니다. 그녀는 안타깝게 이렇게 남편에게 말했습니다.

"그 아이가 곧 죽으리라는 생각을 물리칠 수가 없어요". 그러자 남편은 부인에게 이렇게 말해주었습니다. "그렇게 생각한다면, 당신이 아이에게 그 사실을 말해 주는 것이 좋겠소!". 그러나 어머니는 아들에게 도저히 그 사실을 말해 줄 수 없었습니다. 그래서 아버지가 대신해서 아들의 병실로 갔습니다. 그는 아들의 죽음이 임박했다는 것을 느꼈습니다. "애야, 네가 오래 살지 못한다는 사실을 아니?". 그 어린 소년은 위를 바라보며, "아니요. 지금 느껴지는 이 죽음이 저를 덮을 것이라는 말인가요? 저는 오늘 죽게 되나요?",. "그렇단다. 내 아들아, 너는 오늘밤을 넘기지 못 할거야." 그러자 그 소년이 미소지으면서 말했습니다.

"그러면, 아버지, 저는 오늘밤에 예수님과 함께 있겠네요?" "그렇다마는, 너는 오늘밤을 주님과 함께 보내게 될 거다!" 그러고 나서 아버지는 마음이 무너져 내려 눈물을 흘렸습니다. 그 소년은 아버지의 눈물을 보고 말했습니다. "저를 위해서 울지 마세요. 저는 예수님께로 가면 아버지가 저를 위해서 제가 어렸을 때부터 기도해 왔다고 말씀을 드리겠습니다."

저는 세 자녀를 두고 있습니다. 만일 하나님이 그들을 내게서 데려 가신다면, 저는 온 세상의 부를 갖는 것보다 그들이 그런 메시지를 주님께 가져가는 것을 택하겠습니다. 오! 부모가 되신 여러분들을 감동시켜 여러분의 자녀들을 방주 안으로 들어오게 할 수 있는 어떤 말을 제가 할 수만 있다면 얼마나 좋겠습니까!

제 2 장

응답을 받는 기도

요한 복음 15장 7절에서 기도가 응답 받는 비결을 가르쳐 줍니다. "너희가 내 안에 거하고 내 말이 너희 안에 거하면 무엇이든지 원하는 대로 구하라 그리하면 이루리라". 또한 야고보서 4장 3절에서는 응답을 받지 못한 이유에 명확하게 설명해줍니다. "구하여도 받지 못함은 정욕으로 쓰려고 잘못 구함이니라".

이 세상에 많은 기도들이 올바른 동기가 없기 때문에 응답 받지 못하는 기도도 많습니다. 그 이유는 우리가 하나님의 말씀에 따르지 않고 정욕으로 구하기 때문입니다. 정욕으로 구한 기도가 응답을 받지 못한다는 사실에 좋은 교훈을 삼으십시오. 그래서 우리는 기도가 응답이 없다면 올바른 동기에서 기도하지 않았던가 아니면 성경에 일치한 기도를 하지 않았기 때문입니다. 우리가 바라는 대로 응답을 받지 않았더라도, 우리는 기도하는 데 낙심하거나 포기하지 맙시다.

한 때 어떤 성도가 조지 뮬러에게 가서 자신의 문제를 위해서 기도해 달라고 부탁했습니다. 그는 하나님께 수 없이 기도해 보았지만 응답이 없는 이유를 물었습니다. 그러자 뮬러는 자기 기도 일기를 꺼내놓고 말하기를 자신은 24년 동안 기도하는 사람의 이름이 적혀 있는 것을 보여주었습니다. 그는 자신을 찾아 온 성도에게 그 기도는 아직도 이루어지지 않았지만 주님께서 24년 동안 기도한 사람이 회개할 것이라는 확신한다고 말했습니다. 우리는 가끔 기도하면 즉시 응답을 받는 경우가 있습니다. 일반적으로 보통 응답이 늦어집니다. 그렇지만 특별히 자비를 구하는 기도는 응답이 신속하게 임할 때가 많습니다!

바울 사도를 보십시오. "오, 주여! 제게 어찌 하시나이까?"라고 부르짖을 때에 곧바로 응답이 임했습니다. 신속하게 응답을 받은 경우는 세리가 성전에 들어가서 "주여, 이 죄인을 불쌍히 여겨주소서!"라고 부르짖을 때입니다. 또한 십자가에 달린 강도가 "주여, 당신의 나라가 임하실 때에 나를 기억하소서!"라고 기도할 때에 주의 응답이 곧바로 임했습니다. 성경에 이처럼 신속하게 응답을 받는 기도의 예들은 많습니다. 그러나 성경에는 끈질기게 기도하고 자주 기도하는 경우들도 많습니다. 주님께서 자신의 자녀들이 기도로 아뢰는 것을 진심으로 기뻐하십니다. 주님은 우리들의 괴로움을 있는 그대로 진솔하게 쏟아놓는 기도를 들으십니다. 또한 우리가 기도할지라도 주님의 응답을 기다리는 것을 하나님은 즐거 하십니다. 우리는 주의 응답을 주시는 때를 잘 알지 못하기에 쉬지 말고 기도합시다.

케네티커트 주에 부대에 아들을 보낸 한 어머니가 있었습니다. 어머니는 그 자식이 불신앙자이었기에, 군에 보내는 것이 마음이 더욱 아팠습니다. 그녀는 자식을 군에 보낸 후에 아들을 위해서 소리 높여서 부르짖어 기도했습니다. 그녀는 후에 자기 아들이 군에서 전투 중에 부상당하여 병원에서 치료 중에 사망한 사실을 후에야 알았습니다. 그러나, 그녀는 자식이 어떻게 최후를 맞이했는가에 대하여 잘 알 수 없었습니다. 그런데 수년이 지난 후, 어느 날 한 친구가 사업 차 그 가족 한 사람을 만나려 왔었습니다. 이 때에 방문자가 그 군인의 사진이 벽에 걸려 있는 것을 보고서 "저 젊은이를 아십니까?"라고 여쭸습니다. 그 어머니는 그 방문자에게 "그 젊은이가 바로 내 아들인데 몇 년 전 전쟁 중에 죽었다오"라고 답변했습니다. 그 방문자는 "저는 그를 잘 알고 있었습니다. 그는 저와 같은 부대에 근무했습니다" 이 말을 듣자마자 그 어머니는 "내 자식의 마지막 운명 때에 관해서 아는 것이 없나요?"라고 질문했습니다. 그 방문자는 그 어머니에게 "저도 부상당하여 같은 병실에 있었습니다. 그런데 그는 아주 평화로운 죽음을 맞이했습니다. 그는 믿음으로 죽음을 극복했습니다."고 증언했습니다. 사실 그 어머니는 아들 최후에 대한 소식에 대하여 전혀 기대치 않은 놀라운 변화에 깜짝 놀랐습니다. 바로 자신이 아들을 위해서 기도했던 응답이 아들이 죽기 전에 응답된 사실을 알고서 하나님께 감사와 기쁨을 돌렸습니다. 우리가 천국에 갔을 때에 세상에서는 응답 받지 않았다고 생각되었던 기도의 내용이 응답되었음을 알게 됩니다. 믿음으로 드린 진정한 기도는 하나님께서 절대로 실망시키지 않습니다. 하나님을 의심하지 맙시다. 한 번은 제가 집회에 참석했다가 한 신사가 어떤 사람을 지목하면서 이렇게 나에게 말을 했습니다.

"저기에 있는 사람이 보이십니까? 저 사람은 신앙반대 클럽의 지도자 중에 한 사람입니다." 내가 그 사람에게 다가서자, 그는 말했습니다.

"저는 크리스찬이 아닙니다. 당신이야말로 이 사람들을 오래 동안 속여 왔습니다. 이 집회에 참석한 늙은 부인 들에게 기도에는 응답이 있다고 당신이 가르쳐 왔지만, 이제 나 좀 기도로 시험해보시지요."

저는 기도하러 일어났을 때에 그 불신자 클럽의 지도자는 저를 조소하면서 비아냥거렸습니다. "내가 아직 회개하지 않았으니, 하나님은 당신의 기도에 응답이 없는가를 잘 보구려!" 이 말을 듣고 되받아서 제가 말했습니다. "그러나 당신은 머지않아 회개할 것이오!" 나는 얼마 후에 한 친구로부터 그 사람이 회심하여 그 신앙집회를 위해서 봉사한다는 소식을 접하였습니다. 이처럼 하나님의 놀라우신 역사에 대하여 예레미야는 신앙고백을 합니다.

"슬프도소이다! 주 여호와여 주께서 큰 능과 드신 팔로 천지를 지으셨아오니 주에게는 능치 못한 일이 없으시니이다" 정말로 하나님은 능치 못한 일이 전혀 없습니다. 이 말씀은 좌우명으로 삼을 가치가 있습니다. 저는 지금이 바로 세상에서 하나님의 큰 축복을 받을 때입니다. 그러기에 우리는 하나님으로부터 얼마든지 위대한 일을 기대할 수 있습니다. 하나님이 온 사면에서 축복을 내려 주시는 동안 우리도 각자에 주신 분복을 차지합시다. 하나님은 약속하셨습니다.

"내게 부르짖으라 그리하면 내가 응답하겠고 네가 알지 못하는 크고 비밀한 일을 보이리라"

이제 우리는 이 약속 위에 서서 주님께 나아가 부르짖으십시다. 우리는 자신만을 위해서 기도하지 말고 그리스도를 위해서 그것이 이루어지도록 기도합시다.

항상 주를 위해서 기도하시오

몇 해 전에 그리스도인 총회 석상에서 한 지도자가 일어나서 '그리스도의 체면을 생각해서'라는 주제로 연설했는데, 그로부터 많은 깨달음을 받았습니다. 저는 이 주제에 대하여 심히 생각지 못한 점을 발견했습니다. 남북 전쟁이 발발했을 때에 한 신사의 외아들이 군에 입대하였습니다. 그는 아들과 함께 입대한 군인들을 위해서 활동하기 시작했습니다. 그래서 이 부부는 그들이 사는 도시에 있는 군인의 집에서 가서 관심을 기울이면서 기꺼이 위원회에 참석하다가 회장으로서 활약했습니다. 그는 자기 아내에게 말했습니다.

"내가 군인들에 관련된 업무에 너무 치중하다가 보니, 내가 해야할 일이 있으니 당신이 만나서 군인에 관련된 업무를 살펴주시구려." 그리고는 그는 곧장 사무실에 서둘러 가서 자신의 밀린 일들을 열심히 처리하면서 서류정리를 하고 있었습니다. 얼마나 지나서 한 군인이 사무실에 들어오는 것을 그는 보았습니다. 그래서 그는 그 군인이 볼 일로 들어왔지만 계속해서 자신의 일을 계속해서 해나가고 있었습니다. 그러자 그 군인은 안타깝게 일하는 그 회장을 쳐다보면서 망설이면서 쳐다보았습니다. 그리고 얼마 있은 후에 그의 손에 무엇이라고 적혀있는 낡고 더럽혀진 종이 쪽지 하나를 내밀었습니다. 그 군인 위원회 회장이 그 쪽지를 들려다 보니 바로 자신의 사랑하는 아들의 친필이었습니다. 그는 전쟁터에서 보낸 아들의 편지를 주의하면서 읽어내려 갔습니다.

"사랑하는 아버지, 이 젊은 형제는 저의 부대 일원입니다. 그는 나라를 지키느라고 건강을 잃었습니다. 그는 죽어 가는 어머니가 계시는 고향으로 가는 중입니다. 챨리의 얼굴을 생각해서라도 그에게 친절하게 대해 주시길 바랍니다." 이 편지를 읽고 난 그 회장은 자신의 바쁜 일정을 다 취소하고 그 군인을 대동하여 집으로 데리고 가 대접했습니다. 그리고 그의 아들의 부탁대로 고향으로 부모가 사는 곳으로 갈 수 있도록 편리를 도왔습니다. 그리고 그와 헤어질 때에 그 사람은 그 군인에게 말했습니다. "내 아들 챨리의 얼굴을 생각해서라도 하나님이 자네를 진심으로 축복하시길 바라네!"

그렇습니다! 우리도 그리스도의 이름과 그의 영예를 위해서 기도합시다. 우리 아들들과 딸들이 그리스도에게로 나아오기를 원한다면, 그리스도의 영예를 위해 이 일이 이루어지도록 기도합시다. 그것이 기도의 진정한 동기라면, 우리의 기도는 이루어집니다. 하나님이 세상을 위하여 그리스도를 아낌없이 주셨다면 그가 우리에게 그 무엇을 아낄 필요가 있겠습니까? 하나님께서 친히 살인하는 사람들과 욕설하고 또 훼방하는 대적자들과 사악과 죄악에 빠져 있는 세상의 반역자들에게도 그리스도를 내어주셨는데, 하나님께로 나아가 그리스도의 명예를 위해서 기도하는 자에게 응답하지 않겠습니까? 우리는 하나님께서 친히 하나님 일을 추진시키도록 우리가 기도하길 바랍니다. 바로 우리 자신의 영광이나 명예를 위한 것이 아니라 하나님이 보내신 사랑하는 아들의 명예를 위해 기도합시다.

그러므로 우리가 기도할 때에는 틀림없이 응답에 대한 기대를 저버리지 맙시다. 남북전쟁이 끝날 무렵에 어느 남부 도시에서 집회가 열렸는데, 한 사람이 떨면서 울며 저에게 찾아왔던 일이 생각납니다. 저는 무엇인가를 말하고 싶어하는 것을 알고서 그를 잡아 일으키면서 무슨 일이 있느냐고 말을 건넸습니다. 그렇지만 그는 전혀 한 말마디도 못했습니다. 그래서 저는 다시 말을 꺼냈습니다. "친구여, 무슨 일이 있으시오?" 그랬더니, 그는 호주머니에 손을 넣고 눈물을 글썽이면서 아주 더러워진 편지하나를 꺼냈습니다. "지난밤에 저의 여동생으로부터 이 편지를 받았습니다. 제 여동생이 저를 위해 하나님께 무릎꿇고 기도한다고 적혀져 있습니다. 저는 컴버랜드의 육군 통틀어 가장 나쁜 놈입니다. 제가 이 편지를 읽고 난 후로부터 저는 완전히 무너졌습니다."

그의 여동생은 1,000km 이상이나 떨어져 있었지만, 그 동생의 진정한 믿음의 기도가 응답이 되어 오빠가 하나님 앞에 무릎꿇게 만들었습니다. 이 사건은 일어나기 쉬운 일은 아니었지만, 하나님은 그 여 동생의 기도를 들으시고 응답을 주셨습니다. 마치 하나님은 토기장이가 진흙을 빚는 것과 같이 역사 하십니다. 그 형제는 동생의 기도로 하나님의 왕국에 곧바로 초대를 받았습니다. 저는 이 이야기를 50km 떨어져 있는 다른 고장에서도 증거했습니다. 그러자 한 젊은 육군 중위가 펄쩍 뛰면서 다음과 같이 말했습니다.

"저의 어머님으로부터 온 지난 마지막 편지가 생각이 나는군요. 제 어머님은 해가 지면 매일 밤마다 저를 위해서 기도하셨어요. 어머님은 이 편지를 받거든 혼자 하나님 앞에 나아가 꿇어 엎드리라고 제에게 간청하셨지요. 어머님이 부탁한대로 기도하면 저는 시간을 많이 소요될 것이라고 여기고 기도의 부탁했던 편지를 슬며시 주머니에 넣어버렸습니다."

그는 이어서 말하기를 다음 번에 받은 어머니의 소식은 세상을 떠났다는 슬픈 소식이었습니다. 그래서 그 청년 장교는 혼자 숲속으로 달려가서 자신에게 자비를 구하면서 어머님이 섬기는 하나님이 자신의 하나님이 되어달라고 부르짖었습니다. 그는 기쁜 얼굴로 주님 앞에 강건한 십자가 군병이 되었습니다. 그가 집회에 와서 내게 말했을 때는 너무나도 당당한 그리스도의 정병이 되었습니다.

"제 어머님의 기도가 이루어졌습니다. 제가 안타깝게 생각하는 점은 어머님께서 이 사실을 알지 못하고 세상을 떠났습니다. 그러나 머지 않아 어머니를 만날 것입니다."

그렇습니다. 우리가 살아서 기도의 응답을 받지 못한다고 해도 열심히 하나님께 부르짖으면, 응답은 꼭 옵니다.

아주 오래 전에 있었던 일입니다. 스코틀랜드에 어떤 사람이 아내와 세 아이를 데리고 살았습니다. 둘은 딸이고 한 사람은 아들이었습니다. 그 집 가장은 술을 마시는 버릇 때문에 결국에는 일자리조차 잃고 말았습니다. 결국, 그는 아들 조니를 데리고 미국으로 떠나면 옛 술친구들과 이별하면 새 출발을 할 수 있다고 생각했습니다. 그래서 그는 일곱 살밖에 안된 막내아들만 데리고 미국으로 떠났습니다. 그런데 미국에 가서도 그는 여전히 술독에 다시 빠졌습니다. 그는 아들을 어떤 공공기관에 맡겨두었습니다. 그리고 그는 매샤츄세츠 주로 견습공으로 갔습니다. 그 아이를 그곳에 맡겨두고서 직장에 불만이 생겨서 바다로 갔습니다. 그러다가 그는 호수에서 일하려고 시카고로 다시 이전했습니다. 그는 방황하는 영혼의 소유자가 되어서 바다나 육지로 전전하다가 시카고에 머물었습니다.

언젠가 그는 배가 항구에 도착했을 때에, 그는 복음집회에 초대를 받았습니다. 복음의 소리에 감화 감동되어 그는 그리스도인이 되었습니다. 그가 그리스도인이 된 이후로부터 자신의 어머니를 찾으려고 백방으로 수소문을 내었습니다. 그는 스코틀랜드와 다른 연고지에다가 편지를 써서 어머님을 찾아보려고 노력했으나 만날 수가 없었습니다.

어느 날 그는 시편에서 "하나님은 정직한 자에게 모든 좋은 것으로 채워주신다"라는 말씀을 상고하다가 성경을 덮고 무릎을 꿇었습니다. 그리고 그는 하나님께 부르짖었습니다.

"오, 하나님! 저는 지난 몇 달 동안 바르게 살려고 노력했습니다. 이제 저의 어머님을 찾을 수 있도록 도와주십시오"

어느 날 몇 년 전에 그가 도망쳐 나왔던 매샤츄셔츠 주에 있는 그 곳에 편지를 쓸 마음이 생겼습니다. 그런데 놀랍게도 7년 전에 스코틀랜드에서 온 편지가 거기서 그를 기다리고 있었습니다. 그러자 그는 즉시로 스코틀랜드로 답장을 보내었습니다. 이 편지를 보낸 후에 스코틀랜드에서 답장이 왔습니다. 자신의 어머니가 아직 생존해 계신다는 소식을 접했습니다. 그가 그 편지를 받고서 얼마나 기뻐하고 감동을 받았는지에 대하여 상상에 맡기겠습니다. 그는 어머니의 소식이 적혀 있는 편지를 저에게 가져 왔는데 눈물이 앞을 가리워서 그 편지 내용을 다 읽을 수 없었습니다. 그의 누님이 어머님을 대신하여 편지를 썼는데 어머니는 잃어버린 아들을 되찾은 사실에 너무 압도되어 자신이 친필로 편지를 쓸 수 없었다는 것입니다. 그가 꼭 19년 동안 소식이 끊겨 있을 동안에도 어머니는 하나님께서 자기 아들을 구원해주시고, 꼭 한 번이라도 만나게 해달라고 밤낮으로 기도를 드렸습니다. 그 어머니 기도의 결과는 그의 아들이 살아있을 뿐만 아니라 더욱이 그는 그리스도인이 되었습니다. 그리고 어머님과 그의 누님은 미국으로 와서 그의 아들을 시카고에서 만났습니다. 저는 이 이야기를 드리는 것은 하나님께서 얼마나 기도에 대하여 잘 응답하시는 가를 보여줍니다. 그의 어머니는 정말 19년 동안 끊임없이 부르짖었습니다. 그 어머니에게는 때로는 하나님께서 자신의 마음의 소원을 멀리하는 것처럼 보일 때도 있었습니다. 그러나 그 여인은 계속해서 기도했습니다. 낙망하거나 포기하지 않는 그 어머님의 기도에는 틀림없이 응답이 확실히 임했습니다.

어느 기도회에서의 간증

다음에 소개하는 개인의 간증은 최근 런던에서 개최되었던 부흥집회 중에 일어난 사건입니다. 이 하나님의 역사를 통해서 많은 분들에게 도움과 용기를 북돋아주기를 진심으로 바랍니다.

"여러분, 제가 증언하는 것은 제가 하는 일이 아니라 하나님이 역사 하심을 이해하시길 바랍니다. 오직 하나님만이 하십니다! 하나님의 크신 은혜로 저는 그리스도를 통해서 하나님께로 나오는 자에게 어떤 극한 상황에도 구원하심을 여러분에게 말하려고 오늘 이 밤에 여기 섰습니다. 저는 술꾼들을 구원하기 위해서 청원서를 공개 낭독하는 일에 대하여 깊은 감동을 받았습니다. 그 청원서는 정작 저 자신을 위한 기도라는 사실이 중요합니다. 저의 경험으로 보아도 이 같은 문제로 시달리는 가정들이 많다고 생각이 듭니다. 제가 이 말을 하려는 것은 소망을 잃은 많은 가정이나 사람들에게 하나님의 도움이 되시기를 바라는 마음에서입니다. 저는 본래 좋은 신앙의 가정에서 자라났습니다. 저의 부모님은 주 예수를 사랑하셨으며 또 자신들이 바른 길로 나가도록 경건의 훈련을 중시 여겼습니다. 그래서 저 자신도 그리스도인이라고 자처했습니다. 그러나 저는 그리스도에게서 떠나, 하나님과 저에게 유익한 신앙생활을 했던 성도들을 멀리 떠나버렸습니다.

　제가 처음 술을 마시기를 배운 때는 사립 중학교 시절이었습니다. 제가 17세 때에 이미 여러 만취한 상태로 골아 떨어졌습니다. 그러나 제가 23세까지만 해도 완전히 알코올 중독이 될 정도는 아닐 정도로 자중하는 마음은 있었습니다. 그러나 제가 26세가 이르러서는 계속해서 제멋대로 술을 퍼먹었습니다. 제가 캐임브리지 대학에 들어가서는 더욱 폭주꾼이 되어서 자신의 억제력까지 상실하여 자연스럽게 가장 나쁜 친구들을 사귀었습니다. 이로 인해서 저는 하나님으로부터 더 멀리 떠나버렸습니다. 저를 아는 모든 사람은 희망이 없는 존재로 보았습니다. 저 자신이 저를 보아도 희망이란 전혀 보이질 않았습니다. 여러 계층의 사람들이 저를 위해서 절제와 금주를 간청하는 권면을 외면하고 잔소리로 넘겼습니다. 저는 신앙적인 색깔이 띠는 것이라면 무엇이든지 싫어했습니다. 더구나 좋은 충고에 대해서는 코웃음치고 빈정댔습니다. 저의 아버님과 어머님도 제가 주님 앞에 다시 서는 것을 보지도 못한 채로 세상을 떴습니다. 그 분들은 살아 계시는 동안 항상 저를 위해서 기도하셨습니다. 어머님은 유언으로 저에게 어머님 자신처럼 천국에 가지 않을래? 라고 말했을 때, 저는 어머님을 안심시키기 위해서 그렇게 하겠다고 대답했습니다. 이것은 본시 저의 거짓된 마음에서 나온 거짓말이었습니다. 어머님이 소천하신 후에 저는 더욱 악한 상태로 빠져들어 갔습니다. 술이 저를 정말 사로잡았기에 저는 술의 노예가 되고 말았습니다. 그렇다고 저는 '빈민굴'에 쳐 박혀 살지 아니했습니다. 그래도 자존심은 있었기에 하숙집보다는 못하지만 그런대로 좋은 자리는 찾고 있었던 것입니다.

저는 캠임브리지에서 떠나 계약으로 사무 변호사가 되어 북쪽에 있는 어떤 도시로 잠깐 갔다가 다시 런던으로 갔습니다. 제가 북쪽에 있을 때, 무디와 생키 선생님이 제가 살고 있는 도시에 오셨습니다. 그 당시에, 어머님이 돌아가신 후에 저의 숙모가 대신하여 저를 위해서 기도하셨습니다. 그 숙모님이 저에게 오셔서 "너에게 물어봐도 좋겠느냐?"고 말씀하셨습니다. 저는 숙모가 친절한 분이시고 저를 사랑하시는 것도 잘 알고 있으며 또한 저에게 무엇을 말하고 싶은 지도 잘 알고 있었습니다. 다름이 아닌 것은 바로 부흥집회에 와서 부디 선생과 생키 선생의 설교를 들어보라는 요구이셨습니다. 그래서 저도 숙모에게 부탁을 했습니다. "좋습니다. 제가 두 분의 설교를 이번 한번만 들을 테니까요. 이후로는 절대로 이런 요청은 저에게 하지 말아주세요. 그것을 약속하시겠습니까?" 그러자 저의 숙모는 "그래, 그렇게 해주마"라는 언질을 받아냈습니다. 그래서 저는 숙모에게 약속했던 대로 내 할 일만 잘 해내고 있었습니다. 저는 정말 빨리 설교가 끝나기를 기다렸습니다. 그리고 저는 무디 선생이 연단에서 내려오는 것을 보았습니다. 그는 저를 위해서 진지한 기도를 올렸으며 그의 설교는 저를 위해서 준비되었습니다. 그는 곧 저에게 와서 말을 나누기도 하고, 무디 선생과 숙모 사이에 서로 대화를 나누었습니다. 우리는 통로에서 만났지만, 무디 선생님이 저에게 말을 걸기 전에 숙모 옆으로 돌아서 건물 밖으로 나왔을 때, 제가 매우 영특한 짓을 한 것으로 생각했습니다. 제가 이 일이 있은 후에도 하나님으로부터 더욱 멀리 떠나 여전히 방황했습니다. 앞으로도, 2년이든지 3년이 되더라도 하나님 앞에 무릎꿇고 기도할 생각이 전혀 없었습니다.

제가 다시 런던으로 갔을 때는 사정이 점점 악화되었습니다. 저도 사실 술을 끊으려고 노력도 해보았지만 몇 일 동안 지속되거나 심지어는 6개월 동안도 금주할 수가 있었습니다. 그러나 저는 술의 유혹이 전보다 더욱 강한 힘으로 엄습하여 저를 소용돌이 속으로 휘감아버렸습니다. 런던에 있는 동안 저는 사업과 제가 할 일에 대하여 태만히 하고 더욱 죄악의 길을 걸었습니다. 나의 가까운 술친구 중 한 사람이 저에게 이렇게 말했습니다.

"만일 네가 술을 끊는다면, 네가 너를 죽일 것이다." 저는 그 친구에게 "그게, 무슨 말이냐?"고 물었습니다. "너는 늘 마시는 정도만큼 술을 마시지 않기 때문에 네가 너를 죽이는 것이지" "정말 너는 못 말리겠어" 라고 저는 대답했습니다. 저 자신도 더 이상 아무런 도움을 받을 상황이 아니라고 보았습니다. 이런 사실들을 여러분 앞에서 말하는 것은 참으로 괴로운 일이고 또한 부끄러운 일입니다. 그런데도 제가 하나님 앞에서 이러한 고백을 할 때에는 부끄러움 이외에는 진솔하게 말할 수 있다는 것이 얼마나 감사합니까! 우리가 구세주를 모시고 살기에 저는 이 일도 여러분에게 규탄 없이 말할 수 있습니다. 그리고 만일 주 예수 그리스도께서 나 같은 사람을 구원하셨다면, 또한 주님은 여러분도 얼마든지 구원하십니다. 저는 여느 때처럼 술에 취하여 저녁에 하숙집으로 돌아왔습니다. 저는 잠깐 쉬었다가 여느 때처럼 다시 하숙집에서 나오려고 했습니다.

그런데 제가 집밖으로 나가기 전에 이런 생각이 떠올랐습니다. "이 생활의 마지막은 어떻게 될 것인가?"라는 생각이 저의 머리에 스쳐갔습니다. "정말, 그 술이 무슨 소용이 있겠단 말인가? 나는 그 생활의 종말을 잘 알고 있었습니다. 그 결과는 영 육 간의 영원한 멸망의 구렁텅이 아니겠는가!" 나 자신이 자신을 죽인다는 것을 깨닫기 시작했습니다. 그 결과로 오는 내 영혼의 결과도 충분히 깨달아졌습니다. 그런데도 저는 저 자신이 구원받는 다는 것이 정말 불가능해 보였습니다. 혹시 "나에게 피할 수 있는 방법이 있지 않을까 말이다."하는 생각이 번개처럼 스쳐갔습니다. 그러나 저는 수 없이 많이 결심도 해보았으나 술을 끊을 수가 없었고 불가능했습니다.

하나님께서는 불가능이란 없습니다

바로 그 순간, 내 마음속에 하나님의 말씀이 생각났습니다. 제가 소년 때에는 기억하지 못했던 말이었습니다. "사람으로는 불가능하나, 하나님께서는 할 수 있느니라"라는 말씀이었습니다. 그러자 저는 전에 수백 번 시도해도 술을 끊을 수 없다고 여기던 저는 바로 주님 앞에 나가기만 하면 하나님이 친히 할 수 있다라는 약속을 확신하였습니다. 그런데도 불가능하다는 난관이 나에게 찾아들었습니다. 예를 들면, 나의 술친구들, 그 동안 나를 아껴주었던 사람들의 권면에 대하여 잔소리로 여겼던 나에게 여전히 술의 유혹이 다가왔습니다. 그런데도 저는 술을 물리치는 것은 "그것이 하나님만은 틀림없이 할 수 있느니라."는 확신이 찾아왔습니다.

그러자 곧바로 저는 하숙방에 들어가서 불가능한 것을 하나님께서 붙잡아 달라고 부르짖었습니다. 제가 그 동안 3년이나 한번도 기도하지도 않았지만 더듬는 말로 하나님께 기도를 드리자 당장 하나님이 도와주실 것이라는 믿음이 임했습니다. 저는 어쩐 일인지 모르게 하나님의 진리를 꼭 붙잡았습니다. 이런 일이 있은 지 9일 전부터 내 영혼에 깊은 평화와 안식이 찾아왔습니다. 그 자리에서 저는 하나님께서 나를 구해주실 줄 믿었습니다. 저는 이것을 사실로 받아들였습니다. 그리고 이것을 증명하였습니다. 이로 인해서 저는 하나님을 찬양합니다.

　제가 할 수 있는 최선의 일이란, 내 영혼에 대하여 간증하여 어떻게 구원을 받았는가를 증거하는 일입니다. 사실 저는 좋은 배경과 환경 가운데서 자라났지만, 저는 완전히 이방인이었습니다. 저는 런던 바닥을 샅샅이 찾아 돌아다녔습니다. 이것은 바로 내가 얼마나 그리스도인과 교회에 대하여 무관심했던 가를 보여줍니다. 저는 감리교 예배당을 찾을 수가 없었습니다. 사실 저의 부모님들은 감리교도 들입니다. 그래서 저도 그 교파에 속한 교회를 찾아보려고 한 시간 반 동안이나 찾아 헤매고 다녔습니다. 그 날 밤 누구든지 생각할 수 있고 또 상상할 수 있을 정도로 저의 영혼과 육체는 아주 처참한 고통에 빠졌던 것입니다. 저는 하숙집 이층으로 돌아왔습니다. 저는 구원을 받을 때까지 잠자리에 들어가지 않겠다고 혼잣말로 결심했습니다. 저는 술로 인해서 위장병이 생겨서 보통 저녁식사를 하지 못하였기에 너무 허약해서 끝까지 잠자리에 들지 않고 기도하기로 약속했던 것을 지킬 수가 없어서 기도하다가 그만 잠자리에 들고 말았습니다. 제가 아침에 어떻게 생각할 것인가에 대해서도 잘 알고 있었습니다.

　"지난 밤에 기도한다고 하고서는 그만 잠자고 말았으니 얼마나 바보였었겠습니까!" 보통 때처럼 저는 상쾌한 기분으로 술을 마시러 나갔습니다. 그러나 저에게 "하나님은 불가능한 일도 다 하실 수 있으시다. 또한 나 혼자 할 수 없는 일을 하나님이 능히 할 수 있다는 것입니다"라는 생각이 불현듯이 떠올랐습니다. 그러면서도 제 자신이 하나님의 약속 앞에 내 죄와 고통을 느끼면서 저녁에도 잠자리에 들면서 내일 아침에도 유쾌하게 깨어달라고 기도를 드렸습니다. 아침에 잠이 깨자마자 내가 맨 처음에 생각했던 일들을 가만히 생각해 보았습니다. 정말 회개한 마음은 완전히 떠나버리지는 않았는가? 하여 제 자신을 살피었습니다. 그런데 저의 마음이 회개한 심령이 떠나버리지는 않았지만 저 자신의 마음은 더욱 비참해졌습니다. 사실 저는 정상인 것 같으나 여전히 저의 심정은 이상스럽게 보였습니다. 그럼에도 저는 하나님께서 저의 심령을 붙잡아 주심을 진심으로 하나님께 감사를 드렸습니다.

여러분도 저와 같은 체험을 했던 분들도 계실 것입니다. 어떤 집회나 혹은 어떤 그리스도인과의 대화중에서나 아니면 하나님의 말씀을 읽은 후, 저는 참참한 심정으로 '거의 설득이 된' 영적인 상태로 방으로 들어갔습니다. 저는 8일내지 9일 동안인지 주님을 찾아다녔습니다. 토요일 아침에 저는 목사님을 찾아가서 상담했습니다. 그것은 참으로 힘든 일이었습니다. 저는 눈물로 목사님과 상담을 했습니다. 남자란 다른 사람 앞에서 우는 것을 싫어합니다. 어쨌든 저는 제가 원했던 것과 제가 마음에 품고 있었던 사람들에게 그리스도인이 되겠다고 고백했습니다. '하나님은 모든 것을 할 수 있느니라' 라는 약속대로 주님은 저를 도우셨습니다. 어떤 무신론자는 내 말에 대하여 그의 머리를 숙인 채로 아무 대꾸도 하지 않았습니다. 나와 같이 당구를 치던 친구는 '나도 내 자신에 대하여 그렇게 말할 용기를 가질 수 있으면 좋겠다!' 고 말했습니다. 그들은 내가 말하고자 하는 내용과 달리 생각하면서 내 말을 받아들였습니다. 그러나, 내가 술을 마심으로 내 자신을 죽이고 있다고 권면하던 그 친구도 '네가 우울증에 결려 기운이 없으니, 브랜디나 위스키 한 잔이 너에게 좋겠다.' 하고서는 술을 마시도록 나에게 한 시간 반 동안이나 설득하려 했습니다. 그는 나에게 술을 권하다가 술을 마시지 않는 나를 향하여 화를 내면서 공격했습니다. 그러자 저는 술친구에게 말했습니다.

"네가 나에게 말했던 것을 기억해. 난 술에서 도망치려고 숱하게 애써 왔지. 다시 술을 입에 대지 않으려고 노력해왔었지!' 그 때에 나를 시험하는 가장 가까운 술친구에게 말한 것을 보면 하나님의 말씀이 나로 하여금 깨우침을 주었습니다. '사악한 사람의 부드러운 인정은 정말로 잔인하다.'는 사실을 말입니다.

그래서 이제는 주님이 마치 실같이 가느다란 것을 굵은 밧줄로 만들어서 나의 영혼이 거기에 매달려 그네를 탈 수 있게 되기까지 저를 끌어 당기셨습니다. 저는 주님이야말로 나의 구세주이심을 알기까지 저를 더욱 가까이 잡아당기셨습니다. 진정으로 누구든지 '주님께 경외하여 하나님께 나아오는 모든 극한 상황에 있는 사람들을 구원하시기에 넉넉하십니다.'

제가 심령이 상해지고 어찌할 바를 모르고 죄악과 불신앙과 술 가운데서 방황하다가 불신앙에서 멸망 받을 수 없는 상황에서도 부르짖던 저의 영혼을 하나님께서 거둬주셨습니다. 이제는 여러분에게 확실하게 고백함은 술에서도 완전히 해방을 받았습니다. 술 마시는 습관을 끊는다는 것은 너무나 어려운 수고이었습니다. 그러나, 제가 혼자서 술을 끊으려고 노력하기만 했다고 해도 저는 틀림없이 실패했을 것입니다. 그러나 놀라운 지혜로우신 하나님은 그의 약속가운데로 저를 인도해 내사 아무런 힘도 없는 저에게 술에서 벗어나도록 힘을 주셨습니다. 제가 확신하는 바는 누구든지 '주님께 경외하여 하나님께 나아오는 모든 극한 상황에 있는 사람들을 구원하시기에 넉넉하십니다.'

만일 모든 희망을 포기한 사람이 있거든 제 말을 듣고 구세주로 나아 오시오! '주님은 친히 자기 백성을 죄에서 구원하실 자.'입니다. 바로 그 분이 우리 구주이십니다. 언제든지 어디서든지 그는 나의 구주이시며 우리의 구주입니다. 하나님은 제가 자만하는 것을 싫어합니다. 이처럼 제가 자만하는 것은 사실 하나님 앞에 부끄러운 일입니다. 그러나, 오직 주 예수 그리스도 만이 우리를 구원해 주시고 또한 구원할 능력이 있습니다! 그리스도인이여! 계속해서 낙망하지 말고 기도합시다! 여러분의 자녀들을 집으로 인도하기 전에, 먼저 천국을 향해 전진하시길 바랍니다. 저의 양친도 그러했습니다. 저의 누님들도 저를 위해서 수 없이 기도해왔습니다.

그러나 이제 제가 변화를 받아 지금 시온을 향해 가려는 다른 사람들을 돕게 되었습니다. 저에게 놀라운 은혜를 입혀 주신 주님을 찬양합니다! '하나님께서는 모든 것을 할 수 있다.'는 사실을 진심으로 받아들이십니다. 그 분도 사도 바울이 고백했던 대로 '내게 능력 주시는 자 안에서 모든 것을 할 수 있느니라.'고 우리도 고백하시기를 바라고 계십니다"(D. L. Moody, xi. Prevailing Prayer, 98-106., Chicago: Moody press, 1898).

제 3 장

신앙부흥

현재 제가 제일 큰 관심을 갖는 것은 바로 미국의 교회들을 부흥시키는 일입니다. 저는 이것이 저의 나라의 희망이라고 봅니다. 진정한 민주공화국은 하나님이 세우신 의가 없이는 존속할 수 없기 때문입니다. 제가 보기로는 이 나라를 진정 사랑하는 애국자나 모든 국민은 하나님의 교회가 부흥이 일어나서 이 민족과 나라를 살리는 일입니다.

1. 신앙 부흥은 성경적인 것입니다

여러분은 신앙 부흥운동이나 신앙 각성운동이 성경 적이라는 사실을 발견하실 것입니다. 모든 세대에 걸쳐 하나님은 하나님의 백성들을 소생케 하십니다. 저는 하나님의 백성들이 노아 홍수가 있기 전에는 신앙 부흥운동이 일어난 적이 없었다고 봅니다. 만약 신앙부흥이 일어났었다면 아마 인류의 심판을 초래했던 대홍수는 없었을 것입니다. 당시에 인간이 하나님 앞에 너무 패괴하여 전혀 신앙부흥에 대하여 전혀 무관심했습니다. 결국 인류는 최초로 죄악의 심판으로 홍수로 파멸되고 말았습니다. 하나님은 그 노아의 후손 가운데 갈대아 우르에 살던 아브라함 가정을 세워 하나님의 선민으로 삼고 가나안 땅으로 인도하였습니다.

그러나 그의 후손들인 야곱의 후손들이 애굽에서 바로의 종노릇에서 건지시려고 모세를 보냈습니다. 노아 홍수 이후로 모세를 통해서 애굽 땅에서 이스라엘 백성을 향하여 각성운동과 신앙부흥이 있었습니다. 모세 시대 이후로 언제나 이스라엘 백성이 다시 우상숭배로 돌아가고 있을 때, 하나님은 언제든지 선지자와 하나님의 사자를 보내시어 하나님께로만 향하도록 인도했습니다. 저도 늘 예언자들이 활동하던 시대에 살아 보았으면 좋겠다고 생각합니다. 그런데 저는 이 생각을 떨쳐 버릴 수 있었습니다. 모든 선지자들은 대개 모든 일이 밤중 같이 캄캄해질 때에 하나님의 빛의 사자를 보내었습니다. 이스라엘 백성은 늘 여러 이방인 나라의 신들에 유혹을 받아 하나님께 경배하던 일을 게을리 할 때가 많았습니다. 그 때마다 하나님은 자기 백성을 불러 모으고자 선지자를 사용하였습니다. 사무엘이 등장했을 때도 영적으로 암흑기로 도래하고 있었습니다. 엘리 제사장의 가정이 타락해버리고 하나님의 법궤는 블레셋의 적군의 손에 빼앗기었으니 영적으로나 국가적으로 총체적인 난국이었습니다. 그러나 여러분이 사무엘 상 7장 3-4절을 읽어보십시오.

"사무엘이 이스라엘 온 족속에게 일러 가로되 너희가 진심으로 여호와 하나님께 돌아오려거든 모든 이방 신들과 아스다롯을 너희 중에서 제하고 너희 마음을 여화와께로 향하여 그만 홀로 섬기라. 이에 이스라엘 자손이 바알들과 아스다롯을 제하고 여호와만 섬기더라."

사무엘 선지자는 미스바에서 온 백성을 모여놓고서 회개기도를 드렸습니다. 11절에 보면 "이스라엘 사람들이 미스바에서 나가서 블레셋 사람을 따라 벧갈 아래에 이르기까지 쳤더라."

이처럼 이스라엘은 블레셋을 물리쳤습니다. 이스라엘 역사나 인간 역사가 항상 이러했습니다. 언제든지 사람이 회개하고 자기 우상을 버리고 하나님만 섬기려면 하나님이 위대한 힘으로 나타나서 적을 물리쳐 주셨습니다. 엘리야 시대를 한번 살펴봅시다. 그 당시에도 아합 왕의 악함과 왕후 이세벨의 간사함이 합세하여 주의 제단이 헐어지고 주의 선지자들이 잡혀 죽어갔던 시대이었습니다. 이세벨은 아세라와 바알을 섬기는 이방 제사장들을 등용하여 이스라엘 백성에게 우상숭배를 강요했던 시대였습니다. 하나님께서 이 암울한 시대에도 엘리야를 사용하사 놀라운 영적인 각성과 신앙의 불길을 주셨습니다. 또한 이스라엘이 패망하던 시점에 하나님의 선지자인 예레미야를 통해서 하나님의 백성과 함께 했습니다. 그런데도 예레미야의 경고와 경종에도 불구하고 하나님의 말씀을 거부하는 왕과 정치 지도자와 종교 지도자들이 많았습니다. 그래서 그들은 예레미야가 외친 그 옛적인 길이었던 하나님께로 돌아가는 영적인 회복과 회개의 길을 저버리고 오히려 그들은 "낡은 옛 길을 저버리고 세상을 향해 돌진했습니다" 이 결과는 이스라엘의 백성이 바벨론의 포로가 되었습니다.

2. 하나님 사업의 적

모든 하나님의 참된 사업에는 항상 시험하는 대적자가 따릅니다. 느헤미야 시대에도 외부 대적자 뿐만 아니라 내부에 대적자도 있었습니다. 그래서 늘 악한 사람들이 신성치 않은 일에 가담하여 하나님의 사업에 대항하여 덤벼듭니다. 또한 최선의 사업이란 대개 가장 강력한 반대를 받습니다. 어떤 사람이 도시에 들어가서 10년 동안 데모스테네스처럼 웅변을 잘 해서 수많은 군중으로부터 인기가 있는 설교자로 한 사람도 회심을 시키지 않는다면 오히려 칭찬이 자자할 것입니다. 그러나 만약 설교를 통해서 회개한 사람이 수백 명이나 된다면 반대론이 마치 지옥을 만드는 것처럼 시끄러운 소리를 토해 놓을 것입니다. 사람이 그리스도께 더 가까이 살면 살수록 또 진리 안에 서면 설수록 하나님의 대적자들로부터 비난과 비열한 말을 듣습니다. 이 세상에서 예수님을 빼놓고서 세례 요한과 같은 위대한 전도자가 또 있었습니까? 세례 요한이 요단강에서 온 백성에게 회개하라 천국이 가까웠느니 라고 외칠 때에 그를 향하여 바리새인들과 지도자들이 그를 비방하고 그를 죽이는데 까지 합세했습니다. 이런 일은 악한 사람들 사이에서만이 아니라 소위 착하다는 사람들 사이에서도 배척을 당했습니다. 세례 요한의 공생애는 너무나 짧았습니다. 그러나 그의 순교는 마치 추운 겨울밤이 지난 후의 봄의 따뜻한 기운과 같았습니다. 그가 쇠하고 난 후에 그리스도와 그의 제자들이 하나님 나라를 선포했습니다. 물론 그리스도께서도 가는 곳마다 환영보다는 많은 반대와 시험을 당하셨습니다.

3. 신앙부흥으로 일어난 종파

저는 성경을 아는 사람들이 죽은 후에 신앙 부흥운동을 통해서 구원을 받았다고 고백하련 지에 대하여 다 알 수 없습니다. 교회의 역사를 돌아보건대 저는 여러 종파들이 계속해서 일어나지만 세월이 흘러가면서 오히려 초창기 때 갖고 있었던 순전함과 열심을 버린 채로 하나님의 사업에 외면하는 처사에 정말 놀라지 않을 수 없습니다. 로마 교회는 가장 거룩한 교회라고 자처하면서도 오순절에 교회가 탄생한 이후로 왜 신앙 부흥운동에 대하여 그토록 냉담한 반응을 보입니까? 초대 교회에 나타난 오순절은 진정한 신앙 부흥운동이 아닙니까? 그런데도 로마 교회는 '신앙부흥'이라는 말 자체를 거부반응을 일으킵니다. 그래서 신부들은 '신앙 부흥운동'보다는 '전도'라는 말을 사용하지만 그 말을 사용하는 것조차 꺼려합니다.

만일 감독교회의 역사를 초대 교회 오순절 역사까지 소급해 올라가 보면 그들도 역시 그 당시 신앙 부흥운동의 후손입니다. 그런데 근간에 와서 감독교회 교인들이 신앙 부흥운동에 냉담한지 저도 이해할 수가 없습니다. 교회가 오래될수록 신앙 부흥운동을 할 필요가 있습니다. 그 이유는 교회가 역사가 흐름에 따라서 형식주의에 치우치기 쉽기 때문입니다. 그러면 또한 루터 교회는 마틴 루터가 독일에서 신앙 부흥운동에서 출발한 교회가 아닙니까? 어떻게 루터교 신자들이 신앙부흥에 대하여 고개를 돌리는 것이 얼마나 기가 막히는 처사가 아닙니까?

이제 감리교회를 살펴보십시다. 그들은 찰스 웨슬레와 요한 웨슬레 형제의 신앙 부흥운동과 조지 휘트필드의 도움으로 감리교회가 생기지 않았습니까? 이 인물들을 통한 신앙부흥의 불길은 온통 영국을 불사르지 않았겠습니까? 또한 퀘이커 교도들은 폭스(Fox)의 신앙 부흥운동에서 시발되지 않았습니까? 우리 YMCA는 1850년에 미국에서 일어난 신앙 부흥운동의 소산입니다. 우리들의 그리스도인 교육기관은 신앙부흥에서 기반해서 출발했습니다. 그런데도 많은 사람들은 신앙 부흥을 우려하면서 계속해서 반대를 제기합니다.

4. 신앙 부흥에 대한 반대에 대하여

신앙 부흥운동에 대한 가장 흔한 첫 번째 반대는 '회개한 수많은 신자들이 계속해서 그 신앙을 유지를 못한다.'는 반대하는 견해입니다. 이 말은 제가 보아도 옳은 말씀입니다. 그리스도께로 회개하고 신앙고백을 하는 자들이 모두가 그리스도에게로 충실하게 살 수 있었더라면 이 세상에서 일찍부터 신앙생활을 했을 것입니다. 그런데 여러분 저는 어떤 목사나 장로나 집사까지도 신앙을 끝까지 잘 지속하지 못하는 경우를 봅니다. 주를 고백하여 신앙생활을 하는 자들이 모두가 신앙으로 잘 살수 있다는 견해는 성경의 입장과 배치됩니다. 예수님 당시에도 그리스도인들이 얼마나 자신의 신앙조차 혹은 그리스도 예수조차 헌신짝같이 버렸습니다. 요한 복음 6장 66절에 살펴봅시다. "이러므로 제자 중에 많이 물러가고 다시 그와 함께 다니지 아니하더라."

　　만일 농부가 모든 씨가 뿌리를 내려서 열매를 맺지 않는다고 씨뿌리지 않는다고 생각해 보십시오. 또 사과나무의 모든 꽃이 열매를 맺지 못한다고 해서 사과나무를 베어버린다고 해 보십시오. 실업계에 들어가 사업하는 자가 90 퍼센트가 실패한다고 해서 사업을 하지 말아야 합니까? 사람들이 신앙 부흥운동을 반대하는 이유는 바로 '회개한 수많은 신자들이 계속해서 그 신앙을 유지를 못한다.'는 것입니다. 신앙부흥에 대하여 두 번째 반대는 많은 사람들이 감정에 치우친다는 견해입니다. 그러나 나의 사랑하는 친구들이여, 저는 사람들이 자신의 일에 열중하고 흥분하듯이 하나님의 교회 안에서나 또 하나님의 사업에 흥분하는 역사가 일어나기를 바랍니다. 여러분이 흥분하는 것을 보기를 원하신다면 오락장에 가보십시오! 제가 아는 어떤 목사는 생키 씨와 제가 영국에서 부흥집회를 여는 것을 반대하는 웅변으로 설교를 했습니다. 그의 설교 전반적인 내용은 부흥집회는 성도로 하여금 '과도한 흥분'을 가져온다는 것입니다.

　　그런데 놀랍게도 그 목사는 금요일 밤 댄스 파티의 사회자이었으며, 토요일 아침 다섯 시까지 그곳에서 철야로 즐겼습니다. 어떤 술집은 밤새도록 엽니다. 그리고 어떤 사람들은 너무 흥분해서 서로 때리고 죽이기도 합니다. 그러면서도 우리가 신앙 부흥운동을 통해서 '과분한 흥분'을 일으킨다고 해서 신앙운동을 반대합니다. 당구장이나 도박장이나 창녀촌이나 술집의 한 주간 지속되는 흥분은 모든 하나님의 교회에서 일년간 있는 흥분하는 것보다 더 많은 것이 사실입니다. 신문은 여기에 대해 아무 소리도 못합니다. 하늘 아래 센세이션을 일으키는 사람이 있다면 그 사람은 신문기자입니다. 신문기자는 만약 선풍적인 이야기 거리가 없다면 그런 이야기를 만들어 내기도 합니다. 신문기자들도 끝에는 우리들에게 돌을 던질 사람입니다. 그러나 저는 '감정주의!' 라고 비난할지라도 침체되어 있기보다는 오히려 센세이션이 일어나기를 바랍니다. 우리 교회 안에는 안개가 너무 자욱합니다. 안개에 둘러싸인 목사를 만나 보십시오. 그는 이렇게 말할 것입니다. "제가 사람들을 주님께로 끌어들일 수는 없지만 하나님께 감사하고 있는 일은 제가 감정주의자가 아니기 때문입니다" 무덤에는 흥분이라든가 또는 감정주의도 없습니다. 죽은 사람은 눕혀 놓는 대로 누워 있을 뿐입니다. 그러나 저는 부활절 아침에는 대단한 소동이 있을 것입니다. 우리가 원하는 것은 생명입니다!

스코틀랜드의 어떤 목사가 매주일 설교 시간에 잠자는 성도와 상담을 했습니다. 그 목사는 성도에게 이렇게 말했습니다.

"예배 시간에 졸고만 계시다면 집에서 주무시는 것이 더 낫지 않겠습니까?" 그러자 그 여성도는 어릴 때부터 교회에 나가는 것이 습관이 되었기에 집에 있을 수가 없어 교회에 나간다고 답했습니다. 그러자 목사는 "그러면 성도님은 졸음이 오지 않는 약이라도 복용하고 예배를 드리면 어떻겠습니까?"라고 재차 말했습니다. 이 말을 듣고 있던 여성도는 목사님에게 이렇게 말씀을 드렸답니다. "목사님, 목사님의 설교가 졸리지 않게 약을 좀더 쓰는 것이 더 좋다고 생각해보시지는 않았습니까? 성도들은 영생과 생명의 문제에 대하여 정말로 영적인 각성과 흥분을 갖고 싶어합니다."

5. 신앙부흥의 필요성

하나님께서 자신의 사업을 부흥시키고자 했을 때에는 항상 긴박한 필연성이 있습니다. 동이 트기 전 새벽녘이 가장 어두운 법입니다. 저는 이 세대가 점점 어두워 간다고 봅니다. 그렇다고 해서 저를 비관론자라고 생각지는 마십시오. 제가 혹시 만년을 산다해도 비관론자가 될 리가 만무합니다. 저는 세상의 최후 종말이 있는 것을 믿고 있습니다. 저는 주 예수님께서 이 세상에 다시 오셔서 하늘의 뜻을 이 땅에도 이루시며 하나님의 나라가 완성될 때가 오리라고 의심치 않습니다. 저는 비관주의자도 아닙니다. 그리고 엘리야처럼 로뎀 나무 밑에서 죽기를 사모하는 자도 아닙니다. 그러나 이 세상은 말세의 현상들이 분명하게 드러나고 있습니다.

하나님의 말씀의 경종대로 이것을 알아두시오. 디모데 후서 3장 1절에 있는 대로 "네가 이것을 알라 말세에 고통 하는 때가 이르리니 사람들은 자기를 사랑하며 돈을 사랑하는" 시대를 맞이했습니다. 이것은 오늘의 현 주소가 아닙니까? 사람들은 자기의 것만 사랑합니다. 할 수 있다면 여러분은 자기 사랑하는 것을 부인해야 합니다. 이 나라에는 백만 장자도 본래 없었습니다. 그런데 돈에 대한 사랑으로 이제는 백만 장자가 아니라 5백만 불, 아니 일 억불이 있다고 해도 탐심으로 인해서 만족을 않는 시대에 살고 있습니다. 그러기에 말세의 인간모습은 "자긍하며 교만하며 훼방하며 부모를 거역하며 감사치 아니하며 거룩하지 아니하며," 또한 하나님을 거역

합니다. 근간 4년 동안 미국에는 38,512명의 살인자가 발생했습니다. 그런데 똑같은 기간인 영국에는 600명도 채 되지 않습니다. 역사가 깊은 나라는 사형을 잘 시행하지 않습니다. 그러나 우리 미국 땅에는 수 백, 수천의 사형이 집행되었습니다. 작년에는 이 나라에는 25,000 쌍의 이혼이 속출했습니다. 주일성수를 하지 않고 사업계의 부정직한 비리를 보시오. 이 시대와 이 시대의 죄인들을 개혁할 때가 아니겠습니까? 이제라도 하나님의 자녀들이 일어나서 하나님께 향하여 "오, 하나님이여! 주의 일이 다시 심령을 부흥케 해달라"고 부르짖어야 할 때입니다. 이 때에 많은 사람들이 "배반하며 팔며 조급하며 자고 하며 쾌락을 사랑하기를 하나님 사랑하는 것보다 더하고" 있는 세태가 벌어지고 있습니다.

수년 전 만해도 이 시카고 시에는 주일에는 오후와 야간에 극장상영이 금지되었습니다. 뉴욕 시에는 주일에도 극장흥행을 허락해주자는 안건이 뉴욕 의회에 상정되었습니다. 그래서 저는 유명한 정치가에게 요청을 했습니다.

"저는 귀하께서 그 안건이 상정되었으나 통과되지 않도록 힘써 주시길 바랍니다."

이에 대한 크리스천 정치인의 답변이 이렇습니다. "목사님, 저는 그 안건을 도리어 지지합니다. 이것은 저희들이 원하는 안건입니다. 저도 주일 예배를 드리러 갑니다. 그런데 제 생각으로는 주님께서 그 나머지 시간은 휴식하는데 쓰라고 하신 것입니다" 참으로 어처구니없는 처사를 자행되고 있었습니다. 아침에는 이스라엘의 하나님을 믿고 오후와 저녁에는 바알 신을 섬기는 격입니다. 이 세대가 저주받는 이유는 바로 두 제단을 섬기는 일입니다. 하나는 바알의 제단이며 또 하나는 하나님의 제단입니다. 여러분 우리는 이렇게 처신해서는 안 됩니다. 이들로부터 성별 합시다. 우리들은 심령이 새롭게 되기 위해서 신앙부흥의 불길을 타오르게 합시다.

6. 옛 복음과 새 복음

대단히 널리 보급되어 있는 그릇된 생각은 옛 복음이 이제는 그 힘을 상실하고 있습니다. 저는 이런 말을 전혀 믿지 않습니다. 사람들이 복음이라 부르지만 그 속에 복음이라고는 마치 톱밥 속에서 밀 알을 찾기 힘든 정도입니다. 그런데도 사람들은 이 중요한 진리의 차이를 모르는 듯 합니다. 제가 얼마 전에 어떤 젊은 부인의 얘기를 들었습니다. 그 부인은 자기 남편이 매주 살림하라고 생활비를 주면 가계부를 정리를 했습니다. 그런데 몇 달 후에 남편이 아내에게 말했습니다.

"오늘 저녁에 우리 가계장부나 한번 보았으면 하는데요?" 그러자 그 아내는 가계부를 남편에게 보여주었습니다. 그 남편이 가계부를 꼼꼼히 살펴보더니 "도대체 이 G. K. W.란 무엇이요?"라고 물었습니다. 이 때 부인은 이렇게 설명했습니다. "암만해도 회계를 정리하다가 맞힐 수 없는 부분에는 하나님이 아신다(God Knows What.)"라는 항목을 만들어서 잔고를 마치었다는 것입니다.

우리 설교자들에게도 마찬가지입니다. 설교도 하나님만이 아십니다. 솔직하게 말씀드리는 것인데 유명한 목사의 설교를 들어보았지만 정말 그들이 무슨 설교를 하고 있는지는 잘 알고 나서 설교하는 지에 대하여 의심이 날 지경입니다. 저는 보통 사람으로서 설교를 듣는다면 그 나머지 사람들은 어떻게 그 설교를 이해할 수 있습니까? 여러분들이 만약 옛 복음을 있는 그대로 바르게 또 정확하게 이해하고서 설교한다면 이 복음은 여전히 많은 능력이 나타납니다. 사람들은 새로운 복음을 원하지만 저는 옛 복음을 고수하는 것은 그 복음이 여전히 살아 역사 합니다. 사람들은 6천년 전부터 아직까지 똑같습니다. 최초로 여인이 낳았던 사람도 살인자이었습니다. 우리들은 불행가운데 타고 태어났습니다. 그리고 얼마간 사람들에게서 교육받았다 할지라도 우리는 천사같이 추켜세우지 맙시다. 교육을 받은 무례 한이 더욱 가장 야비한 종류의 무례 한이기 때문입니다.

7. 성경과 성경 연구의 필요성

제가 보건대 근간에 희망적인 징조가 생겼는데 그것은 이 세상의 역사 가운데 지난 몇 년 동안 성경에 대하여 이토록 갈급 했었던 적이 없었습니다. 얼마 전에 제가 뉴욕에 갔었는데 뉴욕 신문의 어떤 편집인이 저에게 질문했습니다. "무디 선생님 요사이도 성경이 무슨 필요가 있습니까?" 이에 저는 그 편집인에게 대답했습니다. "성경이 무슨 필요가 있다뇨? 이 양반 어디에서 오신 분이요? 인류 역사에 근간처럼 성경의 필요를 갈급 한 시대는 없었다는 것을 모르는군요" 그는 웃음을 지으면서 내게 이렇게 말했습니다. "선생님이 아마 수 개월 전이라도 이 말씀을 했더라면 저는 믿지 않았을 것입니다. 사실 저는 성경대신에 사무실마다 일요 신문이 더 구독되고 있다는 점을 사설에 기고하려던 참이었습니다. 그래서 저는 신문사 기자들을 보내서 서점가에서 얼마나 성경이 잘 팔리고 있으며 성경에 대한 구독하는 가를 조사해보니 과거 3년 동안 성경 구독하는 열심히 급증했다는 사실을 밝혀내었습니다. 저는 그에게 어디에 가서 그 사실을 알아보았는가를 질문했습니다. 그러자 그는 서점과 성경 공회를 통해서 알았다고 말해주었습니다. 그래서 나는 그에게 이렇게 말해주었습니다. "별로 많이 알아보지 못했군요. 당신이 친히 백화점에 가서 보면 성경이 하루에도 몇 트럭 분으로 운반되어 팔리는 것을 보았을 것입니다" 필라델피아 백화점에서는 유명출판사가 10군데가 팔았던 성경판매 부수보다 더 많이 팔렸습니다. 성경 판매상인들은 제가 항상 78 달러를 주고 사는 성경과 같은 크기와 같은 형식으로 된 성경책을 보급판으로 75센트에 팔고 있습니다. 생각해 보십시오. 요즘처럼 성경책이 불티나게 팔린 적은 없었습니다.

마틴 루터 당시에, 소책자와 저서를 통해서 전도의 복음을 여러 나라의 출판인들에 의해서 배포되었습니다. 이 때에 루터의 책이 천사의 손에 의해서 전해졌다는 소문이 날 정도로 복음의 진리에 대한 가치는 대단했습니다. 마치 하나님의 천사가 신기한 방법으로 통해서 사람들로 하여금 옛 성경으로 되돌아가도록 도왔습니다.

저는 시카고 시에 있는 우리 성경학교 교장에게 성경공부 저녁반을 개설하도록 제언했었습니다. 우리들은 과거 십년 동안 아침 아홉 시와 열 한 시에 시카고 도심지에서 성경을 강의해 왔습니다. 저는 정말 야간에도 성경공부반이 개설되기를 바랍니다. 그런데 성경학교 교장은 저에게 다음처럼 말했습니다. "교인들이나 교회들이 각기 성경 공부하는 데 열심입니다. 엡워스 연합회와 청년회, 청년면려회와 기독 청년회와 매주 기도회가 지속됩니다. 언제 시간을 내어서 저녁 성경연구 반으로 모일 수 있겠습니까?" 그러나 저는 이 때에 2년 간 저녁 성경공부반을 개설했었습니다. 그 성경연구반에 500명이나 등록해서 성경연구를 했습니다. 시카고에서 다음 겨울에는 다섯 군데서 성경연구를 해서 2,700명이나 몰려들었습니다. 그리고 매월 10월부터 5월 사이에는 평균 6,000명이나 되는 사람들이 몰려 왔습니다. 저는 하나님이 자신의 역사를 일으킬 때는 바로 성경으로 되돌아간다는 점을 분명하게 밝힙니다.

이제는 우리들 사이에 차이와 문제점을 논의하는데 세월을 낭비하지 말고 이제부터 제가 죽기 전에 1857년 부흥운동처럼 불길이 일어나 메인 주로부터 캘리포니아 주에 이르기까지 수 천명, 수 만

명이 하나님 나라로 향하는 놀라운 역사가 일어나기를 기도합니다. 어째서 이런 일이 일어나지 않는다고 푸념만 늘어놓습니까? 초대교회의 오순절의 역사는 사라져 버린 것이 아닙니다! 우리는 20세기를 향하여 가는 시대에 사는 우리에게 이처럼 놀라운 하나님의 역사가 강하게 일어날 수 없다고 주저하고만 하십니까? 오히려 이 같이 우리 불 신앙이 하나님이 주시는 부흥의 역사를 막고 있지 않습니까?(D. L. Moody, Moody's Latest Sermons, vii. Revivals, 106-126., Chicago: Fleming H. Revell Company, 1900).

제 4 장

천국의 확실성

"내 아버지 집에 거할 곳이 많도다…내가 너희를 위하여 처소를 예비하러 가노니."(요한 복음14:2)

자기 이성(理性)에 크게 의존한 나머지 하나님을 저버리는 사람들이 있습니다. 그들은 하나님은 우리가 볼 수 있는 분이 아니라고 말합니다. 그들은 하나님은 영이시라고 말하면서 그렇습니다. 그러나 그는 또한 사람이시며, 한때는 사람으로서 행하셨습니다. 하나님께서 거하시는 처소가 있음을 성경은 매우 명확하게 말해줍니다. 그 사실에는 의심할 여지가 없습니다. 거처는 사람으로서의 존재를 가리킵니다. 하나님의 처소는 천국에 있습니다. 그에게는 처소가 있으며, 우리도 그 곳에 거하게 될 것입니다. 따라서 우리는 그를 보게될 것입니다. "종과 주의 백성 이스라엘이 이 곳을 향하여 기도할 때에, 주는 그 간구함을 들으시되 주의 계신 곳 하늘에서 들으시고, 들으시사 사하여 주옵소서."(왕상8:30).

천국이 어디에서나 현재 있다는 개념은 성경적인 것이 아닙니다. 천국은 하나님의 처소이며, 그리스도께서는 세상에 오셨을 때 우리에게 다음과 같이 기도하도록 가르치셨습니다. "하늘에 계신 우리 아버지!" 이 처소는 "영원한 생명의 성"으로 일컬어지고 있습니다. 묘지 없는 성을 생각하여 보면 거기에는 죽음이 없습니다. 이 세상에서 그러한 성을 찾아볼 수 있다면, 거기에는 얼마나 많은 사람들로 붐비겠습니까! 사람들이 그 성에 가려고 얼마나 아귀다툼을 벌이겠습니까! 여러분은 지구상에서 그러한 곳을 찾아볼 수 없을 것입니다. 눈물 없는 성인 하나님은 저 위에 있는 모든 사람들의 눈물을 씻기십니다. 지금은 울 때이나 앞으로 하나님께서 우리를 부르시며, 눈물이 없게 될 때가 올 것입니다. 고통이 없고, 슬픔과 병과 죽음이 없는 성이며 또 거기에는 흑암도 없습니다.

"어린양이 그 등이 되심이라"(계21:23).

거기에는 해나 달이 필요 없습니다. 에덴 동산은 비교도 안됩니다. 유혹하는 자가 에덴으로 들어와서 개가를 올렸으나, 이 천국 도성에서는 더럽히는 것이 아무 것도 들어오지 못할 것입니다. 거기에는 시험하는 자가 없을 것입니다. 시험이 없는 곳을 생각해 보십시오. 죄에서 벗어나며, 타락이 들어올 수 없는 곳이며 의인이 영원히 다스리는 곳을 생각해 보십시오. 손으로 짓지 아니하여 세월이 지날수록 건물들이 낡는 일이 없는 성을 생각해 보십시오. 하늘의 인명부인 생명 책 이외에는 인구조사로 거주자들을 세어보는 일이 없는 곳을 생각해 보십시오. 사업이 홍수를 이루고 있는 거리나, 날마다 슬픈 눈물과 함께 영구차가 천천히 묘지로 가는 일이 없는 성을 생각해 보십시오. 근심과 무덤, 죄와 슬픔, 결혼과 장례, 태어남과 죽음이 없는 성, 예수를 그 왕으로, 천사들을 그 호위병으로 모시는 영광을 누리고 그 나라 시민들인 성도들이 모인 성(城)을 생각하여 보십시오! 우리는 이곳이 뉴욕이나 런던이나 파리와 매우 흡사한 장소인 것으로 믿고 있습니다. 세상의 성읍들은 사라지지만 이 성은 영원히 남을 것이므로, 그 곳이 한층 더 좋을 것이라고 믿습니다. 그 기초를 놓으시고 만드신 자는 하나님이십니다. 이 세상에서 아무리 장엄한 도시로 알려져 있다할지라도 그것은 영원히 지속될 만큼 강한 기초를 지니지 못하였던 것입니다.

두로와 시돈

한 예로서 두로와 시돈을 들어봅시다. 그들은 뉴욕과 필라델피아처럼, 또는 세인트루이스와 시카고처럼 서로 겨루는 도시들이었습니다. 족장 야곱이 그의 아들들에게 축복을 내렸을 때, 시돈에 대하여 말하였습니다. 이스라엘 지파들 중에 가나안이 여호수아에 의하여 나뉘어 질 때 그 거민들은 결코 전부 쫓겨나지 않겠지만, 두로와 시돈은 아셀 지파의 몫으로 떨어졌던 것처럼 보였습니다. 우리는 마가복음 3장 7-8절을 상고합시다.
"예수께서 제자들과 함께 바다로 물러가시니 갈릴리에서 큰 무리가 좇으며 유대와 예루살렘과 이두매와 요단강 건너편과 또 두로와 시돈 근처에서 허다한 무리가 그의 하신 큰일을 듣고 나아오는지라."
우리는 사도행전 27장 3절에서 죄수 바울이 로마에 있는 황제 가이사 앞에 서게 하려고 데리고 가던 호위병들의 우두머리가, 배가 시돈에 닿았을 때, 바울로 하여금 그의 친구들을 찾아가서 면회를 허락해 주는 내용을 발견할 수 있습니다. 대체로 그 당시 사람들은 초승달 모양의 면류관을 쓴 모습을 하고 있는 하늘의 여왕을 숭배하였지만, 거기에도 그리스도교가 있었음에 틀림없다는 사실을 이 이야기에서 이끌어낼 수 있습니다. 지금도 하늘의 여왕을 숭배하는 사람들이 있습니다. 그 들은 그 여왕을 발아래 달이 있는 모습으로 그리고 있습니다. 심지어는 히브리 사람들도 팔레스타인의 투명한 하늘을 따라 '밝게 빛나는 달'을 보았을 때, 그 아름다움에 매혹되어 우상숭배에 떨어졌습니다. 예레미야는 말씀합니다.

"자식들은 나무를 줍고 아비들은 불을 피우며 부녀들은 가루를 반죽하여 하늘 황후를 위하여 과자를 만들며 그들이 또 다른 신들에게 전제를 부음으로 나의 노를 격동하느니라"(렘7:18).

이 선지자의 책망에 대하여 우리는 그들이 예레미야 44장 16절에서도 발견됩니다.

"네가 여호와의 이름으로 우리에게 하는 말을 정녕히 실행하여 우리의 본래 하던 것, 곧 우리와 우리 선조와 우리 왕들과 우리 방백들이 유다 성읍들과 예루살렘 거리에서 하던대로 하늘 여신에게 분양하고 그 앞에 전제를 드리리라."

본문 조금 뒤에서 이같은 말씀을 상고할 수 있습니다.

"여호와께서 너희 악행과 가증한 소위를 더 참으실 수 없으셨으므로, 너희 땅이 오늘과 같이 황무하며 놀램과 저줏거리가 되어 거민이 없게 되었나니"(22절).

부활 때에 사람들은 시집도 장가도 가지 않습니다. 하늘에는 "왕후"도 없습니다. 여호수아는 두로를 "견고한 성"(렘19:29)으로 언급합니다. 이사야나 에스겔 선지자도 이점에 말씀합니다. 사실상 성경에는 그것에 관한 이야기가 매우 많습니다. 느부갓네살, 알렉산더 대왕 그리고 다른 왕들이 두로와 싸웠으며, 지금은 멸망한 것을 점령하기 위하여 무수한 생명들이 빼앗겼습니다. 알랙산더는 한때 그것을 멸망시켰으나 그것은 후에 재건되었습니다. 이 성읍이 한때 어떠하였는가에 관한 묘사를 우리는 하나님의 영감 된 말씀 가운데서 찾아볼 수 있습니다. 여기에서 우리는 두로의 그 아름다움을 짐작할 수 있습니다. 에스겔 27장 전체가 두로에 관한 이야기로 가득 채워져 있습니다.

"주 여호와의 말씀에 두로야, 네가 말하기를 나는 온전히 아름답다 하였도다. 네 지경이 바다 가운데 있음이여. 너를 지은 자가 네 아름다움을 온전케 하였도다. 스닐의 잣나무로 네 판자를 만들었음이여. 너를 위하여 레바논 백향목을 가져 돛대를 만들었도다." (3-5).

"애굽의 수놓은 가는 베로 돛을 만들어 기를 삼았음이여. 엘리사 섬의 청색 자색 베로 차일을 만들었도다."(7절). 조금 더 뒤에서는 이같은 말씀을 상고할 수 있습니다.

"네 재물과 상품과 무역한 물건과 네 사공과 선장과 네 배의 틈을 막는 자와 네 장사와 네 가운데 있는 모든 용사와 네 가운데 있는 모든 무리가 네 패망하는 날에 다 바다 중심에 빠질 것임이여. 네가 아름다움으로 마음이 교만하였으며 네가 영화로움으로 네 지혜를 더럽혔음이여. 내가 너를 땅에 던져 열왕 앞에 두어 그들의 구경거리가 되게 하였도다."(렘27:27, 28:17).

두로의 멸망에 관한 무서운 예언이 문자적으로 모두 성취되었습니다. 우리는 예레미야 26장 3절에서 멸망의 예언을 발견할 수 있습니다.

"그러므로 나 주 여호와가 말하노라. 두로야, 내가 너를 대적하여 바다가 그 파도로 흉용게 함같이 열국으로 와서 너를 치게 하리니 그들이 두로의 성벽을 훼파하며 그 망대를 헐 것이요 나도 티끌을 그 위에서 쓸어 버려서 말간 반석이 되게 하며 바다 가운데 그물 치는 곳이 되게 하리니 내가 말하였음이니라. 나 주 여호와의 말이니라. 그가 이방의 노략 거리가 될 것이요."(3-5절).

최근에 두로 지역을 여행자들에 의해서 전해진 두로의 모습은 "아치 문과 천정이 부수어지고 흔들리는 벽과 탑이 흔들리며 굶주려 있는 비참한 사람들이 쓰레기 더미 가운데서 기거하고 있는 폐허"로 묘사되고 있습니다. 두로의 많은 부분이 물에 잠겨 있습니다. 즉 그 폐허의 한 부분은 바닷가가 되어버렸고, 그 나머지는 실제로

"암초 꼭대기처럼" 되어버렸습니다. 이와 같이 세상의 영광은 사라집니다. 이 책은 이전에 있었으나 우리가 더 이상 볼 수 없는 한 도시의 영화를 말해 주고있습니다. 또한 그것은 우리가 보지 못하였으나, 우리가 정도(正道)를 따르기만 한다면 더 큰 성의 영광을 우리에게 알려주고 있습니다.

> 하나님은 성도들의 행복한 안식처,
> 포근하고 아름다운 본향이여!
> 거기에는 슬픔이 없고,
> 근심과 걱정 그리고 고생도 없네.
> 동산들과 우아한 거리는 항상 푸르고,
> 그 어느 곳에서도 볼 수 없는
> 아름답고 고운 꽃들이 자란다.
> 촛불이 필요치 않고,
> 달빛이나 별빛이 필요 없나니,
> 이는 의에 왕 그리스도께서
> 영원히 밝게 비추심이라.

생명책

해가 떠오르기 직전에 두 사람이 하늘 어느 곳에서 해가 제일 먼저 나타날 것인가에 대해 논쟁을 버리게 되었습니다. 그들은 그 문제에 관하여 너무 흥분하여 싸우기 시작하였고, 서로들 머리를 심하게 때렸기 때문에 정작 해가 떠올랐을 때에는 어느 누구도 그것을 볼 수 없었습니다. 마찬가지로 천국에 대하여 계속 논쟁을 벌이다가 그 굿에서 탈락되는 자들이 있으며, 지옥에 관하여 쟁론하다가 마침내 그들 자신이 그 곳으로 빠져 버리는 사람들이 더욱 많았습니다. 히브리 사람들은 그들의 저서에서 세 가지 하늘에 대하여 우리에게 말해 주고 있습니다. 지구 둘레의 공기가 있는 대기와 하나는 하늘인데, 별들이 있는 창공이며 또 하늘의 하늘이 나머지 하나로서, 거기에는 하나님의 보좌가 있고 주님의 처소가 있습니다. 그 처소는 복된 자들이 거하는 광명과 평강의 집이며, 구속 자와 구속함 받은 자의 집인 것입니다. 이것은 그리스도께서 계시는 천국 보좌가 있는 하늘입니다.

"하늘과 모든 하늘의 하늘과 땅과 그 위의 만물은 본래 네 하나님 여호와께 속한 것이로되"(신10:14).

바울은 고린도 후서에서 그 자신이 갔었던 천국에 관하여 증언하고 있습니다.

"내가 그리스도 안에 있는 한 사람을 아노니, 십 사년 전에 그가 셋째 하늘에 이끌려 간자라(그가 몸 안에 있었는지 몸밖에 있었는지 나는 모르거니와 하나님은 아시느니라)"(12:2).

어떤 사람들은 셋째 하늘이 무엇을 뜻하는지 의아하게 여겨왔습니다. 그것은 하나님이 거하시는 곳으로, 폭풍우가 오지 못합니다. 거기에는 청렴하신 재판장이 앉아 계십니다. 바울은 그가 거기에 이끌려 갔을 때, 그가 입밖에 내기에 합당하지 않은 것들을 들었고, 여기에서는 감히 그것에 대하여 말할 수 없는 것들을 보았습니다. 우리가 영적으로 높아질수록, 하늘나라에 더욱 가까워지는 것 같습니다. 거기에서 우리의 소원들이 마침내 성취됩니다. 따라서 우리는 시편 기자와 같이 이렇게 외칠 수 있습니다.

"내가 여호와께 청하였던 한 가지 일, 곧 그것을 구하리니 곧 나로 내 생전에 여호와 의 집에 거하여 여호와의 아름다움을 앙망하며, 그 전에서 사모하게 하실 것이라."(시 27:4).

우리는 우리가 그리스도의 것이기만 하다면, 우리이름이 하늘

나라에 기록될 것임을 그리스도에 의하여 확신하게 됩니다. 누가복음 10장 20절에는 다음과 같이 기록되어 있습니다. "그러나 귀신들이 너희에게 항복하는 것으로 기뻐하지 말고 너희 이름이 하늘에 기록된 것으로 기뻐하라."

구세주께서는 그의 제자들 칠십 인을 함께 불러모으시고 말씀하시기 얼마 전에, 그들을 두 사람씩 보내시어 갈릴리와 유대에 복음을 전파하게 하셨습니다. 오늘날 신앙 부흥운동을 통해서도 믿음을 얻지 못하는 사람들이 있습니다. 세상에서의 가장 큰 부흥 운동은, 세례 요한과 예수께서 복음을 전파하시고 그 뒤를 이어 그리스도께서 세상을 떠나신 후에 사도들과 제자들이 복음을 전파한지 5, 6년간에 있었습니다. 수 년 동안 그 나라는 이쪽에서 저쪽까지 요동하였는데. 아마도 그 당시에 그 신앙 부흥에 대항하였던 사람들이 있었을 것입니다. 그들은 그것을 "발작적 인 것" 이라 칭하고 그것을 믿기를 거절하였을지도 모릅니다. 아마 그들은 "그것은 곧 잊혀지는 소문으로, 잠시 후에는 사그라지고 결국에는 아무 것도 없을 거야" 라고 말하였을 것입니다. 그 당시에도 지금처럼 말하는 사람들이 있었을 것은 분명한 일이나 그리스도와 그의 사도들의 시대 이후로도 하나님의 일을 방해하는 사람들이 줄곧 있어왔으며, 그들 가운데 몇몇은 자신에게 별 해가 되지 않았기 때문에 주 예수 그리스도의 제자라고 공공연히 말하고 다녔습니다.

하나님의 성령이 오실 때 그는 자신의 방법으로 역사하십니다. 우리는 그가 역사 하시는 어떤 방법을 제한하여서는 안 된다는 교훈을 배워야합니다. 왜냐하면, 그는 그가 오실 때에 그의 방법으로 역사 하실 것이기 때문입니다. 이 제자들은 일을 끝내고 돌아왔습니다. 성령께서 그들과 함께 역사 하시어 마귀가 그들에게 굴복하였고, 그들은 병을 이기는 능력을 지녔고 대적을 이겼으며, 그들의 길에는 성공이 가득하였습니다. 그들은 아마도 절기를 기념하기 위하여 모였을 것이며, 그 때에 그리스도께서 오셔서 이렇게 말씀하셨습니다.

"귀신들이 너희에게 항복하는 것으로 기뻐하지 말고, 너희 이름이 하늘에 기록된 것으로 기뻐하라."

이것은 우리로 하여금 믿음의 확신에 대한 교리에 직면하게 해주고 있습니다.

확 신

나는 매우 많은 사람들이 이 교리를 받아들이지 못하고 믿음의 세계에서 엎칠락 뒷치락하는 것을 보게됩니다. 그들은 우리가 구원받았는지 안 받았는지를 이 세상에서 아는 것이 불가능하다고 믿고 있습니다. 만일 이것이 사실이라면, 어떻게 우리가 여기에 기록되어 있는 그리스도의 말씀을 소화시킬 수 있겠습니까? 나의 이름이 하늘에 기록되어 있다면, 내가 그것을 알지 않고서 어떻게 그것을 기뻐할 수 있겠습니까? 이 사람들은 그들의 이름이 이미 여기에 적힌 것을 기뻐해야 했으며, 하나님의 자녀인 모든 사람의 이름은 그 명부에 있습니다.

몇 년 전, 미국인의 한 일행이 런던을 떠나 리버풀로 가는 길에 노스웨스턴 호텔에 머물기로 결정하였으나, 그들이 도착하였을 때 그 곳은 여러 날 동안 초만원을 이루고 있었습니다. 그들은 크게 실망한 채로 짐을 챙겨들고 떠나려 하였는데, 마침 그 때 그 일행가운데 한 여자가 거기에 남아 있으려 하는 것을 보았습니다. "당신은 함께 가지 않을 겁니까?"하고 그들이 물었습니다. "가지 않을 거예요"하고 그녀가 말을 이었습니다. "내게는 좋은 방이 준비되어 있으니까요." "아니 어째서 그렇습니까?" "나는 며칠 전에 미리 전보를

쳐서 예약해 놓았거든요."

하나님의 자녀의 경우도 이와 같습니다. 그들은 그들의 이름을 미리 보내고 있는 것입니다. 그들은 때를 맞추어 그리스도의 집에 자리를 예약해 두고 있습니다. 우리가 참으로 하나님의 자녀라면, 우리 이름이 먼저 올라가며 여행이 끝날 때 우리를 맞이해 줄 곳이 있게 될 것입니다. 우리는 이 세상에서 나그네에 불과하다는 것을 알고 있습니다. 우리는 본향을 떠나 이 곳에 있을 뿐입니다.

남북전쟁이 계속되고 있을 때, 전쟁터의 병사들 즉 남북 군인들은 텐트 안에서 쉬는 것 이외에는 아무 것도 원하지 않았습니다. 그들은 전쟁이 끝나 하루속히 집으로 가기를 고대하였습니다. 그들은 전쟁터에서 궁전이나 큰 저택을 바라지 않았습니다. 마찬가지로 지금도 끔찍스러운 싸움이 계속되고 있으며, 장차 그 전쟁이 끝날 때 하나님은 우리를 집으로 부르실 것입니다. 이 세상을 여행하는 동안 우리에게는 텐트로도 아주 족합니다. 지금은 오직 밤이나, 그 때에는 영원한 낮이 밝아올 것입니다.

그리 오래되지 않은 이야기로서, 두 여자가 기차에서 만났습니다. 한 여자는 카이로로 또 한 여자는 뉴 오올리안즈로 가는 길이었습니다. 그들은 카이로에 도착하기 전에, 서로 상당히 큰 호감을 갖게 되었습니다. 카이로를 향해 가던 여자가 뉴 오올리안즈로 가는 여자에게 말합니다.

"카이로에 며칠 머물다 가시지 않겠어요? 당신을 대접하고 싶군요." 그러자 상대방 여자가 대답합니다. "저도 퍽 그 곳에 가고 싶습니다만, 제 짐을 모두 꾸려서 보냈기 때문에 지금 가지고 있는 것밖에는 아무 것도 없어요. 하지만 여행하는 데에는 이것으로 족해요."

나는 이 이야기에서 한 가지 교훈을 배워 다음과 같이 말하였습니다. "여행은 무엇으로도 족합니다. 우리가 이 세상을 여행할 동안 고생으로 지치는 것보다는, 천국에 도착할 때 우리를 기다리고 있을 기쁨과 위로를 지니는 것은 더욱 큰 보람이 됩니다."

하늘 나라는 승리와 개선의 장소입니다. 이 곳은 전쟁터입니다. 그러나 거기에는 끊임없는 승리가 있습니다. 이곳은 칼과 창의 땅이며 저 곳은 화환과 면류관의 땅입니다. 축복 받은 모든 사람들이 하늘나라에서 완전한 승리를 이루게 하는 승리의 집입니다. 마지막 사망이 죽임을 당하고 사단의 포로가 이제는 자유의 몸이 되어 그리스도의 병거를 타고 천국에 들어갈 때, 그들의 마음은 얼마나 큰 환희로 떨리겠습니까? 우리는 천국에 대한 확실한 하나님의 약속에 대하여 사람들은 이 천국 교리를 함부로 반박할는지 모르나, 그렇지만 성경에서 분명하게 약속된 축복의 나라를 가르치고 있습니다.

천국의 책들

천국의 책이 있다고 하면 매우 많은 사람들이 코웃음을 칠 것이나, 다니엘 12장 21절에는 같은 예언이 기록되어 있습니다. "그 때에 네 민족을 호위하는 대군 미가엘이 일어날 것이요, 또 환난이 있으리니, 이는 개국 이래로 그 때까지 없던 환난일 것이며 그 때에 네 백성 중 무릇 책에 기록된 모든 자가 구원을 얻을 것이라."

이 땅에 무시무시한 때가 오면 우리가 일찍이 보지 못하던 아주 어두운 날들이 임할 것이며, 생명책에 그 이름이 적혀 있는 자들은 구원을 얻을 것입니다.

"또 참으로 나와 멍에를 같이한 자 네게 구하노니, 복음에 나와 함께 힘쓰던 저 부녀들을 돕고 또한 글레멘드와 그 외에 나의 동역자들을 도우라. 그 이름들이 생명책에 있 느니라."(빌4:3).

바울은 그처럼 많은 훼방을 받고 감옥에 갇히기까지 하였던 빌립보의 성도들에게 편지하면서, 실상은 다음과 같이 권면했습니다.

"나와 함께 일하였던 선한 형제 자매들에게 도움을 베풀라." 그들의 이름이 그리스도교 초창기에 확신의 교리를 가르쳤다는 사실을 알려줍니다. 따라서, 우리가 지금 그것을 가르치고 믿어야 하지 못할 이유가 어디 있겠습니까? 중국을 여행한 자들이, 중국의 법정에는 두 가지 큰 책이 있다고 내게 말해주었습니다. 어떤 사람이 재판 받고 무죄가 판명되었을 때, 그 사람의 이름이 생명책에 기록됩니다. 그러나 그 사람이 유죄로 판명되면, 그의 이름이 사망의 책에 기록된다고 합니다. 모든 남녀의 이름이 사망의 책이나 생명책에 있다는 사실을 나는 굳게 믿습니다. 우리의 이름이 동시에 두 책에 있을 수는 없습니다. 우리는 그 어느 쪽을 택하는 것이 우리 자신의 특권입니다. 계시록 13장 8절에는 다음과 같이 기록되어 있습니다.

"죽임을 당한 어린양의 생명책에 창세 이후로 녹 명되지 못하고 이 땅에 사는 자들은 다 짐승에게 경배하리라.", "또 내가보니 죽은 자들이 무론 대소하고 그 보좌 앞에 섰는데, 책들이 펴 있고 또 다른 책이 펴졌으니 곧 생명책이라. 죽은 자들이 자기 행위를 따라 책들에 기록된 대로 심판을 받으리니."(계20:12). "무엇이든지 속된 것이나 가증한 일 또는 거짓말하는 자는 결코 그리로 들어오지 못하되 어린양의 생명책에 기록된 자들 뿐이라."(계21:27).

확실함이 없는 곳에는 참된 평화가 있을 수 없으며 참된 위로가 있을 수 없습니다. 만일 내가 나의 구원에 대하여 의심하는 가운데 있다면 나는 하나님을 섬기기에 합당치 않으며, 하나님을 위해 나가서 일할 수 없습니다.

확신없는 자들

한 어머니에게 병든 아이가 있었습니다. 그 아이는 생사의 기로에 놓여 있었습니다. 그 일을 당한 어머니에게는 평안이 없었습니다. 사고 난 열차에 여러분의 친구가 타고 있다고 해봅시다. 이십여 명의 사상자가 났다는 뉴스만 전해지고 그 명단은 아직 발표되지 않았습니다. 그 때에 여러분은 매우 불안할 것이며, 사실을 알게 되기 전에는 평안이나 휴식이 없을 것입니다. 나아가서 다른 사람들을 도우려 하지 않는 사람들이 교회에 그처럼 많은 이유는 그들이 구원받은 사실을 확신하지 못하기 때문입니다. 만일 내가 내 자신이 죽어가고 있다고 생각한다면, 나는 다른 사람을 구원할 수 없는 비참한 상태가 될 것입니다. 내가 물에 빠진 사람을 끌어내려면 나는 물에 견고하게 발을 붙이고 있어야 합니다. 우리는 원한다면 이 완전한 확신을 가질 수 있습니다. 그것은 우리가 옳다는 것을 느끼는 것이 아니고, 우리가 그것을 알아야 하는 것입니다. 우리는 하늘에 있는 집에 대한 우리의 자격을 분명히 알고 있어야 합니다.

"사랑하는 자들아, 우리가 지금은 하나님의 자녀라"(요일3:2).
그는 우리가 장차 하나님의 자녀가 될 것이라고 말하고 있지는 않습니다. 사람들은 그들이 그리스도인이냐는 질문을 받을 때, 그 중 어떤 사람은 애매한 대답을 합니다. 어떤 이들은 "글쎄요, 그렇기를 바랍니다만" 하고 대답할 것입니다. 어떤 사람이 내게 미국 사람이냐고 물을 때, "글쎄요, 그렇기를 바랍니다" 하고 내가 대답하겠습니까? 나는 내가 이 나라에서 태어났다는 것을 알고 있으며, 20년 전에 하나님의 성령으로 거듭났다는 것을 알고 있습니다. 이 세상에서 하나님을 믿지 않는 사람들은 나로 하여금 내가 그리스도인이 되기 전에 가졌던 것과 꼭 같은 영을 그들이 지니고 있음을 분명히 깨닫게 해주었습니다.

"육으로 난 것은 육이요, 성령으로 난 것은 영이니"(요3:6).

사람은 자기가 성령으로 태어났는지 아닌지를 그의 생활의 변화로서 곧 말할 수 있습니다. 그리스도의 성령은 사랑과 기쁨과 평화와 겸손 그리고 온유의 영이며 우리는 우리가 영으로 태어났는지 아닌지를 곧 알아낼 수 있습니다. 우리는 불확실한 상태에 남아 있어서는 안됩니다. 욥의 어두운 시대로 돌아가 살았으나 그는 알고 있었습니다. 어두운 파도가 포효하며 그에게 부딪쳐 오나 폭풍우 가운데서도 우리는 다음과 같이 말하는 그의 음성을 들을 수 있습니다.

"내가 알기에는 나의 구속자가 살아 계시니"(욥19:25).

그는 소망 이상의 것을 가지고 있었습니다. 이 세상의 역사책에서 제 일인자로서 그 이름이 기록된 자가 있다 할지라도 그 기록은 소실될 수도 있습니다. 대리석에 그것을 새겨 놓는다 할지라도 여전히 그것은 지워질 수 있습니다. 어떤 자선 기관이 그의 이름을 기억해 둔다고 하여도 그것은 곧 잊혀질 수 있습니다. 그러나 위에 있는 두루마리에 기록된 그의 이름은 결코 지워지지 않을 것입니다. 이 땅위에서 사람의 이름을 영원히 보전하려 하는 것은 마치도 바닷가 모래 위에 써 놓는 것과도 같습니다. 영구하게 하려면 그것을 영원한 기념물위에 써야합니다. 생명책에 기록된 우리 이름을 볼 수 있는 방법은 우리 마음속에 이루어지는 성별의 역사를 통한 것입니다. 거기에는 하늘로부터의 경이로운 음성이나 특별한 표적 또는 특이한 감정이 필요치 않습니다. 단지 우리마음이 그리스도를 열망하고 죄를 미워하며 하나님의 명령에 순종하는 것을 우리가 발견하면 되는 것입니다.

어느 교회에 속한다고 해서 그것이 곧 우리를 구원하는 것이 아님을 우리는 확신하여도 좋으나, 각 사람은 교회와 관련을 맺고 있어야 합니다. 다니엘이 바벨론에서 죽었을 때, 그의 행실이 옳았는가를 알아보기 위하여 옛 교회 문헌을 뒤적일 필요는 없습니다. 바울이 네로에 의해 목베임을 당하였을 때, 그 누구도 인명부를 찾아볼 필요는 없었습니다. 한편 본디오 빌라도의 이름이 사도신경에 있다고 해서 그를 성인으로 생각할 사람은 없습니다. 그들이 살아 있기 때문에 세상은 그들이 있었음을 알았습니다. 바울은 다음과 같이 말하고 있습니다.

"내가 나의 의탁한 것을 그 날까지 저가 능히 지키실 줄을 확신함이라"(딤후1:12).

거기에 확신이 있습니다. 또한 그는 "누가 우리를 그리스도의 사랑에서 끊으리요? 환난이나 곤고나 핍박이나 기근이나 적신이나 위험이나 칼이랴...."(롬8:35-38).

그는 그 모든 것에 도전하고 있으며 그것들은 그리스도안에 있는 사랑에서 그를 끊을 수 없습니다. 우리가 구원받게 "되기를" 바라며, 단지 바라기만 하는 것은 하나님을 욕되게 하는 것입니다.

거짓된 신자들

그러나 확신을 가져서는 안 되는 사람들이 있습니다. 거듭나지 않은 교인이 확신을 갖는 것은 불행한 일입니다. 확신을 가져서는 안 되면서도 큰 확신을 가졌다고 공언하는 자들 곧 언행이 일치하지 않는 사람들이 있습니다. 이러한 종류의 사람들은 혼인 예복을 입지 않고 혼인 잔치에 온 사람들로 상징되어 있습니다. 그들은 보기에는 좋으나 냄새가 고약한 어떤 백합과도 같습니다. 그들은 속이 비어 있는 마른 조개입니다. 옛날의 종교 개혁가들은 어깨에 십자가 그림을 달고 다녔습니다. 마찬가지로 오늘날에도 경솔하게 단지 장식물로서 신용을 얻는 수단으로 십자가를 달고 다니며, 노력도 없이 값싸게 믿음을 사칭하고, 한번도 분투해 보지도 않고 면류관을 얻으려는 사람들이 상당히 많습니다. 우리는 냇물을 따라 표류하는 죽은 물고기를 아주 흔히 볼 수 있으나, 그것을 거슬러 올라오는 죽은 물고기는 결코 보지 못하였습니다. 거짓된 신자들도 그러합니다. 위선자들이 그러하며 공언하는 것은 냇물을 따라 내려가는 것에 불과하나, 고백은, 아무리 물결이 강할지라도 그것을 거슬러 헤엄치는 것입니다. 성별된 자와 성별되지 못한 자는 천국을 보는 눈이 매우 다릅니다. 성별 되지 못한 사람은 단지 하늘 나라가 지옥보다 나은 것으로만 생각합니다. 그는 만일 그가 그 두 곳 가운데 하나를 선택하여야 한다면, 차라리 천국을 택하겠다고 생각합니다. 그 사람은 마치 금광이라 일컬어지는 다른 나라의 어떤 땅을 사라는 권고를 받았으나 자신의 재산을 걸고서라도 땅을 사기를 싫어하는 한 농부와도 같습니다. 그러나 그가 추방당하여 쫓겨나서 광야에서 살거나 탄갱에서 땅굴을 파는 편을 택하든지 아니면 그 때에는 주저하지 않습니다. 거듭나지 못한 자는 천국을 지옥보다 좋아하나 그는 이 세상을 가장 좋아합니다. 사망이 그의 얼굴을 노려볼 때, 그는 천국에 가고 싶다고 생각합니다. 그러나 참된 신자는 무엇보다도 하늘나라를 소중히 여기며 항상 세상을 기꺼이 포기합니다. 사람마다 죽은 후에는 천국을 누리기 원하나 그들은 살아 있는 동안 천국의 마음을 지니기를 싫어합니다. 그리스도인에게 그것은 확실한 약속이며, 의심할 여지가 없고 주저할 이유도 없습니다.

상당한 재산의 상속자는 어릴 때, 그의 모든 상속 재산보다 그의 주머니에 있는 한 푼을 더 귀하게 여깁니다. 마찬가지로, 그리스도인임을 공언하는 어떤 사람들도 영원한 영광에 대한 그들의 자격에 의해서보다는 한낱 지나가는 즐거움에 의하여 더욱 우쭐댈 때가 있습니다. 잠시 후 우리는 거기에 갈 것입니다. 이 얼마나 영광된 일입니까! 모든 것이 준비되어 있습니다. 그것은 그리스도께서 천국에 올라가시어 하신 일입니다. 잠시 후에 우리는 그 곳으로 떠날 것입니다.

> 우리는 기다리리라.
> 그림자가 좀더 길어질 때까지,
> 석양의 마지막 빛이 사라질 때까지,
> 그 때에는 저 깊은 흑 암에서
> 거룩한 불멸의 빛이 떠오르고,
> 우리 영혼은 그 빛을 따라 기쁘게 그 빛을 밟으며,
> 하늘로 가리라.

제 5 장

능력의 임재

성령께서 우리 안에 거하시는 것과 그가 봉사를 위해서 우리 위에 임재하시는 것은 다릅니다. 성경에서 분명히 말합니다. 성경에서 보면 성령이 거하시는 장소가 세 곳입니다.

"그(모세)가 또 성막과 단 사면 뜰에 포장을 치고 뜰 문의 장을 다니라. 모세가 이같이 역사를 필하였더라. 그 후에 구름이 회막에 덮이고 여호와의 영광이 성막에 충만하매 모세가 회막에 들어갈 수 없었으니 이는 구름이 회막 위에 덮이고 여호와의 영광이 성막에 충만함이었으며."(출 40:33-5).

모세가 역사를 끝내자마자, 즉 성막이 완성되자마자 곧 구름이 나타났고, 하나님의 영광이 나타나서 성막에 충만하였습니다. 그래서 모세는 여호와의 임재 앞에 서 있을 수 없었습니다. 우리 마음속에 있는 교만과 이기심과 야망과 자기본위와 하나님의 법을 거스르는 모든 것이 비워지자마자 곧, 성령이 임하셔서 우리의 마음 구석구석을 채우실 것이 확실합니다. 그러나 우리가 교만과 야심과 자기 본위와 쾌락이 세상에 가득 차 있으면 성령이 거하실 여지가 없습니다. 많은 사람들이 하나님께 자신을 충만하게 채워달라고 기도하지만 마음은 이미 다른 것들로 가득 차 있습니다. 우리는 충만케 해주십사고 기도하기 전에, 우리를 비워주시도록 기도해야 합니다. 우리는 먼저 충만하려면 마음부터 비워야합니다.

그러므로 만일 마음을 거꾸로 뒤집어서 하나님을 거스르는 것을 모두 쏟아버리면 비로소 성령이 임하셔서 성막에서 임하셨던 것처럼 하나님의 영광으로 우리를 충만케 하십니다.

"나팔 부는 자와 노래하는 자가 일제히 소리를 발하여 여호와를 찬송하며 감사하는데, 나팔불고 제금치고 모든 악기를 울리며 소리를 높여 여호와를 찬송하여 가로되, 선하시도다! 그 자비하심이 영원히 있도다 하매, 그 때에 여호와의 전에 구름이 가득한지라. 제사장이 그 구름으로 인하여 능히 서서 섬기지 못하였더니, 이는 여호와의 영광이 하나님의 전에 가득함이었더라."(대하 5:13-4).

한 마음으로 찬양함

솔로몬이 성전을 완성하고 모든 일이 끝난 때에, 사람들이 한 마음으로, 즉 성가 대원들과 노래하는 자들과 섬기는 자들이 일제히 하나님을 찬양하였던 것을 봅니다. 거기에는 어떤 불협화음도 없었습니다. 그들은 하나님을 전심으로 찬양하고 있었습니다. 그러자 하나님의 영광이 나타나서 성막이 충만케 되었던 때와 똑같이 그 성전을 충만케 하였습니다. 그런데 신약 성경으로 넘어가면, 성막과 성전 대신에 신자들이 성령의 전 임을 알게 됩니다. 베드로가 기념비적인 설교를 하기 전인 오순절 날 사람들이 기도를 하고 있을 때, 성령이 강력한 권능으로 임하셨습니다. 우리는 이제 성령이 임하시기를 기도하면서 다음의 찬송을 부릅시다.

성령이여, 거룩한 비둘기여,

당신의 소생케 하시는 큰 권능으로
우리의 차가운 가슴속에
거룩한 사랑의 불꽃이
타오르게 하소서.

이해하고 이렇게 한다면 전혀 그릇된 것이 없습니다. 그러나 만일 성령이 하늘에서 지상으로 다시 내려오시기를 기도하고 있다면, 그것은 잘못입니다. 왜냐하면 그분은 이미 이곳에 계시기 때문입니다. 그분은 1900여 년 동안 이 땅을 떠나지 않으셨습니다. 그분은 교회 안에 임재해 오셨으며, 모든 신자들과 함께 계십니다. 교회 안의 신자들은 부르심을 받은 자들입니다. 그들은 세상으로부터 부르심을 받았습니다. 그리고 참된 신자는 모두 성령이 거하는 전인 것입니다.

"저는 진리의 영이라 세상은 능히 저를 받지 못하나니 이는 저를 보지도 못하고 알지도 못함이라. 그러나 너희는 저를 아나니, 저는 너희 속에 계시겠음이라."(요14:17).

"너희 안에 계신 이가 세상에 있는 이보다 크심이라"(요일 4:4).

우리 안에 성령이 거하시면, 그분은 우리에게 육체와 세상을 이기는 힘과 모든 대적을 이기는 힘을 주십니다. 그분은 당신과 함께 거하실 것이며, 당신 안에 계실 것입니다.

또한 고린도 전서 3장 16절을 읽어보십시오. "너희가 하나님의 성전인 것과 하나님의 성령이 너희 안에 거하시는 것을 알지 못하느뇨?"

얼마 전에 몇 명의 남자가 늙은 성도 한 사람을 장례를 치른 일이 있었습니다. 그는 매우 가난하였습니다. 이 땅에서는 가난하였지만 지금은 천국에서 대단히 부유하게 지내는 수많은 하나님의 백성들처럼 가난하였습니다. 천국에 있는 성도들은 모든 부를 누리고 있습니다. 왜냐하면 그들은 도적이 훔쳐갈 수도 없고, 협잡꾼이 빼앗아갈 수도 없으며, 좀도 쓸지 않는 곳에 부를 쌓아두었기 때문입니다. 따라서 그 사람은 천국에서 부한 자였습니다. 그런데 그 남자들은 그를 빨리 묻으려고 서둘렀습니다. 시체를 빨리 치우고 싶었기 때문이었습니다. 그때 장례식을 집례하던 노인 목사가 말했습니다.

"살살 밟으시오. 당신들은 지금 성령의 전을 다루고있어요."

당신이 신자를 볼 때는 언제나 성령의 전을 보는 것입니다.

고린도 전서 6절 19-20절에서 말씀하십니다.

"너희 몸은 너희가 하나님께로부터 받은바 너희 가운데 계신 성령의 전인 줄을 알지 못하느냐? 너희는 너희 것이 아니라. 값으로 산 것이 되었으니 그런즉 너희 몸으로 하나님께 영광을 돌리라."

그러므로 우리는 하나님의 자녀에게는 하나님께서 거하심을 알 수 있습니다. 성경은 모든 신자 안에 성령이 거하신다고 분명하게 가르칩니다. 그는 성령을 소멸할 수도 있고, 마땅한 만큼 하나님을 영화롭게 해드리지 않을 수도 있습니다. 그러나 그가 예수 그리스도를 믿는 신자라면, 성령이 그의 안에 거하십니다. 그러나 한 가지 사실을 지적하고자 합니다.

오늘날 그리스도인들 안에 성령이 거하시기는 하지만, 아직도 성령께서는 능력으로 그들 안에 거하고 있지 않음이 분명합니다. 달리 말하면, 하나님은 능력 없는 아들 딸을 많이 두고 있습니다.

무엇이 필요한가

교인들 중에서 십 분의 구 이상이 그리스도를 전하려는 생각을 전혀 하지 않습니다. 설령 가까운 친척 중의 한 사람이 파멸의 길로 급속히 달려가고 있는 것을 보아도, 그들은 그가 죄악의 길에 서있음을 말해주어 그를 그리스도께로 인도하려는 생각을 하지 않습니다. 분명히 무언가 잘못되었음이 틀림없습니다. 그럼에도 불구하고 그들과 대화를 나누어 보면, 그들에게는 믿음이 있으며 그들이 하나님의 자녀가 아니라고 말할 수 없게 됩니다. 그러나 그들에게는 능력도 자유 함도 없고, 그리스도의 참된 제자들이 당연히 갖고 있어야만 하는 사랑도 없습니다.

　많은 사람들은 우리에게 새로운 방법이 필요하고, 새 교회가 필요하고 새 조직이 필요하고 온통 새로운 것들이 필요하다고 생각합니다. 그러나 그것은 하나님의 교회가 이 시대에 필요로 하는 것이 아닙니다. 하나님의 교회를 필요로 하는 것은 초대교회 사도들이 가졌던 능력입니다. 그것이 바로 우리가 원하는 것입니다. 만일 우리의 교회가 그 능력을 가진다면, 새로운 생명력이 있게 될 것입니다. 그 능력이 있으면 새 생명이 있을 것입니다. 그러면 새로운 목회자들, 즉 능력으로 새로워지고 성령으로 충만케 된 초대교회 시대의 목회자들을 얻게 될 것입니다. 시카고에서 많은 사람들이 애써 수고는 했지만 구원열차가 꼼짝도 하지 않는 것과 같은 때가 있었습니다. 그때 어느 목사가 가슴 속 가장 깊은 곳으로부터 울부짖기 시작하였습니다.

　"오, 하나님! 모든 강단에 새로운 목회자들을 세워주십시오." 다음 월요일 날, 나는 두세 명의 남자들이 "지난 주일 날 우리는 새 목사님을 맞이했습니다. 바로 그전에 계시던 목사님이네만, 그분이 새로운 능력을 받으셨다네!" 라고 서서 이야기하는 것을 들었습니다. 확실히 그것은 오늘날 우리 모두가 바라는 것입니다. 우리는 강단에 새로워진 목사들이 그리고 좌석에는 새로워진 교인들이 있기를 원합니다. 우리는 성령으로 영적 생명을 부여받은 사람들을, 원하며 성령이 강림하셔서 하나님의 자녀들을 사로잡으시고 그들에게 권능을 입혀 주시기를 원합니다.

그러면 성령 충만한 사람이 "성령의 검"을 사용하는 법을 알 것입니다. 그러나 성령 충만하지 못한 사람은 하나님의 말씀을 사용하는 법을 결코 알지 못할 것입니다. 우리는 하나님의 말씀이 성령의 검이라는 것을 알고 있습니다. 그러나 무기를 쓸 줄 모르는 군대가 무슨 쓸모가 있겠습니까? 전쟁은 계속되고 있고, 나는 장군이며 건장하고 활력이 넘치는 십만 명의 병사를 거느리고 있다하자. 그러나 그들 중 한 명도 검을 다룰 수 없고 그들 중한명도 총을 쓸 줄 모른다면, 그 군대는 무슨 쓸모가 있겠습니까? 그 이유는 무엇입니까? 좋은 무기를 갖춘 훈련된 일천 명의 병사들이면 그들 전부를 격파할 수 있기 때문입니다. 교회가 대적을 물리칠 수 없는 이유는 성령의 검을 쓸 줄 모르기 때문입니다. 사람들은 자기 경험으로 악마와 싸우려고 애를 쓸 것입니다. 그러나 악마는 그것을 거들떠보지도 않을 것입니다. 그런 것은 언제든지 이길 수 있기 때문입니다. 또 사람들은 이론과 사상으로 악마와 싸우려고 할 것입니다. 그러나 마찬가지로 악마가 그들을 이길 것입니다. 이와 같이 우리에게 부족한 것은 성령의 검을 쓰는 것입니다. 성령의 검이야말로 가장 깊이 찌를 수 있는 것입니다.

"그런즉 서서 진리로 너희 허리띠를 띠고 의의 흉배를 붙이고 평안의 복음의 예비한 것으로 신을 신고 모든 것 위에 믿음의 방패를 가지고 이로써 능히 악한자의 모든 화전을 소멸하고 구원의 투구와 성령의 검 곧 하나님의 말씀을 가지라."(에베소서 6장 14-17).

최대의 무기

성령의 검은 하나님의 말씀이며, 우리에게 특히 필요한 것은 성령 충 만입니다. 그리하여야 하나님의 말씀을 사용하는 법을 알게 됩니다. 한 그리스도인이 말씀을 사용하여 어느 회의론자에게 전도를 하고 있었습니다.

회의론자는 "선생님, 나는 성경을 못 믿겠습니다."라고 말하였습니다. 그러나 그 사람은 계속해서 하나님의 말씀을 더 전하였습니다. 회의론자가 다시 말했습니다. 나는 성경을 못 믿겠소." 그러나 그리스도인은 계속해서 하나님의 말씀을 더 전하였습니다. 결국 그 회의론 자는 말씀을 받게 되었습니다. 그리고 나자 그 형제는 "만일 검이 찌르는 일을 하기에 적합한 것이라고 밝혀지기만 하면, 나는 그것을 계속 사용할 것이다"라고 덧붙여서 말하였습니다. 바로 이것이 우리에게 필요한 것입니다. 회의론자들과 무신론자들은 하나님의 말씀을 믿지 않는다고 말 할 것입니다. 그들이 하나님의 말씀을 믿게 하는 것은 우리가 할 일이 아닙니다. 그것은 성령의 일입니다. 우리가 해야할 일은 그들에게 하나님의 말씀을 전하는 것입니다. 하나님의 말씀에 관한 우리의 이론이나 사상을 전하는 것이 아닙니다. 하나님이 우리에게 주시는 말씀을 그대로 전달하는 것입니다. 우리는 여호와와 기드온의 칼이 나오는 성경말씀을 알고 있습니다. 만일 기드온이 하나님의 말씀을 받지 않고 나갔다면, 패배하였을 것입니다. 그러나 여호와는 기드온을 사용하셨습니다. 하나님은 인간이라는 도구를 들어 사용하시는 것은 성경 곳곳에서 볼 수 있습니다. 성경에는 어떤 인간 대리자를 통한 하나님의 부르심이 없이, 즉 인간을 도구로 사용하는 일이 없이, 회심한 사례가 없습니다. 하나님이 자신의 절대주권으로 그렇게 못하실 것도 없겠지만 그러나 그 사실은 분명합니다. 심지어 사울이 주 예수의 영광이 나타남으로 말미암아 땅에 엎드러졌을 때도, 아나니아가 그를 보게 하고 복음의 빛으로 인도하는 도구로 사용되었습니다.

나는 일전에 한 남자가, "설령 당신이 한사람을 알프스에서 가장 높은 산 정상에 놓아둔다 할지라도, 하나님은 어떤 인간 사자를 사용하지 않고도 그를 구하실 수 있을 것입니다." 라고 말하는 것을 들었습니다. 그러나 그렇게 하는 것은 그분의 뜻이 아닙니다. 그것은 그분의 방법이 아닙니다. 오히려 하나님의 방법은 "여호와와 기드온의 칼"의 방법으로 인간 기드온을 들어 쓰시는 것이며, 여호와와 기드온이 함께 일하는 것입니다. 만일 우리가 주님께서 우리를 사용하시게 해드린다면, 그분은 그렇게 하실 것입니다.

자기 부인

성경 전체를 통해 성령 충만을 받은 사람들은 그리스도만을 전하였고, 자신을 전하지 않았습니다. 그들은 그리스도와 그의 십자가만을 전하였던 것입니다. 누가복음 1장 67-70절에서는 세례 요한의 부친 사가랴에 대해 다음과 같이 말하고 있습니다.

"그 부친 사가랴가 성령의 충만함을 입어 예언하여 가로되, 찬송하리로다 주 이스라엘의 하나님이여, 그 백성을 돌아보사 속량하시며 우리를 위하여 구원의 뿔을 그 종 다윗의 집에 일으키셨으니, 이것은 주께서 예로부터 거룩한 선지자의 입으로 말씀하신 바와 같이."

보라, 그는 하나님의 말씀을 이야기합니다. 성령 충만을 받은 사람이라면 하나님의 말씀을 크게 드러낼 것입니다. 그는 하나님의 말씀만을 전하고, 자기 자신을 전하지 않을 것입니다. 그는 버림받은 세상에 하나님의 말씀을 전할 것입니다.

"이 아이여, 네가 지극히 높으신 이의 선지자라 일컬음을 받고 주 앞에 앞서 가서 그 길을 예비하여 주의 백성에게 그 죄 사함으로 말미암아 구원을 알게 하리니, 이는 우리 하나님의 긍휼을 인함이

라. 이로써 돋는 해가 위로부터 우리에게 임하여 어두움과 죽음의 그늘에 앉은 자에게 비취고 우리 발을 평강의 길로 인도 하시리로다"(눅1:76-80).

엘리사벳과 마리아가 만났을 때도 역시 그들은 하나님의 말씀을 이야기하였으며, 두 사람이 다 성령의 충만함을 입자 즉시 주님에 관해 말하기를 시작하였습니다(눅1:42-55 참조).

시므온은 성전에 들어가서 아기 예수를 발견하자 즉시 하나님의 말씀을 인용하기 시작하였는데, 역시 그에게도 성령이 임하셨기 때문입니다(눅2:25-35, 참조).

베드로가 오순절 날에 서서 그 놀라운 설교를 하였을 때도, 그가 성령의 충만함을 입어 큰 무리에게 복음을 전하였다고 되어 있습니다. 그것은 그들을 찌르는 말씀이었습니다(행2:14-41, 참조).

그것은 "여호와와 기드온의 칼"과 똑같은 "여호와와 베드로의 칼"이었습니다. 사도행전 6장 10절에서는 "스데반이 지혜와 성령으로 말함을 저희가 능히 당치 못하여"라고 말하고 있습니다. 왜 그러하였는가? 왜냐하면 스데반이 그들에게 하나님의 말씀을 전하였기 때문입니다. 스데반이 성령으로 말함을 저희가 능히 당치 못하였다고 되어 있습니다. 바울도 역시 성령이 충만하여 그리스도와 십자가에 달려 죽으신 주님을 전하였습니다. 그리하여 수많은 사람들이 교회에 더 하게 되었습니다. 바나바는 믿음과 성령이 충만한 사람이었습니다. 그가 설교한 것을 살펴보면 그것은 하나님의 말씀이었으며 많은 사람이 주께로 돌아오게 되었다는 것을 알게 될 것입니다. 따라서 성령 충만을 받은 사람은 자신이 성경에 계시된 대로 그리스도를 전합니다. 예수님의 제자들도 모두 성령 충만을 받고 말씀을 전하였습니다. 성령이 교회에 강림하셔서 우리가 기름부음을 받으면, 말씀이 거리거리에, 도회지의 골목골목에, 시골의 구석구석에 널리 전파될 것입니다. 만일 성령이 하나님의 백성에게 드러나게 능력으로 임하시면, 컴컴한 지하실이나 고미다락방에라도 즐거운 마음으로 복음을 전하러 가게될 것입니다.

영적 샘물

간신히 생명을 부지해 나가면서도 만족할 수 있습니다. 아마 상당히 많은 사람들이 그러한 상태일 것입니다. 요한 복음 3장에는 니고데모가 그리스도께서 찾아와서 영생을 얻는 장면이 나옵니다. 이 생명은 처음엔 약했으나 그가 일어서서 그리스도를 담대하게 고백하였습니다. 그러나, 성령이 그에게 능력 있게 임하였다는 이야기를 찾을 수가 없습니다. 단지 그리스도를 믿음으로 생명을 얻었을 뿐입니다. 요한 복음 4장을 보십시오. 사마리아의 우물에 물을 길러 온 여인의 이야기가 나옵니다. 그리스도께서 그녀에게 구원의 잔을 내미셨고 그녀는 그것을 받아 마셨습니다. 그것은 그녀 안에서 "영생하도록 솟아나는 샘물"(14절)이 되었습니다. 이것은 요한 복음 3장보다 더 낫습니다. 그녀의 영혼 속에 넘쳐 흐르도록 주어지기 때문입니다. 누군가가 말했듯이, 그것은 하나님의 보좌에서 흘러나와 거대한 흐름이 되어 마치 그녀의 등을 떼밀어 하나님의 보좌로 데려갑니다. 물은 항상 수평을 유지합니다. 그러므로 만일 우리가 하나님의 보좌에서 흘러나오는 물로 영혼을 가득 채우게 되면, 우리는 물의 근원에 이르게 됩니다. 그리스도의 삶이 가장 잘 표현된 것을 보기 위해 7장을 보십시오. 여기에 보면 주 예수를 믿음으로 성령을 받은 사람은 "그 배에서 생수의 강이 흘러나리라"(38절)라고 되어 있습니다.

우물을 파는데는 두 가지 방법이 있습니다. 나는 소년이었던 시절에 뉴잉글랜드에 어느 농장이 있었는데, 사람들은 우물에 낡은 나무 펌프를 박아놓고 가축에게 물을 먹이거나, 빨래하는 날이 되면, 나는 우물에서 펌프로 물을 퍼 올려야만 했습니다. 팔이 아프도록 수없이 펌프질을 해야했지만 지금은 훨씬 편리한 방법을 사용합니다. 사람들은 땅을 파고 벽돌을 쌓고 펌프를 박는 일을 하지 않습니다. 그 대신 흙과 모래와 바위를 지하수가 나올 때까지 계속 뚫고 내려갑니다. 그러면 수원과 만나는데, 물이 밑바닥 깊은 곳으로부터 자연적으로 솟아 나오기 때문에 힘들여 수고할 필요가 없습니다. 하나님은 자기 자녀들이 모두 계속 펌프질을 하지 않아도 물이 솟아 나오는 수원과 같이 되기를 원하실 것입니다. 강단에서 마치 계속 펌프질을 하는 것 같은 목사를 본적이 없습니까? 나도 역시 그런 적이 많이 있었습니다. 나는 그것이 어떤 것인지를 알고 있으며 그들은 강단에서 말을 계속합니다. 사람들은 꾸벅꾸벅 졸고 있는데도 목사는 사람들을 채울 수가 없습니다. 무엇이 문제인가요? 왜 그러하겠습니까? 생수가 없기 때문입니다. 샘에 물이 없으므로 펌프질 하고 있었습니다. 그러나 말라있는 우물에서는 물을 길을 수 없습니다. 우물에 무언가를 집어넣어야 합니다. 그렇게 하지 않으면 아무 것도 뽑아낼 수가 없습니다. 나는 펌프로 물을 뽑아 올리면 그 속에 물을 부어 넣어야만 하는 나무 펌프를 보았습니다. 상당히 많은 사람들이 이와 같습니다. 당신이 무언가를 뽑아 올리려면 펌프 안에 무엇을 집어넣어야만 합니다.

사람들은 왜 자신에게 영적 능력이 없는가 하고 의아해 합니다. 그들은 집회에서 일어나서 말을 하는데, 해야 말은 한마디도 하지 않습니다. 그들은 할 말이 아무 것도 없다고 생각합니다. 회중들은 그들이 상황에 맞지 않는 말을 하고 있다는 걸 금방 눈치채고 있습니다. 그런데도 그들은 말해야 될 의무가 있다고 느끼기 때문에 아무의미도 없는 말을 하는 것입니다.

성령이 봉사를 위해 우리에게 임하셔서 우리가 기름부음을 받으면, 우리는 큰 일을 할 수 있습니다. 하나님께서는 "대저 내가 갈한 자에게 물을 주며"(사44:3)라고 말씀하십니다. "의에 주리고 목마른 자는 배부를 것이다."

풍성한 은혜의 생수

나는 누군가가 생수로 충만한 것, 즉 차고 넘쳐서 밖으로 나가 복음을 전하지 않고는 견딜 수 없게 됩니다. 사람이 충만하여 더 이상 억제할 수 없게 되면, 그는 기꺼이 하나님의 일을 하려고 합니다. 우리가 시카고에서 전도할 때였습니다. 깁슨 박사(Dr. Gibson)라고 하는 이가 사문회의에서 말하였습니다. "그런데 누가 목마른가 하는 것을 어떻게 알 수 있을까요?" 그가 말했습니다. "나는 방금 그 방법을 생각해 냈습니다. 만일 아이 하나가 깨끗한 물이 가득 들어있는 통에 국자를 넣어서 돌아다닌다면, 누가 목이 마른지 곧 찾아 낼 수 있을 것입니다. 목이 마른 사람은 물에 손을 뻗칠 것이기 때문이죠. 그러나 만일 빈 통을 가지고 돌아다니면 찾아낼 수 없을 것입니다. 사람들은 그 통을 들여다보고는 물이 없는 것을 알고 아무 말도 하지 않을 것입니다." 그는 계속해서 말하였습니다.

"나는 그것이 우리가 목회에서 더 이상 부흥을 맛보지 못하는 이유라고 생각합니다. 우리는 빈 통을 가지고 돌아다니기 때문에 사람들은 그 안에 아무 것도 없는 것을 알고는 나오지 않는 것이지요." 그 말속에는 분명히 많은 진리가 담겨져 있습니다. 사람들은 우리가 빈 통을 들고 다니는 것을 알고 있지만 그 통이 가득 채워질 때까지 나오지 않을 것입니다. 그들은 우리가 그들보다 많이 가지고 있지 못하다는 것을 압니다. 성령이 우리에게 임재하셔야 합니다. 그러면 우리는 세상과 육체와 악마를 이길 수 있는 어떤 힘을 얻게 될 것입니다. 우리의 혈기, 교만 등 모든 악들을 이길 수 있는 어떤 힘을 갖게 될 것입니다. 그리하여 우리가 그러한 죄악들을 발 아래 짓밟을 수 있게 되면, 사람들이 우리에게 찾아와서, "어떻게 그 힘을 얻으셨나요? 나에게 바로 그 힘이 필요합니다. 내게 없는 힘을 당신은 갖고 있습니다. 나는 그것을 갖고 싶습니다" 라고 말할 것입니다. 오, 하나님 우리에게 진리를 가르쳐 주소서. 밤새도록 수고한 적이 있는가? 그물을 배 오른편에 던져보라(요21:6).

그리고 하나님께 우리의 죄악을 용서하여 주시고 위로부터 오는 능력으로 기름부어 주시기를 간구합시다. 그러나 그분은 성급한 사람에게 이 능력을 주시지 않을 것임을 기억하십시오. 이기적인 사람에게도 주시지 않을 것입니다. 이기적인 목적을 가진 야심 많은 사람에게는 먼저 자기를 비우고 교만과 세상적인 생각들을 모두 비울 때까지 결코 주시지 않을 것입니다. 우리가 구하는 것이 하나님께 영광이 되게 하고, 우리의 영광이 되지 않게 합시다. 우리가 그 단계에 도달하면, 주님은 우리를 영원히 축복하시려고 얼마나 서두르시겠습니까! 그 때 우리는 한없는 축복을 받을 것입니다. 당신은 하늘나라의 되를 알고 있습니까? "후히 되어 누르고 흔들어 넘치도록"(눅 6:38)주시는 것이 하늘나라의 되입니다.

만일 우리가 하나님의 말씀으로 충만하면, 사탄이 어떻게 들어오겠습니까? 하늘나라의 것이 후히 되어 누르고 흔들어서 넘치도록 주셨는데, 어떻게 세상이 들어오겠습니까? 당신은 이 충만함을 받았습니까? 만일 못 받았다면, 구하십시오. 하나님의 은혜로 그것을 받을 것입니다. 왜냐하면 하나님은 우리에게 충만히 주시기를 기뻐하시기 때문입니다. 하나님은 우리가 이 세상에서 빛을 비추기를 원하십니다. 하나님의 일을 위하여 우리를 들어올리시기를 원하십니다. 우리가 자기아들을 증거할 능력을 갖기를 원하십니다. 그가 우리를 이 세상에 두신 것은 그를 증거하기 위해서입니다. 무엇이라고 우리를 남겨 두셨겠습니까? 사고 팔고 이익을 위해서가 아닙니다. 그리스도를 영화롭게 하기 위해서입니다. 그런데 성령 없이 어떻게 그 일을 하려고 합니까? 바로 그것이 문제입니다. 하나님이 주시는 권능 없이 어찌 그 일을 하려고 합니까?

왜 실패합니까?

요한복음 20장 22절에 "이 말씀을 하시고 저희를 향하여 숨을 내쉬며 가라사대 성령을 받으라"는 말씀이 있습니다. 누가복음 24장 49절에서는 "볼지어다 내가 내 아버지의 약속하신 것을 너희에게 보내리니 너희는 위로부터 능력을 입히울 때까지 이 성에 유하라 하시니라"고 되어 있습니다.

첫 번째 성구는 주님이 제자들에게 못 박혔던 손과 창에 찔린 옆구리를 보이시고 숨을 내쉬며 "성령을 받으라"고 말씀하셨다고 합니다. 그들이 그때 성령을 받은 것은 분명합니다. 그러나 그것은 후에 그들이 사도의 직무를 위해 자격을 갖추었을 때와 같은 큰 능력으로 받은 것은 아니었습니다. 주님이 그 당시에 제자들에게 주신 성령은 충만한 상태가 아니었기 때문입니다. 그러나 만일 그들이 다수의 현대인들과 같았더라면, "나는 이제 충분해. 그러니 머무르지 않을 거야. 나는 일하러 갈 테야"라고 말했을 것입니다. 어떤 이들은 능력을 받으려고 하나님을 기다리는 것은 시간낭비라고 생각하는 것 같습니다. 그래서 기름 바름도 없이 일하러 나섭니다. 그들은 기름부음을 받지 않고 일을 하고 있습니다. 또 그들은 능력을 받지 않고 일을 하고 있습니다. 그러나 예수님은 제자들에게 "성령을 받으라"고 말씀하시고 나서 숨을 내쉬셨습니다. 주님은 명하셨습니다.

"너희는 위로부터 능력을 입히울 때까지 예루살렘에 머물라" (눅24:49). 사도행전 1장 8절을 읽어보십시오. "오직 성령이 너희에게 임하시면 너희가 권능을 받고." 성령이 제자들에게 부어주셨음이 분명합니다. 그렇지 않으면 그들은 부활의 주를 믿고 그를 증거할 사역을 할 수 없었을 것입니다. 그들이 성령의 권능으로 변화되지 않았더라면, 어떤 환난이 닥쳐와도 끝까지 하나님의 편에 설 수 없었을 것입니다. 또한 그들이 동족의 조롱과 멸시를 극복 할 수 없었을 것입니다. 이제 그리스도께서 명하신 말씀을 생각해봅시다. "성령이 너희에게 임하시면 너희가 권능을 받고 예루살렘과 온 유대와 사마리아와 땅 끝까지 이르러 내 증인이 되리라."

성령께서 우리 안(in)에 거하시는 것과 성령께서 우리 위(on)에 임재하는 것은 다릅니다. 현대 그리스도인이 성령의 권능을 받지 않고 즉석 설교를 적당히 했다고 하면, 오순절의 역사가 일어났다고 생각할 수 있겠습니까? 베드로의 설교는 허공을 치고 말았을 것입니다. 또한 무력한 설교를 하는 베드로나 제자들을 향하여 그리스도 예수를 죽인 무리인 유대인들은 그리스도를 증거하는 제자들을 얼마나 많이 조롱하지 않았겠습니까? 그러나 그들은 예수님께서 승천하시면서 약속하신 성령을 받기 위해서 예루살렘에 머무르면서 기도하며 기다렸습니다. 그리고 그들이 열흘 동안 기도하면서 사모하며 간절히 기다렸습니다. 지금 무슨 말을 하는 거요? 뭐라구요! 세상이 멸망하고 사람들이 죽어가고 있는 판에 기다리라구요? 하나님이 명령하신대로 하십시오. 보내심을 받기 전에 달려봤자 아무 소용이 없습니다. 하나님의 권능을 받지 않고 하나님의 일을 하려고 해봤자 아무 소용이 없습니다. 성령의 기름 바름 없이 일하는 사람, 성령의 기름부음 없이 일하는 사람, 즉 성령이 임하심 없이 일하는 사람은 결국 시간만 낭비할 뿐입니다.

그러므로 이 능력을 받을 때까지 기다린다면, 아무런 손해도 보지 않을 것입니다. 복음증거의 열매를 맺는 능력을 받을 때까지 머무르는 것은, 참된 봉사의 임무입니다. 예수 그리스도께서 하늘로 올라가신 후, 열흘 되는 오순절 날에 성령이 권능으로 임하셨습니다. 베드로와 야고보와 요한과 그 외의 다른 사도들이 바로 그 시간부터 그 사실을 의심하였습니까? 그들은 결코 의심하지 않았습니다. 아마 어떤 이들은 지금도 그렇게 하나님의 능력을 받을 수 있는가하고 의심할지도 모릅니다. 또 그 후에는 성령이 오순절 날처럼 나타나지 않았으며 앞으로도 그러한 권능으로 임하는 일은 결코 없을 것이라고 이의를 제기할지도 모릅니다.

새로운 공급

사도행전 4장 31절을 넘겨보십시오. 그러면 사람들이 모인 곳에 성령이 두 번째로 강림하셔서 땅이 진동하였으며, 그들이 성령의 권능으로 충만함을 입게된 것을 발견하게 될 것입니다. 우리는 새는 그릇이어서 그리스도의 충만을 유지하려면 그 그릇을 언제나 샘에 두어야 합니다. 그래야 계속 새롭게 공급받을 수 있습니다. 이 부분에 있어서 많은 사람들이 실수를 저지르고 있습니다. 우리는 10년 전에 받은 하나님의 은혜로 하나님의 일을 하려고 애를 쓰고 있습니다. 우리는 만일 필요하다면, 이전에 받은 은혜로 하나님의 일을 계속해나갈 것이라고 말합니다. 그런데 지금 우리에게 필요한 것은 새로이 공급된 것, 즉 새로운 기름부음과 새로운 능력입니다. 만일 우리가 전심으로 구하고, 구하면 얻을 수 있습니다. 초대교회의 회심 자들은 그 능력을 구하도록 가르침을 받았습니다. 빌립이 사마리아로 내려간 뒤에 사마리아에서 큰 일이 행해지고 있었으며, 많은 회심자들이 생겼다는 소식이 예루살렘에 이르렀습니다. 그래서 요한과 베드로가 내려가서 그들에게 안수하자 그들이 봉사를 위한 성령을 받게 되었습니다. 그것은 아마 하나님이 자신의 교회를 세우시는 일과 자신의 나라를 앞당기는 일에 우리를 크게 쓰실 수 있도록 그리스도인들이 당연히 구해야 하는 것, 즉 봉사를 위한 성령일 것입니다.

사도행전 19장에는 에베소의 열 두 사람에 관한 기사가 나옵니다. 그들은 "믿을 때에 성령을 받았느냐?"라는 질문에 "우리는 성령이 있음도 듣지 못하였다"(2절)라고 대답하였습니다. 나는 "믿을 때에 성령을 받았는가?"라고 묻는다면 "무슨 말을 하는지 모르겠소"라고 대답할 사람들이 많이 있을 것이라고 감히 말할 수 있습니다. 아마도 그들은 성령과 그리스도와의 관계를 전혀 알지 못하던 에베소의 열 두 사람들과 같은 사람들일 것입니다. 나는 교회가 이 지식을 틀림없이 제쳐두고 있으며, 그것을 어딘가에 두고 잊어버리고 있어서 그리스도인들이 능력을 받지 못하는 것이라 확실히 믿습니다. 여러분은 간혹 교회에 백 명의 새신자를 데려올 수도 있습니다. 그러나 그들이 와도 능력이 더해지지 않습니다. 그것은 완전히 잘못된 것입니다. 만일 그들이 성령의 기름부음을 받았다면, 교회에 구원받은 신자 백 명이 더 불어날 겨우, 교회에 큰 능력이 더해질 것입니다.

푸른 초장

내가 처음으로 시에라네바다 산맥에 가서 세크러맨토 계곡을 들렀을 때였습니다. 나는 주위가 나무와 꽃들로 온통 초록색인 아름다운 농장 하나를 발견하고 놀랐습니다. 그런데 생울타리들 밖에는 온갖 것이 말라붙어 초록색이라고는 하나도 보이지 않았습니다.

나는 그 이유를 알 수 없어서 그 이유를 묻고 나서야 온통 초록색인 농장의 주인이 관개를 하고 있음을 알았습니다. 그때도 그는 물을 대고 있었습니다. 모든 식물이 항상 싱싱하도록 가꾸고 있었던 것입니다. 한편 그 이웃에 있는 밭들은 마치 이슬 한 방울 머금지 못한 기드온의 양털처럼 바싹 말라 있었습니다. 실로 오늘날 교회 안에 있는 대단히 많은 이들도 이와 흡사하였습니다. 그들은 캘리포니아의 이 농장들, 즉 모든 것이 바싹 말라있고 황폐해있어 아무 것도 자라지 못하는 황량한 불모지와 같습니다. 그들은 성령 충만하여 싱싱한 월계수와 같이 열매를 맺고 있는 사람과 나란히 앉아있을 수도 있습니다. 그럼에도 불구하고 그들과 같은 은혜를 구하지는 않습니다. 그렇다면 왜 이렇게 다르겠습니까? 왜냐하면 하나님은 목마른 자에게 생수를 부어주시기 때문입니다. 그것이 차이입니다. 전자는 이 기름부음을 구했고 그것을 받았습니다. 그러므로 우리가 간절히 소원하면 분명히 하나님께서 그것을 주실 것입니다.

지금 우리에게 가장 큰 문제는 "우리가 그것을 원하는가?"입니다. 내가 영국에 처음 가서 성경 강해를 하던 때였습니다. 많은 목회자들이 거기에 참석하였습니다. 나는 영국신학에 대해서는 전혀 몰랐으므로, 그들의 교리에 반대되는 이야기를 할까봐 두려웠는데, 특히 봉사를 위한 성령의 은사라는 주제가 어려웠습니다. 나는 그 곳에서 이마에 손을 얹고 머리를 수그리고 있던 목사 한사람을 특별히 기억하고 있습니다. 그는 내가 말하고 있는 것 전부가 부끄럽게 여겨질 정도로 훌륭한 사람인 것 같았으며, 물론 그 생각이 나에게 부담을 주었습니다. 그런데 강연이 끝날 무렵에 그는 모자를 집어쓰고 나가버렸습니다. 그래서 나는 생각했습니다. "내가 틀림없이 그에게 타격을 주었나보군. 그는 다시 나타나지 않을 거야." 다음 집회 때, 나는 그를 찾느라고 사방을 두리번거렸습니다. 그런데 그는 거기에 없었습니다. 그 다음 집회 때도 살펴보았습니다. 그러나 그는 오지 않았습니다. 그래서 나는 내 강의가 그의 기분을 언짢게 하였음에 틀림이 없다고 생각하였습니다.

며칠 후 큰 정오기도회 시간에, 한 남자가 일어섰는데 마치 하나님의 산에 올라갔다 오기라도 한 것같이 얼굴이 빛나고 있었습니다. 나는 그를 유심히 바라보았습니다. 반갑게도 바로 그 형제였습니다. 그는 그 성경 강해 시간에 참석하였었으며 복음전파를 위하여 새로운 능력을 받는 일이 있다는 것도 들었노라고 말하였습니다. 그는 만일 그것이 그에게 주어진 것이라면 받기로 결심했었노라고 말했습니다. 그는 집에 돌아가서 주님께 간절히 구하였는데 그의 일생중 그렇게 자신과 싸움을 해본 적이 없었다고 말하였습니다. 그는 하나님께 자신이 전혀 알지 못하는 마음속의 죄악을 보게 해주시기를 간구하였으며, 또 자기를 비우고 성령으로 충만하게 해달라고 하나님께 정말로 힘껏 부르짖었습니다. 그는 말합니다. "하나님은 나의 기도에 응답하셨습니다."

그 날 이후 여 섯달만에, 나는 에든버러에서 그를 만났습니다. 그때 그는 나에게, 매일 밤 복음을 전했으며, 설교 외에도 사람들이 상담을 하려고 남기도 하며, 앞으로 넉 달 동안 매일 밤 다른 교회에서 복음을 전하기로 예약이 되어 있노라고 말해 주었습니다. 아마 당신은 그가 교회에 어떤 놀라운 방법으로 정확하게 복음을 증거 할 수 있었을지 모르지만 그가 이 기름부음을 받기 전에는 어느 누구도 변화시키지 못했을 것입니다. 그러나 30일이 채 못되어서 그 건물은 사람들로 꽉 차서, 복도마다 혼잡을 이루었습니다. 왜냐하면 그는 신선한 물이 가득 들어있는 물통을 가지고 있었으므로, 사람들이 그것을 알고 몰려들었기 때문입니다.

근원보다 높은 시내는 없습니다. 우리에게 특별히 필요한 것은 능력입니다. 나는 또 한사람을 기억하고 있는데, 그는 "나는 심장병을 갖고 있습니다. 그래서 설교를 일주일에 한번밖에 할 수 없습니다."라고 말하던 사람이었습니다. 그리하여 그는 자기를 대신하여 설교와 심방을 해줄 동역자를 한사람 두고 있었습니다. 그는 나이가 많아 심방을 전혀 할 수 없었습니다. 그런데 그가 이 기름부음에 관한 소문을 들었습니다. 그러자 그는 "나는 죽음을 예비하기 위하여 기름부음을 받고 싶습니다. 그리고 천국에 가기 전에 능력 있게 설교하는 특권을 한 번만 더 누려보고 싶다" 라고 말했습니다. 그래서 그는 하나님께 자신을 성령으로 충만케 해주십사 라고 기도하였습니다. 그 후 얼마 지나지 않아서 그를 만났는데, 그는 "나는 일주일에 평균 8번의 설교를 합니다. 그리고 설교 때마다 회심자를 얻고 있습니다" 라고 말했습니다.

성령이 그에게 강림하신 것입니다. 사람은 기름을 칠하지 않거나 혹은 윤활유를 두르지 않고 기계를 사용할 때처럼 처음부터 망가지지는 않습니다. 목회자들은 파괴시키는 것은 힘든 일이 아니라 능력 받지 않고 일하는 것입니다. 오, 하나님께서 자기 백성에게 기름을 부으시길! 목회자들에게만 아니라. 모든 제자들에게도 또한 기름 부으시기를! 목사만 그것을 필요로 하는 일꾼이라고 생각하지는 마십시오. 목사가 강단에서 그것을 필요로 하는 것이나 혹은 주일학교 교사가 주일학교에서 그것을 필요로 하는 것과 꼭 마찬가지로 가정에서 가족을 돌보는 어머니에게도 그것이 필요합니다. 그러므로 우리는 그것을 소유하게 될 때까지 밤낮 쉬지 말고 기도합시다. 만일 그것이 우리마음 속에 있는 가장 간절한 생각이라면, 그리고 우리가 성령 때문에 참으로 주리고 목말라있다면, 그리하여 "하나님 도와주십시오. 저는 위로부터 오는 능력을 받을 때까지 쉬지 않을 것입니다"라고 구하기만 하면, 하나님은 우리에게 성령을 주실 것입니다.

선생과 종

엘리야와 엘리사에 관한 아름다운 기사가 있습니다. 나는 그 이야기를 즐겨 묵상합니다. 엘리야가 취하여 감을 입을 때가 이르렀다(왕하2:1-15). 그래서 그는 엘리사에게, "너는 여기 머물라. 여호와께서 나를 벧엘로 보내시느니라"고 말하였습니다. 그곳에는 소위 신학교와 몇 명의 젊은 신학도들이 있었습니다. 그래서 그는 그들이 어떻게 지내는지 알고 싶었던 것입니다. 그러나 엘리사는 이렇게 결단했습니다.

"여호와의 사심과 당신의 혼의 삶을 가리켜 맹세하노니, 내가 당신을 떠나지 아니하겠나이다"(왕하2:2).

그리하여 엘리사는 엘리야를 꼭 붙어 다녔습니다. 그들이 벧엘에 이르자 선지자의 생도들이 나아와서 엘리사에게 말했습니다. "여호와께서 오늘날 당신의 선생을 당신의 머리위로 취하실줄 아나이까?" 그러자 엘리사는, "나도 아나니, 너희는 잠잠 하라"고 대답하였습니다. 그 다음에 엘리야는 엘리사에게 "너는 여기 머물라. 여호와께서 나를 여리고로 보내시느니라"고 간청하였습니다. 그러나 엘리사는 "여호와의 사심과 당신의 혼의 삶을 가리켜 맹세하나니 내가 당신을 떠나지 아니하겠나이다."라고 대답하였습니다. 다른 말로 표현한다면 엘리사는 "나를 꼭 데려가 주십시오" 라고 말한 것입니다. 그래서 엘리야가 엘리사의 팔짱을 꼭 끼고 내려갔을 것이라고 추측됩니다. 그들이 여리고에 이르자, 선지자의 생도들이 나와서 엘리사에게, "여호와께서 당신의 선생을 취하실 줄을 아나이까? 하고 물었습니다. "쉿! 조용히 너희는 잠잠하라. 나도 그것을 아노라"고 엘리사가 말합니다.

그 다음에 또 엘리야가 엘리사에게 "너는 여기 머물라. 여호와께서 나를 요단으로 보내시느니라"(6절)라고 말했습니다. 그러나 엘리사는 "여호와의 사심과 당신의 혼의 삶을 가리켜 맹세하노니, 내가 당신을 떠나지 아니하겠나이다. 나를 꼭 데려가 주십시오"라고 말하였습니다. 엘리사는 엘리야를 꼭 붙어 다녔습니다. 그들이 걸어 내려가고 있을 때, 아마도 엘리사는 무언가를 추구하고 있었을 것입니다. 그들이 요단에 이르자 엘리야는 겉옷을 벗어서 물을 쳤습니다. 그러자 물이 이리저리 갈라졌고 두 사람은 마른땅을 건넜습니다. 선지자의 생도 50명이 멀리 서서 그들을 바라보고 있었습니다. 그들은 자기들의 눈앞에서 엘리야가 취하여 감을 입을 것을 알지 못하였습니다.

두 사람이 요단을 건너자 엘리야가 그에게 물었습니다. "자, 너는 무엇을 원하느냐?" 그는 엘리사가 무엇을 요구하는지 알고 있었습니다. "내가 네게 어떻게 할 것을 구하라." 그러자 엘리사는 "당신의 영감의 갑절이나 내게 있기를 구하나이다." 엘리야가 구할 기회를 주자 엘리사는 "내가 충분히 구하리라!"라고 혼잣말을 하였을지도 모릅니다. 그 당시 이미 엘리사는 상당한 영감을 갖고 있었습니다. 그러나 그는 "당신의 영감의 갑절을 원합니다"고 간구하였습니다. 그러자 엘리야는 거절하지 않았습니다. "좋아, 나를 취하여 가는 것을 보면 그 일이 네게 이루어 질거야." 엘리사를 엘리야로부터 떼어놓을 수가 있겠습니까? 그들이 걷고 있을 때, 천사와 함께 불병거가 다가와 엘리사를 하늘보좌로 취하여 감을 입자, 엘리사가 "내 아버지여 내 아버지여 이스라엘의 병거와 그 마병이여"하고 부르짖었습니다. 엘리사는 엘리야를 더 이상 볼 수 없었습니다.

그래서 그는 엘리야가 떨어뜨린 겉옷을 집어들었습니다. 스승의 겉옷을 집어들고 돌아가는 길에 이르렀습니다. 그래서 그는 엘리야의 하나님께 부르짖었는데, 물이 이리저리 갈라져서 마른 땅을 건너게 되었습니다. 그때 그 광경을 바라보고 있던 선지자의 생도들이 목소리를 높여, "엘리야의 영감이 엘리사 위에 머물렀다"고 말하였습니다. 엘리야의 영감의 갑절이 임했던 것입니다. 사랑하는 독자여, 엘리야의 영감이 당신에게 머물기를 기원합니다. 우리가 구하면 얻게될 것입니다. 엘리야의 하나님, 불로서 응답하소서, 교회 안에 있는 세상 영을 다 태워버리소서, 불순물을 모조리 태우소서, 그리하여 전심을 다하는 그리스도인들로 만들어 주소서. 성령이여 우리 위에 임하소서. 가정 제단과 기도실에서 제목으로 기도합시다. 하나님께 우리도 갑절의 영을 받게 해달라고 힘껏 부르짖읍시다. 또 우리가 살고 있는 이 세속 상황에 만족한 채로 살아가지 않게 해달라고 힘껏 부르짖읍시다. 오직 우리는 삼손처럼 하나님의 능력을 받을 수 있도록 자아를 버리고 세상과 구별됩시다.

제3부

결론

결론
무디의 영적 유산

　　무디가 21세기를 맞이한 우리들에게 무엇을 남기고 갔을 것인가 다시 생각을 가다듬어 보고자 합니다. 무디는 아시아에서 유럽의 선교 기지이었던 빌립보 교회의 개척 선교를 위해서 바울 사도처럼, 그는 대도시 복음 전도자의 기수이며 또한 그리스도의 증인이었습니다. 그처럼 죄인들의 영혼을 구원하려는 그 뜨거웠던 그리스도의 심장을 가지고 진심으로 사모했던 한 그리스도인이었습니다(빌1:8). 저는 무디의 생애를 빌립보 1장을 중심으로 후대에게 그의 영적인 유산을 전하고자 합니다.

　　첫째로, 기쁨으로 항상 간구하는 사람이었습니다(빌1:4). 이는 그리스도 안에 있는 구원과 구원의 교제를 나누기 위함이었습니다.

　　둘째로, 복음의 증인으로서 매임과 복음을 변명함과 확증하는 일이 그리스도의 은혜에 참예하는 일로 기뻐했습니다(빌1:7).

　　셋째로, 예수 그리스도의 농부로 예수 그리스도의 의의 씨를 뿌리는 자이었습니다.

　　"예수 그리스도로 말미암아 의의 열매가 가득하여 하나님의 영광과 찬송이 되게 하시기를 구하노라."(빌1:11).

　　넷째로, 복음의 진보를 위해서라면 투기와 분쟁과 선한 뜻으로 복음을 전하는 전도자들 가운데서 복음을 변명하는데는 그는 무조건적인 사랑으로 수고했습니다.

"어떤 이들은 투기와 분쟁으로 어떤 이들은 착한 뜻으로 그리스도를 전파하나니 이들은 내가 복음을 변명하기 위하여 세우심을 받은 줄로 알고 사랑으로 하나…그러면 무엇이뇨 외모로 하나 참으로 하나 무슨 방도로 하든지 전파되는 것은 그리스도니 이로써 내가 기뻐하고 또한 기뻐하리라."(빌1:15-16;18).

다섯째로, 그리스도만이 그의 생애에서 존귀히 여김을 받기를 원했습니다.

"이것이 너희 간구와 예수 그리스도의 성령의 도우심으로 내 구원에 이르게 할 줄 아는 고로 나의 간절한 기대와 소망을 따라 아무 일에든지 부끄럽지 아니하고 오직 전과 같이 이제도 온전히 담대하여 살든지 죽든지 내 몸에서 그리스도가 존귀히 되게 하려 하나니."(빌1:19-20).

여섯째로, 그의 삶의 열매는 오직 그리스도의 열매가 되는 것 뿐이었습니다. 그것은 바로 구원의 영생에 이르는 삶의 열매로써 성령의 열매를 맺는 삶이었습니다.

"이는 내게 사는 것이 그리스도니 죽은 것도 유익함이니라. 그러나 만일 육신으로 사는 이것이 내일의 열매일진대 무엇을 가릴는지 나는 알지 못하노라."(빌1:21-2).

일곱째로, 믿음의 진보와 기쁨과 그리스도 복음에 합당한 생활을 가르쳤던 교사이었습니다.

"내가 살 것과 너희 믿음의 진보와 기쁨을 위하여 너희 무리와 함께 거할 이것을 확실히 아노니 내가 다시 너희와 같이 있음으로 그리스도 예수 안에서 너희 자랑이 나를 인하여 풍성하게 하려 함이라. 오직 너희는 그리스도의 복음에 합당하게 생활하라."(빌1:25-7상반절).

여덟째로, 복음의 연합전선을 통해서 부흥전도자로서 많은 결실을 맺었습니다.

"이는 내가 너희를 가보나 떠나 있으나 너희가 일심으로 서서 한 뜻으로 복음의 신앙을 위하여 협력하는 것과 아무 일에든지 대적하는 자를 인하여 두려워하지 아니하는 이 일을 듣고자 함이라. 이것이 저희에게는 멸망의 빙거요 너희에게는 구원의 빙거니 이는 하나님께로부터 난 것이니라."(빌1:27-9).

아홉째로, 그리스도를 위해서 고난의 전사로서 끝까지 죽도록 충성했습니다.

"그리스도를 위하여 너희에게 은혜를 주신 것은 다만 그를 믿을 뿐만 아니라 또한 그를 위하여도 고난도 받게 하심이라. 너희에게도 같은 싸움이 있으니 너희가 내 안에서 본 바요 이제도 내 안에서도 듣는 바니라."(빌1:29-30).

그는 진정한 그리스도인이며 진정한 복음 전도자이며 그는 진정한 교사이었습니다. 그러기에 그는 목회자들이나 평신도나 평신도 지도자에게 늘 그리스도와 복음과 예수 십자가의 증인이 되도록 간곡하게 권했습니다.

그래서 우리는 무디의 삶과 사역을 통해서 복음을 전하는 목회자들은 그로부터 귀중한 교훈들을 얻습니다.

① 목회자들은 어떻게 하면 성경의 진리와 성경의 인물들을 실감나게 전할 수 있겠습니까?

설교할 때 본문 하나를 정해 놓고 그 안에서 모든 교훈을 끌어내기보다는 성경을 어떻게 자유자재로 이용할 수 있겠습니까?

③ 어떻게 하면 모든 부류의 사람들에게 진리를 잘 이해하도록 만들어서 진리가 그들의 삶에 뿌리를 내리게 할 수 있겠습니까?

④ 오래 된 신자이든지 새로 회심한 새신자이든지 그리스도와 교회를 위해서 어떻게 봉사할 수 있는 가로 세우는데 있습니다.

⑤ 모든 교회가 교회 채무, 바자회, 성가대 등 교회생활에 필요악에 너무 중심과 관심을 두는 것에서 영혼을 구원하는 목적을 어떻게 실현할 수 있겠습니까?(250).

⑥ 성경을 어떻게 공부해야 합니까?

⑦ 다른 사람들의 유익을 위해서 성경을 어떻게 사용해야 할지를 배워야 합니다.

⑧ 어떻게 하면 자연스럽게 사람들에게 다가서 결실을 맺는 삶을 나눌 수가 있습니까?(249).

⑨ 어떻게 기도하여 하나님께 응답을 받을 수 있겠습니까?

⑩ 하나님이 받으시는 삶과 성도의 목적은 무엇이겠습니까?

"그러므로 나의 사랑하고 사모하는 형제들, 나의 기쁨이요 면류관인 사랑하는 자들아 이와 같이 주안에 서라."(빌4:1)

부록

1. 무디의 복음전도 집회

1. 1873-5   4차 영국 방문. 제1회 복음 전도 캠페인. 잉글랜드, 아일랜드, 스코틀랜드에서 계속되다가 런던 집회(1875년 3월 9일-7월 11일)를 마지막으로 마침. 85회의 집회에 2,500,000명이 참가한 것으로 추산됨.
2. 1875   미국에서 대도시 캠페인 개최-브룩클린(10월), 필라델피아(11월 21일-1876년 1월 16일).
3. 1876   필라델피아, 뉴욕, 시카고, 내쉬빌, 루이빌, 세인트루이스, 캔자스 시티, 시카고 (10월-1877년 1월).
4. 1877-9   시카고, 보스턴(2회), 멕시코, 캐나다, 버몬트(벌링턴, 몬트필리어), 뉴햄프셔(콩코드, 맨체스터), 로드아일랜드(프로비던스), 매사추세츠(스프링필드), 코네티컷(하트퍼드), 볼티모어(10월 14일-1879년 5월 25일〈총 270회 설교〉).
5. 1880   세인트루이스 집회(6개월간). 태평양 연안 지방에서 집회.
6. 1881-3   5차 영국 방문.
7. 1883-4   6차 영국 방문.
8. 1885   앨라배마, 버지니아, 노스캐롤라이나, 그 외 지역들.
9. 1886   애틀랜타, 버지니아 대학, 뉴올리언즈, 휴스턴, 휠링, 워싱턴, 뉴욕
10. 1887   시카고에서 4개월간 복음 전도 캠페인.
11. 1888   브리티시 콜롬비아의 빅토리아와 벤쿠버를 포함한 태평양 연안 지방.
12. 1888-9   7차 영국 방문.

13. 1891-2   8차 영국 방문.
14. 1893   시카고 세계박람회에서 복음전도 캠페인 개최(5월-11월).
15. 1894   워싱턴, 프로비던스, 로웰, 터론토, 버밍엄, 리치먼드, 스크랜튼, 윌크스배리.
16. 1895   뉴욕, 필라델피아, 애틀랜타, 보스턴, 우스터, 유욕(로체스터).
17. 1896   뉴저지(플레인 필드), 뉴욕(11월-12월).
18. 1897   보스턴(1월-2월), 신시내티, 오타와, 위니페그, 세인트루이스, 캐나다(브랜드), 피츠버그 시카고.
19. 1898   톨레도, 몬트리올, 탬퍼베이, 켄터키(홉킨스빌, 루이빌), 리드빌, 플로렌스, 콜로라도(볼더).
20. 1899   라스베이가스, 아리조나(피닉스, 투손), 샌 디에이고, 산타로사, 샌프란시스코, 솔트 레이크시티, 브리지포트, 캔자스 시티 : 건강 쇠약으로 집회 중단.

[참고 문헌]

I. 무디의 저작집

1. Moody, Dwight. L., *Bible Characters,* Chicago: Fleming H. Revell Company, 1888.
2. Moody, D. L., *Glading Tidings Comprising Sermons and Prayer Meeting Takings Delivered at the N. Y. Hippodrome,* New York: E. B. Treat Press, 1876.
3. Moody, D. L., *Heaven,* Chicago: Fleming H. Revell Company, 1880.
4. Moody, D. L., *Heaven And How to Get There,* Chicago: Moody Press, 1896.
5. Moody, D. L., *Moody's Anecdotes,* Chicago: Moody Press, 1896.
6. Moody, D. L., *Moody's Latest Sermons,* Moody, D. L., Chicago: Fleming H. Revell Company, 1900.
7. Moody, D. L., *Life and Sermons,* Chicago: J. S. Ogilvie, 1900.
8. Moody, D. L., *Men of the Bible,* Chicago: The Moody Colportage Association, 1898.
9. Moody, D. L., *New Sermons, Addresses and Prayers,* St. Louise: N. D. Thompson, 1877.
10. Moody, D. L., *Notes from My Bible,* New York, 1895.
11. Moody, D. L., *The Overcoming Life,* Chicago: Fleming H. Revell Company, 1896.
12. Moody, D. L., *Pleasure and profit in Bible Study,* Chicago: Moody Press, 1895.
13. Moody, D. L., *Prevailing Prayer,* Chicago: Moody press, 1898.

14. Moody, D. L., *On the 10 Commandments,* Chicago: The Moody Bible Institute, 1896.
15. Moody, D. L., *"Thou Fool" and Eleven Other Sermons,* New York: The Christian Herald Bible House, 1911.
16. Moody, D. L., *Secret Power, or, The Secret of Success in Christian Life and Christian Work,* Chicago: Fleming H. Revell Company, 1881.
17. Moody, D. L., *Select Sermons,* Chicago: The Moody Colportage Association, no date.
18. Moody, D. L., *Short Talks,* Chicago: The Moody Colportage Association, 1900.
19. Moody, D. L., *Sowing and Reaping*, Chicago: Moody Press, 1896.
20. Moody, D. L., *Sovereign Grace,* Chicago: Moody Press, 1896.
21. Moody, D. L., *Moody's Stories,* Chicago: The Moody Colportage Association, 1899.
22. Moody, D. L., *Talks to Christians,* Chicago: Moody Press, 1958.
23. Moody, D. L., *The London Discourse of Mr. D. L. Moody,* London: James Clarke, 1875.
24. Moody, D. L., *The Faithful Saying,* London: Morgan & Scott, 1877.
25. Moody, D. L., *The Way Home,* Chicago: Moody Press, 1896.
26. Moody, D. L., *The Way to God and How to Find It,* Chicago: Revell, 1884.
27. Moody, D. L., *"The Second Coming of Christ," in The Gospel Awakening.,* edited by L. T. Remplay, Fairbanks: Palmer, 1883.
28. Moody, D. L., *The Way and The Word,* Chicago, Revell, 1877.
29. Moody, D. L., (ed)., *Thoughts for the Quiet Hour,* Chicago: Moody

Press, 1896.

30. Moody, D. L., *To All People,* New York: E. B. Treat, 1877.
31. Moody, D. L., *To the God,* Chicago: Moody Press, 1896.
32. Moody, D. L., *To the Work,* Chicago: Fleming H. Revell Company, 1896.
33. Moody, D. L., Weighed and Found Wanting: Addresses on the Ten Commandments, Chicago: BICA, 1898.

II. 무디에 관련 영문 도서

Barnes, Stanley, *An Inspirational Treasury of D. L. Moody,* Belfast, Northern Ireland: Ambassador Productions Ltd., 2000.

Boyd, Robert., *The Wonderful Career of Moody and Sankey in Great Britain and America,* New York: H. S. Goodspeed & Co., 1875.

Bradford Gamaliel., *D. L. Moody(A Worker In Souls),* USA.: The Curtis Publishing Company, 1927.

Chapman, J. Wilbur, *The Life and Work of Dwight L. Moody,* Philadelphia: International, 1900.

Cooke, Sarah A., *Wayside Sketches,* Grand Rapids, n. d., Arthur T. Pierson, D. L. Moody, New York, 1912.

Conant, William C., *Narratives of Remarkable Conversions and Revival Incidents,* before, 1927.

Cuckson, John., *Religious Excitement, A Sermon on the Moody & Sankey Revival. Preached in the Unitarian Church, Newhall Hill.,* Birmingham, A. J. Buncher, 1875.

Cumming, I. A. M., *Tabernacle Sketches,* Boston: Times Publication, 1877.

Curtis, Richard K., *They Called Him Mr. Moody*, New York: Doubeday., 1962.

Daniels, Reverend W. H., *D. L. Moody and His Work*, before, 1927.

Daniels, Reverend W. H., *Moody: His Words, Work, and Workers*, New York: American Publication Company, 1875.

Davis, G. T. B., *Dwight L. Moody: The Man and His Mission*, New York: Fleming H. Revell Co., 1900.

Dewey, Orville, *Letters of an English Traveler to His Friend in England on the Revivals of Religion*, before, 1927.

Drummond, Henry, *Dwight L. Moody: Impression and Facts*, New York: Fleming H. Revell Co., 1900

Erdman, Charles R., *D. L. Moody, His Message for Today*, New York: Fleming H. Revell Co., 1928.

Farewell, John V., *Early Recollections of Dwight L. Moody*, Chicago: Winona Pub., 1907.

Farewell, John V., *Early Recollections of Dwight L. Moody*, Boston: Little, Brown & Co., 1938.

Findlay, James F., Jr., Dwight L. Moody, American Evangelist, Chicago: University of Chicago Press, 1969).

Finney, Charles G., *Revival Lectures*, Old Tappan, New Jersey: Fleming H. Revival Company, 1868.

Fish, William H. Jr., *Mr. Moody's Theories and the Gospel of Christ*, Colorado Springs: n. d., c. 1899.

Fitt, A. P., *D. L. Moody*, Chicago: Moody Press, 1896.

Fitt, A. P., *D. L. Moody Still Lives*, Westwood, New Jersey: Revell, 1938.

Fitt, A. P., *The Shorter Life of D. L. Moody*(Paul Moody의 공동 저자임), Westwood, New Jersey: Revell, 1900.

Flood, Robert., Jenkins, Jerry., *Teaching the Word, Reaching the World,* Chicago, Moody Press, 1985).

Getz, Gene., *The Story of the Moody Bible Institute,* Chicago: Moody Press, 1969.

Goodspeed, E. J., *A Full History of the Wonderful Caree of Moody and Sankey in Great and America,* Cleveland: C. C. Wick, 1876.

Goss, Charles F., *Echoes from the Pulpit and Platform,* Hartford Conn: 1900.

Gundry, Stanley, N., *Love Them In: The Proclamation Theology of D. L. Moody,* Chicago: Moody Press, 1976.

Hall, John, and George H. Stuart, *The American Evangelists, D. L. Moody and Ira D. Sankey in Great Britain and Ireland,* before, 1927.

Hatzler, H. B., *Moody in Chicago,* Chicago: 1894.

Hopkins, C. Howard., *History of the Y. M. C. A. in North America,* New York: Association, 1951.

Houghton, Will, H., and Cook, Chas. T., *Tell Me About Moody,* London: Marshall, Morgan & Scott, 1936.

J. Mackinnon, *Recollections of D. L. Moody* (priv.), Edinburgh, 1905.

James, William., *The Varieties of Religious Experience,* before 1927.

LittleJohn, J. Stuart., *Moody's Child Stories,* Chicago: Rodes & McClure Publishing Company, 1906.

McLoughlin, William, G., Jr., *Modern Revivalism: Charles Grandison Finney to Billy Graham,* New York: Ronald, 1959.

Marsden, George., *Fundamentalism and American Culture: The Shaping of Twentieth-Century Evangelicalism,* 1870-1925,

Oxford, Oxford University Press, 1980.

McDowell, John., *Dwight L. Moody, Discoverer of Men and Maker of Movements,* New York: Fleming H. Revell Co., 1915.

McDowell, John., (ed.), *What Dwight L. Moody Means to Me,* Northfield, 1937.

Needham, Geo C., *Recollections of Henry Moorhouse,* Evangelist, Chicago: Revell, 1881.

Moody, D. L., Ed., Dunn, J. B., *Moody's Talks on Temperance,* New York: 1877.

Moody, Paul., *My Father,* Boston: Little, Brown & Co., 1938.

Moody, William R., *The Life Dwight L. Moody,* Westwood, New york: Fleming H. Revell Co., 1900.

Moody, William, R., *The Life Dwight L. Moody, Westwood,* New york: Macmillan, 1930.

Nason, Reverend Elias, *The American Evangelists Dwight L. Moody,* Boston, 1877.

Northrop, Henry Davenport, *Life and Labors of Dwight L. Moody,* before, 1927.

Phelps, William Lyon, *Autobiography With Letters,* New York: 1939.

Pollock, J. C., Moody: *A Biographical Portrait,* New York: Macmilian, 1963.

Powell, Emna Moody, *Heavenly Destiny: The Life Story of Mrs. D. L. Moody,* Chicago: Moody Press, 1943.

Norton, Fred L., (ed)., *A College of Colleges, Led by D. L. Moody,* New York: Revell, 1889.

Popham, J. K., *Moody and Sankey's Errors verus The Scriptures of Truth,* Liverpool: J. K. Popham, 1875.

Ryder, W. H., *An Open Letter from W. H. Ryder, D. D., of Chicago, Ill., to D. L. Moody, Esq., The Evangelist,* Boston: Universalist, 1877.

Sandeen, Ernest R., *The Roots of Fundamentalism: British and American Millenarianism, 1800-1930,* Chicago: University Chicago Press, 1970.

Sankey, Ira D., *My Life and The Story of the Gospel Songs,* New York: Fleming H. Revell Co., 1906.,

Shanks, T. J., *Gems from Northfield,* C., 1881. ; D. L. Moody at Home, New York: Revell, 1886.

Smith, Wilbur M., *An Annotated Bibliography of D. L. Moody,* Chicago, Moody Pess, 1948.

Smith, Wilbur M., *The Best of D. L. Moody,* Chicago, Moody Press, 1971.

Spurgeon, C. H., *"Messrs. Moody and Sankey Defended: or, A Vindication od the Doctrine of Justification by Faith," The Metropolitan Tabernacle Pulpit: Sermons Preached and Revised by C. H. Spurgeon During the Year, 1875.,* Pasadena, Texas: Pilgrim, 1971, reprint.

Stebbins, George C., *Reminiscences, and Gospel Hymn Stories,* New York, 1924.

Speer, Robert E., *D. L. Moody: Founder's Day Address,* Northfield, 1931.

Torrey, R. A., *Why God used D. L. Moody,* New York: Fleming H. Revell Co., 1923.

William, A., *Weak Points in Mr. Moody's Teaching,* London: William MacIntosh, 1875.

Weber, Timothy, *Living in the Shadow of the Second Coming: American Premillenialism 1875-1982*, Chicago: University of Chicago Press, 1987.

Ⅲ. 무디의 한글 도서

군드리, 스탠리, 「무디의 생애와 신학」, 이희숙 역, 서울: 생명의 말씀사, (1985)1994.
디. 엘. 무디, 「무디 선생 설교집」, 기문사 편집부 역, 서울: 기문사, 1957.
디. 엘. 무디, 무디 설교집(하나님의 네가지 질문)」, 서울: 백합출판사, 1973.
디. 엘. 무디, 「무디 명 설교집」, 서울: 백합출판사, 1978.
디. 엘 무디, 「십계명 해설」, 권딜천 역, 서울: 생명의 말씀사, 1979(1981).
드와이트 무디, 「승리하는 기도」, 편집부 역, 서울: 생명의 말씀사, (1977), 1988.
드와이트 무디, 「천국」, 김 경신 역, 서울: 생명의 말씀사, (1981). 1988.
조지 스위팅. 도날드 스위트 공저, 「무디의 삶이 주는 교훈」, 국백련 역, 서울: 생명의 말씀사, 2000.
D. L. 무디, 「무디의 능력의 비결」, 정명신 역, 서울: 생명의 말씀사, (1992), 1997.
Faith Baisley, 「무디의 생애」, 전갑진 역, 서울: 생명의 말씀사, 1981.
박세환, 「디 엘 무디의 신학 사상과 설교」, 서울: 도서출판 영문, 2001.
박종구 편, 「무디 선생의 생애」, 서울: 성광문화사, 1993.
윌리엄 R. 「무디, D. L. 무디(상, 하권)」, 이상훈 역, 서울: 도소출판 두란노, 1997.
윌리엄 R. 무디, 「위대한 전도자 무디」, 김한기 역, 서울: 은혜출판사, 1995.
Donald Demarary, 「강단의 거성들」, 나용화 역, 서울: 생명의 말씀사, 1987.
A. P. 핏트, 「무디의 생애」, 역, 서울: 생명의 말씀사, 1987.
정석기, 「무릎으로 뛰어라(무디 생애)」, 서울: 도서출판 멘토, 1999.

Ⅳ. 설교 관련 번역서

Adams, Jay E., 「설교연구」, 박 광철 역, 서울: 생명의 말씀사, 1985.

Adams, Jay E.,「설교의 시급한 과제」, 이 길상 역, 서울: 아가페출판사, 1993.
Bartow, Charles L.,「설교의 실제」, 차 호원 역, 서울: 소망사, 1988.
Blackwood, Andrew.,「설교학」, 박 광철 역, 서울: 생명의 말씀사, 1983.
Blackwood, A. W.,「설교준비법」, 양 승달 역, 부산: 성암사, 1984.
Bohren, Rudolf.,「설교학 원론」, 박 근원 역, 서울: 대한기독교서회, 1979.
Brilloth, Yngve.,「설교사」, 홍 정수 역, 서울: 신망애출판사, 1986.
Brownn, H. C., 외 공저,「설교의 구성론」, 정장복 편역, 서울: 도서출판, 양 서각, 1987.
Clowney, Edmund P.,「설교와 성경신학」, 김 정훈 역, 서울: 한국 기독교 연구원, 1982.
Conn, Havie M., 편집,「성경무오와 해석학」, 정광옥 역, 서울: 도서출 판 엠마오, 1992.
Demaray, Donald.,「강단의 거성들」, 나 용화 역, 서울: 생명의 말씀사, 1995.
Gootjes, N. H.,「구속사적 설교의 실제」, 서울: 기독교문서선교회, 1991.
Greidanus, Sydney,「구속사적 설교의 원리」, 권수경 역, 서울: 도서출판 학생신앙운동, (1989)1995.
Holland, Dewitte T.,「설교의 전통」, 홍 성훈 역, 서울: 소망사, 1988.
Lane, Denis J. V.,「강해설교」, 최 낙재 역, 서울: 한국유니온, 1983.
Lewis, Peter.,「청교도 목회와 설교」, 서 창원 역, 서울: 청교도 신앙사, 1991.
Lischer, Richard.,「설교신학」, 홍 성훈 역, 서울: 소망사, 1986.
Loyd-Jones, D. M.,「목사와 설교」, 서 문강 역, 서울: 예수교 문서 선 교회, 1982.
Macartney. C. E.,「원고 없는 설교」, 박 세환 역, 서울: 개혁주의신행협회, 1998.
Massey, James Earl.,「설교의 디자인」, 차 호원 역, 서울: 소망사, 1994.
Oden, Thomas C.,「목회신학」, 오 성춘 역, 서울: 대한 예수교 장로회 총회

출판국, 1991.
Perry Llyoyd M.,「현대인을 위한 성서적 설교」, 박 명홍 역, 서울: 은혜출판사, 1994.
Piper, John.,「하나님의 방법대로 설교하십니까?」이 상화 역, 서울: 엠마오출판사, 1995.
Ramm, Benard.,「성경해석학」, 권 혁봉 역, 서울: 생명의 말씀사, 1993.
Reid, Clyde.,「설교의 위기」, 정 장복 역, 서울: 대한 기독교출판사, 1982.
Ridderbos, Herman.,「성경의 권위」, 김 정훈 역, 서울: 한국 기독교 교육 연구원, 1982.
Stuffer, Richard.,「칼빈과 설교」, 박 건택 편, 서울: 나비출판사, 1990.
Thielicke, Helmut.,「현대 설교의 고민과 설교」, 심 일섭 역, 서울: 대한 기독교 서회, 1982.
Thompson, William D.,「성경적 설교」, 차 호원 역, 서울: 소망사, 1988.
Torrey, R. A.,「설교 준비법」, 고영민 역, 서울: 신망애출판사, (1987)1994.
Stott, John R. W.,「현대교회와 설교, 정 성구 역, 서울: 풍만출판사, 1985.
Unger, Merill F.,「주해설교의 원리」, 이 갑만 역, 서울: 생명의 말씀사, 1985.
Willion, William H.,「목회 사역과 설교」, 차 호원 역, 서울: 소망사, 1994.

V. 설교 관련 한글저서

곽 안련,「설교학」, 서울: 대한기독교서회, 1990.
김 덕신,「설교와 강단」, 대구: 대구동부교회 출판부, 1993.
김 재술,「설교학」, 서울: 세종문화사, 1993.
염 필형,「설교신학」, 서울: 성광문화사, 1994.
박 세환,「존 번연의 신학사상과 설교」, 서울: 도서출판 영문, 2001.
박세환,「존 칼빈의 신학사상과 설교」, 서울: 도서출판 영문, 2001.
박세환,「찰스 하던 스펄젼의 신학사상과 설교」, 서울: 도서출판 영문, 2001.

박세환,「클라렌스 에드워드 매카트니 신학사상과 설교」, 서울: 도서
    출판 영문, 2001.
박세환,「디 엘 무디의 신학사상과 설교」, 서울: 도서출판 영문, 2001.
박세환,「링컨과 성경 그리고 정치」, 서울: 개혁주의신행협회, 1998.
서철원,「복음적 설교」, 서울: 총신대출판부, 1995.
워렌 위어스비,「위대한 꿈을 꾸라」, 서울: 도서출판 청우, 2000.
정성구 편,「설교학 개론」, 서울: 세종문화사, 1993.
정성구,「개혁주의 설교학」, 서울: 총신대출판부, 1993.
토마스 롱,「성서의 문학유형과 설교」, 박영미 역, 서울: 기독교서회, 1995.
허순길,「개혁주의 설교학, 서울: 기독교문서선교회, 1996.
총신대부설 한국교회문제연구소,「목회자와 설교」, 서울: 풍만출판사, 1995.
한제호 편집, 한국설교아카데미,「설교와 신학」, I-V., 서울: 도서출판 바울, 1990.
한제호,「성경의 해석과 설교」, 서울: 도서출판 진리의 깃발, 1995.

VI. 무디 관련 논문

Gundry, Stanley, N., "Ruin, Redemption and Regeneration: The
    Proclamation Theology of Dwight L. Moody, Evangelist,"
    S. T. D. diss., Lutheran School of Theology at Chicago,
    1975.
Wells, Donald Austin., "D. L. Moody and His Schools: An Historical
    Analysis of an Educational Ministry" (Ph. D. diss., Boston
    University, 1972).
진호식,「이야기식 설교 형태에 관한 연구」, 장로회신학대학교 대학
    원, 석사논문, 1998.

| 판 권 |
| 소 유 |

디 엘 무디의
신학사상과 설교

2001년 10월 25일 1판 1쇄 인쇄
2001년 10월 30일 1판 1쇄 발행

지은이 ● 박　세　환
발행인 ● 김　수　관
발행처 ● 도서출판 영 문

등록 / 제 03-01016호(1997. 7. 24)
주소 / 서울시 은평구 역촌동 10-82
전화 / (02) 357-8585
FAX / (02) 382-4411

ISBN 89-8487-063-3　　03230

값 11,000원

* 본서의 임의인용·복제를 금합니다.
* 파본·낙장은 교환해 드립니다.